HEYNE KOCHBÜCHER

Joanne Weir

AMERIKANISCHE KÜCHE

Die 200 besten Rezepte
aus allen Staaten Amerikas

WILHELM HEYNE VERLAG
MÜNCHEN

HEYNE KOCHBUCH
07/4688

Titel der amerikanischen Originalausgabe:
America. A Culinary Journey
erschienen 1993 bei Weldon Owen, Inc., San Francisco
Ins Deutsche übertragen von Wolfgang Glaser

Umwelthinweis:
Dieses Buch wurde auf chlor- und säurefreiem Papier gedruckt.

Copyright © 1993 by Weldon Owen, Inc., San Francisco
Copyright © 1996 by Harper Collins, Inc., New York
Copyright © 1993 der deutschsprachigen Ausgabe by Wilhelm Heyne
Verlag GmbH und Co. KG, München
Gekürzte Taschenbuchausgabe
Printed in Germany 1996
Umschlaggestaltung: Atelier Ingrid Schütz, München
Umschlagfoto: Gruner & Jahr (Banderob), Hamburg
Innenfotos: Allan Rosenberg
Karten: Stan Lamond, Lamond Art & Design Company
Herstellung: U. Walleitner
Satz: DTP
Druck und Bindung: RMO-Druck, München

ISBN 3-453-09919-2

Inhalt

5

DANKSAGUNG

An der Entstehung dieses Buches wirkten eine Reihe von Personen und Firmen mit Rat und Tat mit. Für die Bereitstellung von Fotorequisiten danken wir herzlich: J. Goldsmith Antiques; Beaver Bros Antiques; Biordi Art Imports; Decor Galleries, Sue Fisher King; Fillamento; Green Valley Growers; Great American Collective Antiques; Forrest-Jones; Galisteo American West Home Furnishings; Gardener's Eden; The Pottery Barn; Williams-Sonoma und Scene 2, alle in San Francisco. Judith Carrasco, Phyllis di Salvo, Stephanie Greenleigh, Philippe Henry de Tessan, Sharon und Ellen Lott, Peggy und Van Lott, Janice Nicks-Fisher, Lorraine und Judson Puckett, Sue White und Charles E. Williams liehen uns für die Fotos freundlicherweise Gegenstände aus ihrem Privatbesitz.

Die Informationen zu den Weinen verdanken wir Ronn Wiegand, MW, MS.

Abkürzungen und Erklärungen:

Falls nicht anders angegeben, sind die Rezepte für 6 Personen berechnet.

EL = Eßlöffel
TL = Teelöffel
g = Gramm
l = Liter
ml = Milliliter (1/1000 l, 1 g)

Einleitung

Die Geschichte der nordamerikanischen Küche beginnt mit den Einwanderern, die ihre Traditionen aus der alten Heimat an die Verhältnisse in der Neuen Welt anpassen mußten. Diese Menschen kamen aus aller Herren Länder, besiedelten den nordamerikanischen Kontinent, bedienten sich der reichhaltigen Gaben der sie umgebenden Natur und verquickten die Kochtechniken der indianischen Ureinwohner mit den eigenen. So entstand eine eigenständige neue Kochkunst. Wer die amerikanische Küche jedoch als Schmelztiegel bezeichnen möchte, verkennt die starken Einflüsse der unterschiedlichen mitgebrachten Kochtraditionen, durch die sich viele Amerikaner mit ihrer Herkunft identifizieren. Diese verschiedenen, regional bestimmten Geschmacksrichtungen ergeben das heutige facettenreiche Bild der amerikanischen Küche.

Die Regionen, in denen sich die Siedler niederließen, waren ebenso verschiedenartig wie die ethnische Herkunft der Neuankömmlinge. Im Osten wie im Westen des Kontinents fanden sie fischreiche Meere vor, im Mittleren Westen eine fruchtbare Scholle, dunkel wie Melasse, sie lernten die sengende Sonne von Florida und Kalifornien kennen und die riesigen Prärien in den Plains-Staaten sowie die üppigen Täler im pazifischen Nordwesten. Sie waren in das Land der unbegrenzten Möglichkeiten gekommen, voll von Überfluß, wo alles wuchs und jeder satt werden konnte.

Die Spanier waren die ersten, die Einfluß auf die kulinarische Szene Nordamerikas ausübten. Sie tauschten bei den Indianern Rinder, Schweine, Obst und Gemüse gegen Bohnen, Mais und Kürbisse ein. Auf ihrem Zug vom Südosten in den Westen des Kontinents brachten spanische Missionare und Siedler Oliven, Feigen, Zitrusfrüchte, Rinder, Schweine und Schafe ins Land, was die Küche in diesen Gegenden bleibend beeinflussen sollte. Als sich im 17. Jahrhundert die Pilgerväter und die Siedler von Jamestown im Nordosten niederließen, brachte sie ihr Festhalten an alten Gewohnheiten fast an den Rand des Hungertodes. Nur widerwillig lernten sie, ihre heimischen Rezepte an die Nahrungsmittel, die ihnen ihre neue Umgebung zur Verfügung stellte, anzupassen. Einige Glückliche von ihnen lebten in Kontakt mit der indianischen Urbevölkerung, von der sie lernten, wie man Mais, Bohnen und Kürbis anbaut, Maismehl für Grütze und Brot zubereitet und wie man fischt. In der Anfangszeit waren die Gerichte einfach und umständehalber kaum gewürzt. Es gab wenig Kochgeschirr, manchmal nicht einmal eine Küche. Doch bald stand in Neuengland der heimische Herd im Mittelpunkt des häuslichen Lebens, und fortan wurde dieser Landesteil für

Gerichte berühmt, die eine Mischung aus indianischer und englischer Kochtradition darstellen.

Viele alte Kochtraditionen in Amerika sind britischen Siedlern zu verdanken, die von Neuengland aus an der Atlantikküste südwärts zogen. Deutsche kamen nach Pennsylvania und mit ihnen die »Pennsylvania-Dutch-Küche«. Auch Italiener, Tschechoslowaken und Skandinavier kamen und brachten ihre unverwechselbare Küche mit. Französischstämmige Cajuns, die von den Briten aus Kanada vertrieben wurden, ließen sich in den Bayous von Louisiana nieder, wo sie ihre herzhaften, gut gepfefferten Gerichte mit heimischen Erzeugnissen bereicherten. Hier, im Süden, gaben auch die Negersklaven der Regionalküche starke Impulse, indem sie afrikanische Lebensmittel wie Sesamkörner, Okraschoten und Schwarzaugenbohnen mitbrachten.

Zu Beginn des 19. Jahrhunderts war die große Wanderung nach Westen in vollem Gange. Die Abenteurer der ersten Stunde lockte das kalifornische Gold und die fruchtbare Erde Oregons, und so war es Nachzüglern vorbehalten, die fruchtbare Scholle des Herzlandes und die riesigen Weiden der Great Plains, die die Pioniere achtlos durchquert hatten, für sich zu entdecken. Die Siedler ließen sich gern in Gegenden nieder, die sie an ihre ursprüngliche Heimat erinnerten: Die Basken fanden im zerklüfteten Terrain von Nevada ideale Weidegründe für ihre Schafe; nordeuropäisch wirkende Landschaften wie Wisconsin schienen den Skandinaviern wie geschaffen, um hier Milchwirtschaft zu betreiben. Auch heute noch hält der Strom von Zuwanderern, vor allem aus Asien, Mittel- und Südamerika, an, und so nimmt die Zahl der ethnischen Gruppen ständig zu, Wer durch einen winzigen Teil der New-York City spaziert, kann dort mit der Kultur und der Küche von drei verschiedenen Ländern Bekanntschaft machen. In Little Italy findet man an jeder Ecke eine Café-Bar oder ein Restaurant, wo dampfende Pasta mit würzigen Saucen serviert werden. Einen Häuserblock weiter, in Chinatown, kann man sich an Peking-Ente und gedämpften Teigtaschen delektieren, und noch drei Häuserblocks weiter, in der Lower East Side, kann man in russisch-jüdischer Atmosphäre riesige Corned-beef-Sandwiches verzehren.

Die Küche der Vereinigten Staaten entwickelt sich nicht nur weiter, sondem zeigt auch einen wachsenden Trend zur Rückkehr zum Natürlichen, zu frischesten Erzeugnissen, Die Zunahme der Naturkostläden und der biologischen Bauemhöfe, auf denen Rinder und Hühner freien Auslauf haben, und der Bauernmärkte, die heute in den USA ein gewohntes Bild darstellen, belegen gewachsenes Umweltbewußtsein und Interesse an der regionalen Vielfalt. Die Weinerzeugung der USA hat sich einen Platz in der Weltklasse erobert, und die Käseherstellung baut ihre bisherigen Erfolge zukunftsbewußt aus.

Ob in ländlichen Cafes, wo man Hausmacherkost serviert oder in eleganten Stadtrestaurants mit ihrer verfeinerten Küche – Amerika lädt den kulinarischen Wanderer auf eine außergewöhnliche Reise ein.

Neuengland

Joanne Weir

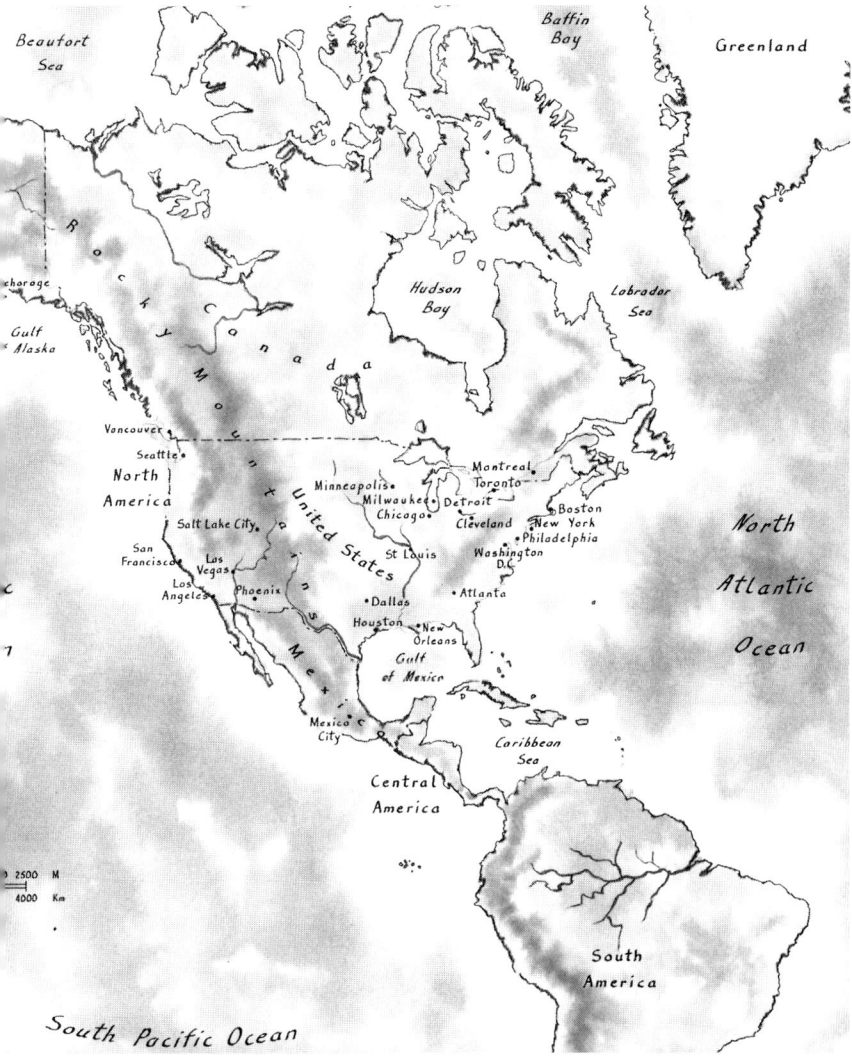

Neuankömmlinge aus England, denen der im Nordosten der USA gelegene Landstrich seinen Namen verdankt, waren beileibe nicht die ersten Europäer, die an diesen Küsten der Neuen Welt landeten. Schon im 16. Jahrhundert hatten englische Seeleute ihren Fuß auf diese unwirtlichen Ufer des Atlantiks gesetzt und das Terrain erforscht, doch sie ließen sich durch die Untiefen an der Küste, die zerklüfteten Felsen, die undurchdringlichen Wälder, die Schneestürme und die amerikanischen Ureinwohner abschrecken. Im Herbst 1620 landete dann ein englisches Schiff namens Mayflower, zum Bersten voll mit rund vierzig Mann Besatzung und einhundert Puritanern – Männer, Frauen und Kinder, die in England aufgrund ihrer Andersgläubigkeit von ihren Mitmenschen und der anglikanischen Kirche unterdrückt und verfolgt wurden -, an der Spitze von Cape Cod im heutigen Bundesstaat Massachusetts. Diese Neuansiedler, gemeinhin Pilgerväter genannt, ließen sich in einem verlassenen Indianerdorf nieder, dem sie den Namen Plymouth gaben, und bauten Holzhütten, um sich notdürftig vor dem grimmigen Winterwetter zu schützen. Da sie nur über geringe Vorräte verfügten, setzten ihnen Skorbut und Unterernährung böse zu. Als der Winter vorbei war, bestellten sie das umliegende Land, so wie sie es gewohnt waren, doch ihre Bemühungen waren von wenig Erfolg gekrönt, und viele Siedler starben. Lediglich diejenigen unter ihnen, die fischen und jagen konnten, überlebten. Nach und nach brachte der hier heimische Indianerstamm der Algonkin den Neusiedlern die Kunst des Jagens und Fischens bei, ebenso wie man aus dem Boden des Landes das Beste herausholt: Kürbis, Bohnen, und Mais. Mais wurde bald zum Grundnahrungsmittel der Neuengländer. Von den Indianern lernten sie, Maiskolben zu grillen, Maismehl zu mahlen und getrocknete Maiskörner zu Popcorn zu rösten. Mit dem Maismehl wurden dann Kuchen und Pfannkuchen gebacken und Breie sowie Puddinge gekocht. Mit der Zeit fanden auch Fische und Schaltiere Eingang in den Speisezettel der Neuankömmlinge, allerdings erst, nachdem sie die Rezepte der Indianer ihrem Geschmack entsprechend verändert hatten.
Den Siedlern ging es zusehends besser, und mit Stolz berichteten sie ihren in England zurückgebliebenen Familien und Freunden von ihren neuen Lebensumständen. Das führte dazu, daß 1630 eine Flotte von vier englischen Schiffen weitere puritanische Siedler in die Kolonie brachte. Unter ihrem Führer, John Winthrop, kamen die Bürger von Massachusetts bald zu Wohlstand. Sie züchteten Vieh, bauten Mais und Gemüse für ihren Eigenbedarf an und verkauften Stockfisch in die südlicher gelegenen Kolonien, nach Westindien und über den Atlantik. Daneben bauten sie einen einträglichen Pelzhandel auf. Die Gesetze der Kolonie waren streng. Schon wer etwa durch Trunkenheit oder das Singen unsittlicher Lieder auffiel, mußte mit drakonischen Gefängnisstrafen rechnen. Doch die harte Arbeit zahlte sich aus, stärkte den Gemeinschaftssinn der Siedler und führte dazu, daß die Kolonie zu ungeahnter wirtschaftlicher Macht aufstieg.
Neuengland besteht aus sechs Staaten: Maine, New Hampshire, Vermont,

Massachusetts, Connecticut und Rhode Island. Obwohl relativ klein, ist die Region landschaftlich unglaublich vielseitig, von der zerklüfteten Felsküste von Maine bis zu den sanft geschwungenen Sanddünen von Cape Cod. Viele Gebäude an der Küste von Connecticut stammen noch aus den Tagen der ersten Siedler, und es gibt malerische kleine Buchten und Fischerdörfer, alles nett und adrett wie aus dem Bilderbuch. Weiter östlich liegt direkt am Meer das winzige Rhode Island mit seinen luxuriösen Villen. Maine und Rhode Island sind Seglerparadiese; ihre Häfen sind das ganze Jahr über voll mit Jachten. Die sanften grünen Berkshire Hills im westlichen Massachusetts ziehen sich bis hinauf an die Green Mountains von Vermont und die White Mountains von New Hampshire.

Harte Winter – heiße Sommer

Das Leben in Neuengland richtet sich nach den vier Jahreszeiten, von denen jede ihren eigenen ausgeprägten Charakter hat. Der Herbst schmückt sich mit einer atemberaubenden Orgie in Gold, Orange und Rot, den leuchtenden Herbstkleidern von Eiche, Ahorn und Birke. »Jack Frost« ist der ranghöchste jahreszeitliche Herrscher in Neuengland. Die grimmigen langen Winter brechen mit Stürmen herein, die einen bis auf die Knochen frieren lassen, und decken das Land mit einem weißen Laken aus Schnee zu, das zuweilen bis an die Fenster hinauf reicht. Dann herrscht eine unvergleichli-

---

PREISELBEEREN

Preiselbeeren sind kleine rote, säuerlich schmeckende Beeren, die ein Grundnahrungsmittel der Indianer waren, die daraus einen Kuchen namens *pemmican* buken, in den zusätzlich Körner, Wildbret und tierisches Fett kamen. Der englische Name *cranberry* leitet sich von der rosa Blüte der Pflanze ab, die einem Kranichkopf ähnelt. (Die Früchte werden übrigens auch gern von Kranichen gefressen.)
Cranberries werden seit über zwelhundert Jahren in künstlichen Feuchtgebieten, die man nach den Erfordernissen der Jahreszeit fluten oder trockenlegen kann, gezüchtet. Im Winter werden die Preiselbeerbeete geflutet, um die Pflanzen vor der Kälte zu schützen und ihre Wurzeln feucht zu halten. Im Frühjahr, wenn die Zeit der Fröste vorbei ist, läßt man das Wasser wieder ab. Die Früchte – die Pflanzen tragen im Herbst – werden mit Maschinen abgeerntet.
Die besten Wachstumsbedingungen finden die *cranberries* westlich von Cape Cod im Plymouth County; der weltweit größte Produzent ist Massachusetts. Aus den glänzenden Beeren kocht man vor allem *cranberry relish*, das ein absolutes Muß als Begleiter zum gebratenen Truthahn auf der Thanksgiving-Tafel ist, aber auch für Preiselbeerbrot, *muffins, pies* und gedämpfte Puddinge verwendet wird. Wegen ihres hohen Säuregehalts braucht man beträchtliche Mengen Zucker, um das geschmacklich auszugleichen.

11

che Stille, ein Frieden, der nur durch das Prasseln der Scheite im Kamin unterbrochen wird. Doch schon bald fordern die Freuden des Winters ihr Recht – man fährt Schlitten, Ski und Schlittschuh, trinkt Glühwein und ißt herzhafte Wintersuppen.

Im Frühling folgt dann das Wiedererwachen der Natur. Die Blütenpracht der Obstbäume und der Gesang der zurückgekehrten Zugvögel verscheuchen die Schwermut des Winters. Der Saft der Ahornbäume tropft wieder mit seinem vertrauten »Ping« in die an den Bäumen befestigten Blechkübel, und aus den Sudküchen, wo man den Ahornsirup kocht, steigen Dampfwolken empor.

Die Sommermonate sind heiß und feucht. Wer immer es sich erlauben kann, flieht an den Strand oder in die Berge. Zuweilen unterbricht ein Gewitter den Sommernachmittag, schwere Regenfälle lassen die Flüsse anschwellen und tränken die verdurstenden Gärten und Felder. Oft folgt im September noch ein Altweibersommer mit warmen, trockenen Tagen, wie geschaffen für die Ernte.

Die Geburtsstätte des Thanksgiving

Die Neuengländer sind gastfreundliche, stolze, freiheitsliebende und hart arbeitende Menschen. Zuweilen können sie aber auch etwas unnahbar und puritanisch wirken. Die harten Lebensumstände zwangen die ersten Siedler zu Sparsamkeit, und diese Eigenschaft lebt in der sprichwörtlichen Anspruchslosigkeit der heutigen Neuengländer weiter. Nichts wird verschwendet – der Neuengländer setzt seinen Ehrgeiz darein, Gerichte zu kochen, die nichts oder kaum etwas kosten. Mit Stolz rühmt man sich gern einer Großmutter, die »aus einem Stein Suppe kochen« konnte.

Thanksgiving, das am letzten Donnerstag im November gefeiert wird, hat seine Ursprünge in Neuengland. Es ist einer der höchsten amerikanischen Feiertage und gedenkt des ersten Jahrestages der Ankunft in der Neuen Welt, den die Pilgerväter zusammen mit dem Erntedankfest feierten. In diesem ersten Jahr war der Tisch der Neuankömmlinge noch bescheiden mit wildem Truthahn, Hirsch, Mais und Bohnen gedeckt; heutzutage tischt jeder Haushalt auf, was ihm beliebt – aber unabdingbar ist das Symbol des Thanksgiving, der gefüllte gebratene Truthahn, zu dem eine Schale mit bittersüßem Preiselbeer-Relish gereicht wird. Das Spektrum an weiteren Gerichten reicht von Kartoffelbrei über Fleischsauce und hausgemachten Brötchen bis hin zu Winterkürbis, Rosenkohl, überbackenen Perlzwiebeln und kandierten Süßkartoffeln. Zum Dessert müssen würzige *pies* auf den Tisch kommen! Ein Augenschmaus für den Neuenglandbesucher sind die Verkaufsstände, die die Straßen auf dem Lande säumen und an denen die Erzeugnisse der Region feilgeboten werden, hauptsächlich im Sommer und Frühherbst. Auf Schildern steht mit krakeliger Schrift »frisch gepflückt«, was sich auf alles mögliche beziehen kann, angefangen von einem Dutzend Maiskolben für einen Dollar bis hin zu prall gefüllten Körben mit Äpfeln, Pfirsichen, Kürbissen, Zucchini, Gurken oder Paprikaschoten. Selbst Bauern, die nur ein winziges Stück Land bearbeiten, zweigen einen kleinen Teil ihrer Ernte für den Straßenverkauf ab, um sich ein paar schnelle Dollar als Taschengeld zu verdienen.

Einer der beliebtesten Märkte in Massachusetts ist der Haymarket in Bostons North End, eine Gegend, in der viele Italiener leben. Dieser Wochenmarkt wird ganzjährig jeden Freitag und Samstag abgehalten. Selbst an den kältesten Wintertagen stehen die Verkäufer dick eingemummt an ihren Straßenmarktständen und verkaufen Obst und Gemüse, obwohl dann nur beherzte Käufer den Weg hierher finden, um ungeachtet drohender Erfrierungen an Fingern und Zehen Zitronen und Winterkürbisse auszuwählen. In den Sommermonaten finden sich Beeren aller Art im Angebot – Himbeeren, Blaubeeren, Brombeeren und Erdbeeren. Aus den Obstgärten kommen Äpfel, Kirschen, Birnen, Pflaumen, Nektarinen und Pfirsiche. In vielen Gärten zieht man auch Rhabarber, der besonders gut schmeckt, wenn er mit Zucker zu Kompott gekocht oder zu *pies* gebacken wird. An den langen Küstenstreifen finden sich häufig Wildpflaumenbüsche, deren Früchte gesammelt und zu Gelee gekocht werden.

Mais, Bohnen und Kürbis

Neuenglands Gemüse-Trias heißt Mais, Bohnen und Kürbis. Der sogenannte Butter-und-Zucker-Mais, der wegen seiner wechselnden weißen und gelben Körner so heißt, ist eine besonders beliebte Maisart. Nach dem Pflücken verwandelt sich der Zucker in den Maiskörnern bald zu Stärke, und der süße Maisgeschmack geht verloren. Es geht die Mär, daß besonders wählerische Neuengländer keinen Maiskolben mehr anrühren, der vor mehr als zwei Stunden geerntet wurde.

Bohnen gibt es in allen Arten und Variationen – gelbe Wachsbohnen, frische grüne Bohnen und getrocknete Bohnen wie Lima- und weiße Bohnen. Das gleiche gilt für Kürbisse, von denen die meisten Arten aus Mexiko stammen. Im Überfluß findet man im Sommer gelbe Gartenkürbisse und grüne Zucchini. Winterkürbisse dürfen auf keiner Thanksgiving-Tafel fehlen. Die häufigsten Arten sind *butternut, acorn, turban* und *hubbard.* An Halloween, dem Abend vor Allerheiligen, ist es Brauch, daß die Kinder einen Kürbis aushöhlen, eine Maske hineinschnitzen und ihn mit einer brennenden Kerze darin vor die Tür stellen.

Nachdem weitere Siedler im 17. Jahrhundert Vieh aus England mitgebracht hatten, entwickelte sich die Milchwirtschaft in Vermont zusehends. Die sanft geschwungenen Weidehügel dieses amerikanischen Bundesstaates sind die Grundlage für die Erzeugung bester Butter und von ausgezeichnetem Cheddarkäse.

Petri Heil im Überfluß

Schon immer haben die Neuengländer dem Meer viel zu verdanken gehabt – es lieferte ihnen ihre tägliche Nahrung und verschaffte ihnen durch den Verkauf von Fisch und Meerestieren ein gutes Auskommen. Die Georges Bank, südöstlich von Boston gelegen, wird durch den Golfstrom erwärmt und ist der reichste Fischfanggrund im ganzen Atlantik. Beständige Nebel und schnelle Strömungen machen diese Untiefe höchst gefährlich, doch nirgendwo sonst finden sich solch riesige Schwärme an Meeresfischen – Kabeljau, Makrele, Blaufisch, Schwertfisch, Schellfisch und Heilbutt, die hier laichen und Futter suchen. Auch Kamm- und Miesmuscheln, Austern und Jakobsmuscheln sind in diesem Gebiet des Atlantiks zahlreich vertreten.

Die Georges Bank ist auch besonders reich an Quahog-Muscheln. Quahog ist der Name, den die einheimischen Algonkin den hartschaligen Muscheln gaben, von denen die kleinste die *littleneck,* die nächstgrößere die *cherrystone* und die größte die *chowder* ist. Man braucht einiges Geschick, um eine Quahog-Muschel zu öffnen, und die Prozedur, *eating one raw on the halfshell,* sie roh aus der Schale zu essen, ist tapferen Eigentümern guter Kauwerkzeuge vorbehalten.

Die sogenannten *soft-shell* oder *steamer clams* haben ein feines, delikates Aroma. Auch Miesmuscheln fühlen sich in den eisigen Gewässern von Maine wohl, so daß man heute dort gewaltige Mengen von ihnen züchtet. Die Austern von Wellfleet auf der Halbinsel Cape Cod und von den Küsten im Süden Neuenglands zählen zu den besten der Welt. Auch Jakobsmuscheln sind keine Seltenheit in Neuengland, besonders die kleinen, feinaromatischen *bay scallops* sind reichlich zu finden.

Der 4. Juli, der Unabhängigkeitstag, wird idealerweise mit einem *clambake,* einem Muschelessen, gefeiert. Dazu muß man sich an den Strand begeben. Schon am Morgen sammeln die Teilnehmer dort Feuerholz, meist Strandgut, große Steine und Seetang. Während die einen ein großes Loch in den Sand graben, säubern die anderen die Muscheln, putzen Kartoffeln und enthülsen die Maiskolben. Die Sandgrube wird mit Steinen gefüllt, über denen ein Holzfeuer angezündet wird. Wenn das Feuer richtig brennt, wird die Grube mit weiteren Steinen aufgefüllt, die noch einige Stunden im Feuer erhitzt werden. Über die heißen Steine wird dann eine Schicht Seetang gelegt, darüber eine Schicht Muscheln, vielleicht mit einigen Hummern als Zugabe, darüber wieder eine Schicht Seetang, darauf Mais und Kartoffeln und das Ganze wiederum mit Seetang bedeckt. Schließlich kommt ein geteertes Segeltuch über das Loch. Die Muscheln und Gemüse garen etwa eine Stunde in ihrem eigenen Dampf und werden dann mit zerlassener Butter, die in diesem Landesteil *drawn butter* heißt, serviert. Welch ein Festmahl! Zum Nachtisch gibt es lediglich ein paar große Scheiben Wassermelone.

Ein weiteres populäres Freizeitvergnügen der Neuengländer ist es, die Kü-

AHORNSIRUP

Die Siedler erlernten die Kunst des *sugaring*, der Ahornsaftgewinnung und -weiterverarbeitung, von ihren indianischen Nachbarn. Sie trieben Löcher in das grüne, saftstrotzende Holz der Ahornbäume und banden kleine Eimer aus Ulmenrinde davor, in denen sich das »süße Wasser« aus dem Baum sammelte. In jenen Tagen gehörte der Ahornsirup zu den selbstverständlichen Grundzutaten in der Küche, anders als heute, wo er als Luxusartikel gehandelt wird.

Auf den Hügeln und an den Wiesenrainen von Neuengland wachsen die stattlichen Zuckerahornbäume, deren Blätter sich im Herbst goldgelb und rostbraun einfärben. Schon zu Beginn des Frühjahrs, noch bevor die Blütenknospen an den Ahornbäumen zu treiben beginnen, bohrt man etwa einen Zentimeter weite und fünf Zentimeter tiefe Löcher in das Splintholz. In früheren Zeiten trieb man galvanisierte Eisenröhrchen in die Löcher und hängte ein oben geschlossenes Eimerchen daran. Wenn die Tage warm werden, die Nächte aber noch frostig sind, steigt der Saft in den Bäumen hoch. Die leicht süßliche, fad schmeckende Flüssigkeit tropfte dann einige Wochen lang in die Sammelbehälter. Als nächstes mußte der Bauer den Saft einsammeln. Damals fuhr man mit einem Pferdewagen, der einen galvanisierten Eisentank trug, zu den Bäumen hinaus. Besaß ein Bauer eine stattliche Zahl von Ahornbäumen, hatte er mit einiger Sicherheit auch ein *sugarhouse*, ein Zuckersudhaus. Hier fand der geheimnisvolle und große Aufmerksamkeit erfordernde Vorgang des Einsiedens statt, bei dem der Bauer den Saft zu einem dicken Sirup einkochte. Dabei entströmten den *sugarhouses* dicke Dampfwolken.

Heutzutage verwenden die Bauern Plastikrohre, um den Saft einzusammeln und ins Sudhaus zu leiten. Der Pferdewagen hat dem Traktor Platz gemacht, einem effizienteren, dafür aber weniger malerischen Gerät.

Vermont produziert den meisten Ahornsirup, aber auch Massachusetts und New Hampshire stellen beachtliche Mengen her. An einem guten Tag kann ein Bauer etwa 18 Liter Saft pro Baum einsammeln. Die zehnfache Menge davon ergibt eine Gallone, das sind viereinhalb Liter, Sirup.

Die Qualität des Ahornsirups unterliegt einer strengen Klassifizierung und ist von seiner Farbe und seinem Geschmack abhängig. *Fancy*, die höchste Qualitätsstufe, ist leicht bernsteinfarben und schmeckt mild. *Grade A* ist etwas dunkler und intensiver im Geschmack. *Grade B* ist noch dunkler, schmeckt nach Karamel und wird hauptsächlich zum Kochen verwendet. Die unterste, dunkelste Qualitätsstufe hat keine Klassifizierung und wird industriell zur Herstellung von Sirupmischungen verwendet.

Ahornsirup wird zur Herstellung von Toffees, Bonbons, Kandis und normalem Zucker verwendet. Früher diente er auch zum Süßen oder zum Würzen: Man gab ihn in den Tee und in alle möglichen Gerichte wie Hafergrütze, *baked beans*, Kuchen und Gemüse. Bekannt ist die Vermont *maple sugar pie*, die mit Ahornzucker und einer Cremefüllung zubereitet wird und eine Baiserhaube trägt. Äpfel mit Ahornsirup sind ein einfaches, aber wohlschmeckendes Dessert. Die Äpfel werden entkernt, mit Ahornsirup gefüllt und gebacken.

ste nördlich von Boston entlang und nach Maine hineinzufahren und irgendwo in einem der mit Zedernschindeln gedeckten kleinen Gasthäuser am Straßenrand einzukehren, um eine Portion Hummer oder gedämpfte *littleneck*-Muscheln zu verzehren. Man kann sich den Hummer aus einem im Restaurant aufgestellten Aquarium aussuchen. Die Muscheln werden gewöhnlich in Netzen auf den Holzkohlenrost gelegt und gegart. Sie kommen mit Muschelbrühe und zerlassener Butter auf den Tisch. Zweifellos ist der Hummer der König unter den Meerestieren. Der mit großen Scheren ausgestattete, am Meeresboden lebende *Homarus americanus*, der in Maine beheimatet ist, wird von vielen als der weltbeste Hummer angesehen. Die in Kästen und Reusen gefangenen Maine-Hummer sind alles andere als billig, aber ihren Preis wirklich wert. Hat man erst ihre harte Schale geknackt, belohnt einen ihr weißes, festes und mild schmeckendes Fleisch. Am liebsten werden sie einfach gedämpft serviert und gegessen, aber sie finden auch in viele elegantere Gerichte Eingang, zum Beispiel Hummer Newburg, der mit einer Sahne-Madeira- oder Sherry-Sauce serviert wird.

Fisch wird einfach gegrillt, im Ofen gegart oder in Öl ausgebacken. Eine Platte mit verschiedenen Fischsorten heißt hier *fisherman's special*. Aus getrocknetem oder gesalzenem Stockfisch bereitet man gern Fischfrikadellen zu, die unwiderstehlich sind, wenn sie mit einer Sauce tatare serviert werden. Ein althergebrachtes Thanksgiving- oder Weihnachtsgericht sind *scalloped oysters*. Dazu werden die Austern aus der Schale genommen, durch Sahne gezogen und dann, in Semmelbrösel oder kleine Stücke Biskuitteig gehüllt, so lange im Ofen gebacken, bis die Hülle gar ist und das delikate Austernaroma angenommen hat.

Chowders, Baked Beans und Boiled Dinners

Neuengland hat zur kulinarischen Geschichte Amerikas einen beträchtlichen Beitrag geleistet. In diesem Landstrich bestimmen seit jeher Suppen, *chowders* und Eintöpfe – herzhafte Gerichte, die eigentlich für die kalten Wintermonate gedacht sind – den täglichen Küchenzettel. Zudem ließen sie sich leicht im großen Eisenkessel, der in keiner Siedlerfamilie fehlte und über dem offenen Feuer aufgehängt wurde, zubereiten.
Die Bezeichung *chowder* stammt vom französischen *chaudron*, Kessel, ab. Eigentlich sind es Milchsuppen, die ihren Geschmack durch die Zugabe von Meerestieren oder Gemüsen und Pökelfleisch erhalten. Zuweilen kommen Brot oder *crackers* hinzu. Die Milch wird erst kurz vor Ende der Kochzeit erhitzt und zum chowder gegeben, damit sie nicht gerinnt. Muschel-, Fisch- und Mais- nehmen die ersten Plätze auf der Beliebtheitsskala ein. Eintöpfe, naturgemäß ein wenig kompakter als Suppen, werden ebenfalls gern mit Fisch und anderen Meerestieren gekocht, zum Beispiel Hummer und Austern, aber auch mit Fleisch, Geflügel und Wild.
Die *Boston baked beans* stellen quasi das Rückgrat der neuenglischen

Küche dar. Boston wird deshalb scherzhaft bean town – »Bohnenstadt« – genannt. Ursprünglich war es bei den Siedlern Brauch, die *pea beans, yellow eyes* oder *kidney beans* freitags nach dem Mittagessen in kaltem Wasser einzuweichen. Am Abend wurden die Bohnen vorgekocht, kamen die geschmackgebenden Zutaten wie Pökelfleisch, Melasse und Zwiebeln, manchmal auch Senf, hinzu, und das Gericht wurde dann den ganzen Samstag bei geringer Hitze im Backofen gegart. Am Abend wurden die *baked beans* mit Schwarzbrot aufgetragen; was übrigblieb, aß man am Sonntagmorgen. Noch heute werden überall in Massachusetts die braunglasierten, gewölbten irdenen Bohnentöpfe verkauft.

Die Zubereitung von *succotash*, einem Eintopf aus frisch enthülsten Bohnen, frischen Maiskörnern, Pökelfleisch, einer Prise Zucker, Milch und Butter, schauten die Siedler den indianischen Ureinwohnern ab.

Das *New England boiled dinner* kommt seit undenklichen Zeiten immer donnerstags auf den Tisch und besteht aus gekochtem Rindfleisch und Gemüsen. Die Reste eines *boiled dinner* werden obligatorisch zu *corned beef hash* verarbeitet – einer Mischung aus Kartoffeln, Rindfleisch, Zwiebeln und Brühe, die zugedeckt im Ofen gegart wird, bis sich eine Kruste gebildet hat. Wird das Ganze durch Zugabe von roter Bete eingefärbt, so spricht man von einem *red flannel hash*.

Das Frühstück der Neuengländer pflegte einst recht kräftig auszufallen. Bevor sie die Reise über den Atlantik antraten, hatten die Pilgerväter einige Jahre in Holland zugebracht, wo sie die Herstellung von Krapfen – *doughnuts* – erlernt hatten, eines Frühstücksgebäcks, das sich in den ganzen USA noch heute ungebrochener Beliebtheit erfreut.

Auch Kuchen und Pasteten waren beliebte Frühstücksspeisen. Heute ißt man *pies* hauptsächlich als Dessert. Pies gibt es in allen Variationen, sie können gewürzten Kürbis, Hackfleisch, Zucchini, Apfel, Pfirsiche und jede erdenkliche Beerenart enthalten.

Da sie häufig mit Melasse und Gewürzen zubereitet werden, sind die neuenglischen Nachspeisen meist ziemlich gehaltvoll. Dennoch kann niemand dem süßen, würzigen *gingerbread* widerstehen, vor allem dann nicht, wenn es noch warm mit Apfelmus und Schlagsahne, aufgetischt wird.

Die *Toll House Cookies*, überall in den Vereinigten Staaten beliebte Schokoladenplätzchen, kommen auch aus diesem Landesteil. Erfunden hat sie Ruth Wakefield, eine berühmte Ernährungswissenschaftlerin, die 1930 in Whitman, Massachusetts, ein altes Zollhaus aufkaufte und in ein Restaurant umwandelte.

Zwei Brotsorten ragen aus dem lokalen Angebot heraus: *Anadama bread* und *Boston brown bread*. Anadama ist ein Hefebrot aus Maismehl, Weizenmehl sowie ein wenig Melasse und stammt aus Gloucester, Massachusetts. Der Legende nach weigerte sich einst die Frau eines Fischers, Brot zu backen, worauf ihr Ehemann alles mögliche zu einem Teig zusammenrührte, den er mit den Worten: »Anna, damn her!« – »Verfluchte Anna!« – bedachte. Boston Brown bread wird aus Maismehl, Weizen oder Gerste her-

17

gestellt und immer im Dampf gebacken. Das Resultat ist ein festes, aromatisches und eher feuchtes Brot.

Einlegen, Einkochen und Räuchern

In früheren Zeiten widmete man dem Konservieren von Lebensmitteln viel Zeit. Kartoffeln, Rüben, rote Bete und Mohrrüben wurden im »Wurzelkeller« unter Sand gelagert; Bohnen und Kräuter trocknete man. Äpfel bewahrte man an einem kühlen Platz auf, um später aus ihnen Apfelkuchen zu backen. Fleisch wurde gepökelt und in der Räucherkammer haltbar gemacht. Noch heute wird in Neuengland die Kunst des Konservierens ausgiebig gepflegt. Besonders beliebt sind *pickles* und *relishes*, Fruchtmarmeladen, -gelees und -mus, eingemachte Früchte, Tomaten, Zwiebeln, rote Bete, grüne Bohnen und manchmal sogar Fisch.

Für manche der ersten Siedler war das Bierbrauen fast so wichtig wie das Brotbacken. Man pflegte Bier schon zum Frühstück zu trinken, zu Schwarzbrot, *baked beans* und zuweilen Fischfrikadellen. Ein weiteres beliebtes hausgemachtes Gebräu war Löwenzahnwein, aber auch Met, für den man Honig vergor. Aus Kirschen, Brombeeren, Johannisbeeren, Himbeeren und Holunderbeeren stellte man Fruchtliköre her.

Später nahm Apfelwein den Platz des Bieres an der Tafel ein. Noch heute trinkt man im Herbst überall im Lande gern jungen Apfelwein, *sweet cider*. Ein Teil dieses Weins wird in Flaschen gefüllt und einer weiteren Hefegärung unterzogen, so daß ein alkoholhaltigerer Apfelwein, der *hard cider*, entsteht.

Die Bewohner von Neuengland sind zäh, stolz und traditionsbewußt: Hier liegt die Geburtsstätte des amerikanischen Traums!

Die Weine von Neuengland

Die Weine von Neuengland sind so unterschiedlich wie rar. Kein Wunder also, daß man gern auf Obst- und Beerenweine ausweicht, die in großen Mengen vor allem in Vermont, New Hampshire und Maine vergoren werden, wo die kalten Winter und kurzen Sommer den Weinbau erschweren. Weiter südlich allerdings, besonders in den Küstenregionen von Massachusetts, Rhode Island und Connecticut, hat in letzter Zeit die Zahl kleiner Weingüter zugenommen, deren beliebteste Weine in erster Linie aus den weniger empfindlichen Hybridreben, darunter Seyval Blanc und Vidal Blanc, gewonnen werden. Diese Sorten vereinigen die Winterfestigkeit der einheimischen amerikanischen Reben und deren Widerstandsfähigkeit gegen Krankheiten und Parasiten mit dem feineren Aroma europäischer Trauben.

Der malerische Martha's Vineyard in Massachusetts und Prudence Island in Rhode Island sind die Standorte der zwei führenden Kellereien von Neuengland, Chicama Vineyards und Prudence Island Vineyards.

Connecticut
Weißweine: Chardonnay, Johannisberg Riesling, Seyval Blanc, Vidal Blanc.

Massachusetts
Weißweine: Chardonnay, Vidal Blanc.

Rhode Island
Weißweine: Chardonnay, Vidal Blanc.

Lobster and Corn Chowder

Hummer-Maiskorn-Suppentopf
(siehe Foto Seite 34)

Beim Kauf eines Hummers sollte man unbedingt darauf achten, daß er noch quicklebendig ist.

---

2 Hummer, je etwa 600 g schwer · 2 EL Butter

1 Mohrrübe, grob gehackt · 2 Zwiebeln, fein gehackt

Bouquet garni, bestehend aus 1 Lorbeerblatt,
Thymianzweig · 4 Petersilienstengeln

1/4 l trockener Weißwein

250 g Kartoffeln, geschält und in Würfel geschnitten

6 Maiskolben · Salz · frisch gemahlener Pfeffer

1/8 l Crème double

1 EL grobgehackte Petersilie zum Garnieren

In einem Suppentopf $1^3/_4$ l Salzwasser zum Kochen bringen. Die Hummer kopfüber hineinstürzen und 5 Minuten kochen. Die Tiere aus dem Wasser nehmen und abkühlen lassen. Das Wasser beiseite stellen. Das Hummerfleisch aus den Scheren und dem Schwanz lösen, in Würfel schneiden. Hummerleber, Muskelgewebe und Magen entfernen. Das Fleisch aus dem Kopfbereich lösen und in kleine Stücke zerteilen. Die Schalen beiseite stellen.

Die Hälfte der Butter in einem Suppentopf zerlassen, die Mohrrübe, die Hälfte der Zwiebeln und das Bouquet garni darin bei niedriger Temperatur 10 Minuten schmoren, bis die Gemüse weich zu werden beginnen. Die Hummerschalen zugeben und weitere 5 Minuten schmoren. Hummerkochwasser und Wein zugießen und 25 Minuten köcheln lassen. Die Brühe durch ein Sieb gießen und beiseite stellen.

Die Kartoffeln in Salzwasser gar kochen und abgießen. Die Maiskörner von den Kolben lösen. Die restliche Butter in einem Suppentopf zerlassen, die restlichen Zwiebeln darin etwa 7 bis 10 Minuten dünsten. Maiskörner (eine dreiviertel Tasse Mais zurückbehalten, sie wird erst ganz zum Schluß zugefügt) sowie Hummerbrühe zugeben und 20 Minuten köcheln lassen. Mit dem Mixstab oder in der Küchenmaschine ganz fein pürieren. Die Brühe durch ein Sieb in einen sauberen Topf passieren.

Mit Salz und Pfeffer abschmecken und Crème double unterrühren. Hummerfleisch, die restlichen Maiskörner und die Kartoffeln zugeben und noch etwa 5 Minuten simmern. Mit der Petersilie bestreuen und servieren.

Atlantic Shellfish Fritters with Lemon and Herb Sauce

Schaltierküchlein mit Zitronen-Kräuter-Sauce

(siehe Foto Seite 34)

Ausgebackenes aller Art stellt man in Neuengland nun schon seit über hundert Jahren her. Leticia Coulson, Chefin des berühmten Bostoner »Pilgrims' Lunch Restaurant«, bereitet für ihre Gäste täglich diese *fritters* zu, die sie, nur mit Zitronenspalten garniert, serviert.

FÜR 8 PERSONEN:

125 g Mehl · Salz · frisch gemahlener Pfeffer
2 Eier, getrennt, zimmerwarm
2 EL Maisöl · 0,2 l angewärmtes Bier
500 g ausgelöstes Fleisch von gekochten Schaltieren wie Venusmuscheln, Miesmuscheln, Jakobsmuscheln, Austern oder Hummer, in 1 cm große Stücke zerteilt
8 EL gehackte Petersilie
4 EL Schnittlauchröllchen · 1/2 TL gehackter Thymian
1/4 TL gehackter Origano · 1 Knoblauchzehe, gehackt
4 EL (60 ml) Zitronensaft · 1/8 l Olivenöl
1 l Mais- oder Erdnußöl zum Ausbacken Zitronenspalten zum Garnieren

Das Mehl und 1/2 TL Salz in eine Schüssel sieben. Die Eigelbe verquirlen. In die Mitte des Mehls eine Mulde drücken, Eigelbe, Maismehl und Bier hineingeben und mit einem Schneebesen alles leicht miteinander verrühren. Den Teig 1 Stunde bei Zimmertemperatur ruhen lassen. Das ausgelöste Schaltierfleisch mit Salz und Pfeffer würzen und in den Kühlschrank stellen. In der Zwischenzeit die Sauce zubereiten. Kräuter, Knoblauch, Zitronensaft und Olivenöl miteinander verrühren und mit Salz und Pfeffer abschmecken. Die Eiweiße zu Schnee aufschlagen und vorsichtig unter den Teig heben. Den Teig zum Schaltierfleisch geben und miteinander vermischen. Das Maisöl in einer schweren Pfanne sehr heiß (190° C) werden lassen; es sollte zischen, wenn man etwas Teig in die Pfanne gibt. Jeweils einen gehäuften Eßlöffel Teig in die Pfanne geben und von beiden Seiten goldbraun fritieren. Nicht zu viele Küchlein auf einmal ausbacken. Die *fritters* mit Zitronenspalten garnieren und mit der Sauce servieren.

Winter Squash Soup with Smoked Bacon and Walnut Butter

Winterkürbissuppe mit geräuchertem Speck und Walnußbutter
(siehe Foto Seite 34)

Waschkörbe voller Winterkürbisse werden noch heute in der kalten Jahreszeit im kühlsten Raum des Hauses gelagert.

1 1/2 kg Winterkürbis · 30 g Walnußkerne
1 EL Walnußöl · Salz · frisch gemahlener Pfeffer
1 Prise Zucker · 5 EL (75 g) Butter
2 Scheiben (50 g) geräucherter Speck, fein gehackt
1 große Zwiebel, gehackt · 1 l Hühnerbrühe
1/8 l Crème double
frisch geriebene Muskatnuß
Saft von 1 Orange · etwas glatte Petersilie zum Garnieren

Den Kürbis halbieren und mit der Schnittfläche nach unten auf ein eingeöltes Backblech setzen. In den auf 190° C vorgeheizten Ofen schieben und den Kürbis in etwa 1 Stunde garen. Herausnehmen und abkühlen lassen. Mit einem Löffel die Samen herauskratzen und wegwerfen. Das Fruchtfleisch herauslösen und beiseite stellen, die Kürbisschale wegwerfen.
In der Zwischenzeit die Walnußbutter zubereiten. Die Nußhälften mit dem Walnußöl, Salz, Pfeffer und Zucker vermischen und in dem auf 190° C vorgeheizten Ofen etwa 7 Minuten rösten. Die Walnüsse fein hacken, in eine kleine Schüssel geben, mit 3 EL Butter verrühren und mit Salz und Pfeffer abschmecken. Die Walnußbutter zu einer Rolle von 2 1/2 cm Durchmesser formen, in Klarsichtfolie wickeln und in den Kühlschrank legen.
Die restliche Butter in einem Suppentopf erhitzen und Zwiebel und Speck darin glasig braten. Das Kürbisfleisch und die Brühe zugeben und 30 Minuten köcheln. Die Suppe etwas abkühlen lassen und mit dem Mixstab oder in einem Mixer fein pürieren. Durch ein Sieb in einen sauberen Topf passieren und noch einmal kurz erhitzen. Vom Herd nehmen. Crème double unterrühren und mit Salz, Pfeffer, Muskatnuß und Orangensaft abschmecken.
Die Suppe auf Suppentassen verteilen und jede Portion mit einer Scheibe Walnußbutter und einigen Petersilienblättern garnieren.

Scalloped Oysters

Gratinierte Austern

Die Pilgervater entwickelten ein ausgedehntes Repertoire an Rezepten für Meerestiere. Dies ist die modernisierte Version eines ihrer Austerngerichte.

---

750 g frische Austern mit ihrer Flüssigkeit

1/8 l Crème double

1/8 l Muschelsaft aus dem Glas

1/8 l trockener Weißwein

*Bouquet garni, bestehend aus 1 Lorbeerblatt,
1 Thymianzweig, 4 Petersilienstengeln*

10 EL (150 g) Butter, zerlassen · 1 EL Mehl

Salz · frisch gemahlener Pfeffer · 125 g Semmelbrösel

250 g Cracker, zu mittelfeinen Bröseln zerkleinert

Die Austern abtropfen lassen, die Flüssigkeit mit Crème double, Muschelsaft, Weißwein und Bouquet garni in einen Topf geben. Die Flüssigkeit auf etwa 0,3 l einkochen lassen. Den Topf vom Herd nehmen und das Bouquet garni entfernen. In einem zweiten Topf 2 EL Butter zerlassen. Das Mehl darin unter ständigem Rühren bei niedriger Temperatur 3 Minuten anschwitzen. Die Reduktion aus Crème double, Muschelsaft und Wein zugießen und in etwa 5 Minuten zu einer dicken Sauce kochen, dabei gut umrühren. Die Sauce leicht abkühlen lassen und die Austern hineingeben. Mit Salz und Pfeffer abschmecken. Eine Gratinform von 1 l Inhalt ausbuttern. Die restliche Butter über die Semmelbrösel und zerkleinerten Cracker gießen und kurz umrühren. Ein Drittel der Brösel gleichmäßig auf dem Boden der Gratinform verteilen, darüber die Hälfte der Austern geben. Auf die Austern wiederum eine Lage Brösel verteilen. Fortfahren, bis alle Zutaten aufgebraucht sind. Mit einer Lage Brösel abschließen. Die Form in den auf 180°C vorgeheizten Ofen schieben und das Gratin in etwa 35 Minuten goldbraun backen.

New England Boiled Dinner
Eintopf nach Art von Neuengland

Dieses herzhafte und wohlschmeckende Gericht kam bei den meisten Familien vom frühen Herbst bis in den späten Frühling hinein gewöhnlich einmal pro Woche auf den Tisch.

FÜR 6 BIS 8 PERSONEN:

1 Stück gepökelte Rinderbrust, etwa 1 1/2 bis 2 kg schwer
400 g Perlzwiebeln · 1 kg Kohl, geviertelt und den harten Strunk entfernt
500 g kleine Teltower Rübchen, geviertelt
4 Mohrrüben, in 3 1/2 cm große Stücke geschnitten
500 g Steckrüben, geviertelt · 500 g Kartoffeln, geviertelt
6 kleine rote Bete, etwa 750 g, geputzt
2 EL Maisöl · Salz · frisch gemahlener Pfeffer
5 Stengel glattblättrige Petersilie zum Garnieren
ZUM SERVIEREN: *Meerrettichsauce, Senf und Senffrüchte*

Die gepökelte Rinderbrust in einem großen Topf mit kaltem Wasser bedecken. Das Fleisch 15 Minuten kochen, dabei immer wieder den aufsteigenden Schaum abschöpfen. Die Temperatur herunterschalten und die Rinderbrust zugedeckt etwa 2 1/2 Stunden sanft köcheln lassen.

Zwiebeln, Kohl, Teltower Rübchen, Mohrrüben und Steckrüben zugeben und weitere 30 Minuten simmern lassen. Das Rindfleisch sollte jetzt ganz zart sein. Die Kartoffeln in den Topf geben und etwa 30 Minuten garen.

Während das Rindfleisch auf dem Herd ist, die roten Bete in eine feuerfeste Form setzen und mit Öl beträufeln. Mit Aluminiumfolie bedecken und in dem auf 190° C vorgeheizten Ofen etwa 1 Stunde garen. Die roten Bete aus dem Ofen nehmen, schälen, halbieren, mit Salz und Pfeffer würzen und bis zum Servieren beiseite stellen.

Die Rinderbrust tranchieren, auf einer vorgewärmten Platte anrichten und mit den Gemüsen sowie den erhitzten roten Rüben umlegen. Mit Petersilie garnieren und mit Meerrettichsauce, Senf und Senffrüchten auftragen.

Cape Cod Fish Stew

Fischragout nach Art von Cape Cod

Die für das folgende Rezept benötigten Zutaten – Olivenöl, Cayennepfeffer und Tomatensauce brachten die Portugiesen mit nach Provincetown, die sich dort zwischen 1800 und 1850 ansiedelten.

4 EL (60 ml) Mais- oder Olivenöl
1 Zwiebel, grob gewürfelt
1 rote Paprikaschote, in Stücke geschnitten
500 g Kartoffeln, in Würfel geschnitten · 1/4 l Wasser
1/4 l Muschelsaft aus dem Glas · 1/8 l trockener Weißwein
1 Prise Cayennepfeffer · 1/4 TL getrocknetes Basilikum
4 EL (60 ml) Tomatensauce · Salz
frisch gemahlener Pfeffer
1 kg Tomaten, geschält, die hellen Rippen entfernt, entkernt und grob gehackt
500 g Schaltiere wie Venusmuscheln, Miesmuscheln, Garnelen und Jakobsmuscheln
500 g weißfleischiger Fisch wie Kabeljau, in 2 1/2 cm große Stücke geschnitten
400 g kleine Zucchini, in 1 cm dicke Scheiben geschnitten
Petersilienblätter zum Garnieren (nach Belieben)

Das Öl in einem großen Suppentopf erhitzen, Zwiebel und Paprikaschote hineingeben und etwa 10 Minuten sautieren, bis die Zwiebel glasig ist. Kartoffeln, Wasser, Muschelsaft, Wein, Cayennepfeffer, Basilikum, Tomatensauce, Salz und Pfeffer zugeben und zugedeckt 15 Minuten köcheln lassen, bis die Kartoffeln gar sind. Die Tomaten zufügen und zugedeckt 15 weitere Minuten langsam köcheln. Den Kabeljau abspülen und von den Jakobsmuscheln die Nuß (Muskel) aus der Schale nehmen. Fisch, Muschelfleisch, Schaltiere und Zucchini in den Topf geben und zugedeckt 15 Minuten garen. Mit Salz und Pfeffer abschmecken. Zum Servieren das Fischragout auf kleine Suppenschüsseln verteilen und nach Belieben mit Petersilie garnieren.

Fresh and Salt Cod Cakes with Tatare Sauce

Stockfischfrikadellen mit Sauce tatare

Cape Cod verdankt seinen Namen dem Kabeljau (englisch cod), der im Nordatlantik in großen Mengen vorkommt.

---

500 g Stockfisch · 1/2 l Milch 1/2 l Wasser

---

*Bouquet garni, bestehend aus 1 Lorbeerblatt,
1 Thymianzweig, 6 Petersilienstengeln*

---

500 g frischer Kabeljau · 125 g Butter

---

1 Stange Sellerie · 2 Zwiebeln, beides fein gehackt

---

2 Frühlingszwiebeln, fein gehackt

---

5 - 6 EL Schnittlauchröllchen

---

5 - 6 EL feingehackte Petersilie

---

1 Prise Cayennepfeffer · 2 EL Senfpulver · 1 EL Tabasco

---

2 EL Worcestershire-Sauce · 1/2 l Mayonnaise · 3 Eigelb

---

*300 g frische Semmelbrösel, mit etwas Salz und Pfeffer
vermengt*

Salz · frisch gemahlener Pfeffer · 1 EL Zitronensaft

---

250 g Mehl, mit etwas Salz und Pfeffer vermischt

---

4 Eigelb · 1/8 l Milch

Den Stockfisch über Nacht in kaltem Wasser einweichen. Gründlich abspülen. Stockfisch, Milch, Wasser und Bouquet garni in einen großen Topf geben und 15 Minuten kochen. Den frischen Kabeljau zugeben und 5 Minuten ziehen lassen. Den Fisch aus dem Topf nehmen und zerpflücken.
In einem kleinen Topf 3 EL Butter zerlassen, Sellerie und Zwiebeln darin glasig dünsten. Das Gemüse aus dem Topf nehmen, abtropfen und abkühlen lassen und zusammen mit Frühlingszwiebeln, Kräutern, Cayennepfeffer, Senfpulver, Tabasco und Worcestershire-Sauce zum Fisch geben. Gründlich miteinander vermengen. Mayonnaise, Eigelbe und genügend Semmelbrösel zugeben, um alles gut miteinander zu verbinden, und mit Salz, Pfeffer und Zitronensaft abschmecken.
Aus dem Fischteig Frikadellen von 8 cm Durchmesser formen, in dem gewürzten Mehl, dann in den mit der Milch verquirlten Eigelben und zum Schluß in den Semmelbröseln wenden. In einer Pfanne 5 EL Butter erhitzen und die Fischfrikadellen darin auf beiden Seiten in 3 bis 4 Minuten goldbraun braten. Zwei Frikadellen pro Person mit Sauce tatare servieren.

Tatare Sauce

Sauce tatare

Diese pikante Sauce schmeckt gut zu gebratenem Fisch und zu Fischfrikadellen.

ERGIBT 1/2 LITER:

1 Eigelb · 2 TL Dijon-Senf · 1/8 l Olivenöl

1/5 l Erdnußöl · Saft von 1/2 Zitrone · Salz

frisch gemahlener Pfeffer

1 große Dillgurke, fein gehackt

In einer kleinen Schüssel Eigelb, Senf und 1 EL Olivenöl gut verrühren. Die beiden Ölsorten miteinander vermischen und tropfenweise unter ständigem Rühren mit einem Schneebesen zugießen. Dabei mit der Zugabe immer so lange warten, bis das Öl vollständig aufgenommen ist. Die feingehackte eingelegte Dillgurke unter die Mayonnaise rühren und eventuell noch mit etwas Zitronensaft abschmecken.

Roast Turkey with Cornbread and Smoked Ham Stuffing

Gebratener Truthahn mit Schinken-Maisbrot-Füllung

(siehe Foto Seite 35)

Am Thanksgiving Day, dem amerikanischen Erntedankfest, das am letzten Donnerstag im November begangen wird, kommt traditionell Truthahn auf den Tisch. In Neuengland hat jeder sein eigenes Rezept für die Truthahnfüllung und für das Braten des Vogels.

FÜR 8 PERSONEN:

1 Truthahn, etwa 5 – 6 kg schwer
Salz · frisch gemahlener Pfeffer · 1 1/4 l Hühnerbrühe
1 Zwiebel · 1 Mohrrübe, beides grob gehackt
Bouquet garni, bestehend aus 1 Lorbeerblatt, 1 Thymianzweig, 6 Petersilienstengeln
300 g Butter
2 große Zwiebeln · 4 Stangen Bleichsellerie, beides in kleine Würfel geschnitten
250 g geräucherter Schinken, in Würfel geschnitten (nach Belieben)
2 EL gehackte Petersilie · 1 EL feingehackter Thymian
1 EL feingehackter Salbei
1 Maisbrot (siehe nachfolgendes Rezept), 2 Tage luftgetrocknet, in Würfel geschnitten
1 EL Mehl · 1 TL Maisstärke

Den Truthahn gründlich abspülen und trockentupfen. Von innen und außen mit 2 TL Salz einreiben. Hühnerbrühe, Zwiebel, Mohrrübe, 1 Bouquet garni, Truthahnhals, -magen und -herz in einen Topf geben und ohne Deckel etwa 1 1/2 Stunden sanft köcheln lassen. Die Brühe durch ein Sieb abgießen. Ergibt etwa 1 Liter.

Den Backofen auf 200° C vorheizen. In einer großen Pfanne 180 g Butter zerlassen, Zwiebeln und Sellerie hineingeben und 7 – 10 Minuten sautieren, bis sie weich sind. Nach Belieben den geräucherten Schinken zugeben und weitere 5 Minuten braten. Kräuter und Maisbrot sowie 3/8 l Truthahnbrühe unterrühren. Die Füllung sollte so locker wie möglich sein, aber nicht aus-

28

einanderfallen. Mit Salz und Pfeffer würzen. Den Truthahn mit der Masse füllen, zustecken oder -nähen und auf einen Rost in einer flachen Bratenpfanne setzen. Die restlichen 125 g Butter zerlassen und den Truthahn mit 2 EL davon bestreichen. Die restliche Butter beiseite stellen. Den Vogel für 45 Minuten in den Backofen schieben. Die Hitze auf 165° C reduzieren. Eine doppelte Lage Mulltuch über dem Truthahn ausbreiten und gleichmäßig mit der restlichen zerlassenen Butter begießen. Den Truthahn weitere 1 1/2 bis 2 1/4 Stunden braten, dabei alle 30 Minuten mit Bratensaft beträufeln. Zur Garprobe mit einer Metallnadel in den Truthahn stechen. Tritt der Fleischsaft klar heraus, kann man den Braten aus dem Ofen nehmen. Den Truthahn 20 Minuten ruhen lassen. Das Mulltuch entfernen und den Vogel aus der Bratenpfanne nehmen. Das Fett abschöpfen und den Bratensaft auf dem Herd erhitzen. Mehl, Maisstärke und 1/8 l Brühe vermischen und unter ständigem Rühren zum Bratensaft geben. Die restliche Brühe zugießen und die Sauce unter Rühren einkochen. Durch ein Sieb passieren. Die Füllung aus dem Truthahn nehmen, den Vogel tranchieren und mit der Füllung auf einer vorgewärmten Platte anrichten. Die Sauce separat dazu servieren.

Cornbread

Maisbrot

(siehe Foto Seite 35)

Maisbrot wurde in Neuengland ursprünglich in runden gußeisernen Formen in Steinöfen gebacken. Bei der Herstellung des Teigs sollte man darauf achten, daß er nur kurz, dafür aber kräftig durchgearbeitet wird.

200 g Mehl · 200 g Maismehl · 1 TL Backpulver
2 EL Zucker · 1 TL Salz
6 EL (90 ml) Maisöl · 1/2 l saure Sahne
1/2 l Milch · 1 Ei, leicht verquirlt

Den Backofen auf 190° C vorheizen. Die trockenen Zutaten in eine Schüssel sieben. Die flüssigen Zutaten miteinander vermischen und mit den Zutaten in der Schüssel verrühren. Den Teig in eine ausgebutterte Form von 25 cm Durchmesser füllen und im vorgeheizten Ofen etwa 35 Minuten backen. Zur Garprobe mit einer Metallnadel hineinstechen; wenn kein Teig daran kleben bleibt, kann man das Maisbrot aus dem Ofen nehmen. Das Brot aus der Form lösen und abkühlen lassen.
Das Maisbrot in 2 1/2 cm große Würfel schneiden und auf einem Backblech ausbreiten. Bei Zimmertemperatur 2 Tage trocknen lassen.

Cranberry and Apple Cider Relish

Preiselbeer-Apfelwein-Relish

(siehe Foto Seite 35)

Von den Indianern stammt die Sitte, Fleischspeisen mit Fruchtsaucen zu kombinieren. Da die Preiselbeerernte gerade in die Zeit des Thanksgiving Day fällt, ist es nicht weiter verwunderlich, daß zum gebratenen Truthahn traditionell ein Preiselbeer-Relish serviert wird. Hier eines der vielen moderneren Rezepte.

ERGIBT ETWA 1/2 LITER:

3/4 l Apfelwein (Cidre) · 180 g Zucker
4 Stangen Zimt
3 Stück Orangenschale, 10 cm lang, die weiße Innenhaut entfernt
12 Nelken · 375 g Preiselbeeren

Apfelwein, Zucker, Zimtstangen, Orangenschale und Nelken in einen Topf geben und unter gelegentlichem Rühren 15 Minuten köcheln lassen, bis sich der Zucker aufgelöst hat. Durch ein Sieb gießen.
Die Preiselbeeren in den Sirup geben und bei hoher Temperatur etwa 10 Minuten kochen, bis die Beeren zerfallen. Die Preiselbeeren weitere 30 Minuten leise köcheln lassen, bis das Relish leicht eingedickt ist. Zimtstange und Orangenschale entfernen. Das Relish in eine Schüssel füllen und abkühlen lassen.

Creamed Onion Casserole

Überbackene Perlzwiebeln

(siehe Foto Seite 35)

Diese Spezialität aus Neuengland kommt dort meist am Thanksgiving Day und zu Weihnachten auf den Tisch.

1 kg Perlzwiebeln · 6 EL (90 g) Butter

1 Zwiebel, fein gehackt · 2 1/2 EL Mehl · 1/8 l Milch

1/5 l Sahne · Muskatnuß · Salz · frisch gemahlener Pfeffer

90 g Semmelbrösel

Die Perlzwiebeln etwa 1 Minute blanchieren. Das Wasser abgießen und die Zwiebeln abkühlen lassen. Putzen, schälen und im Wurzelbereich kreuzweise 2 1/2 mm tief einschneiden. Die Perlzwiebeln gerade mit Wasser bedecken und 15 bis 20 Minuten garen.
Den Backofen auf 180° C vorheizen. Die Zwiebeln mit einem Schaumlöffel aus dem Topf nehmen und die Garflüssigkeit auf 1/4 l einkochen. Zwei Drittel der Butter in einem Topf zerlassen, die feingehackte Zwiebel darin bei mittlerer Temperatur 7 Minuten schmoren. Das Mehl darüberstäuben und unter ständigem Rühren 2 Minuten anschwitzen. Garflüssigkeit, Milch und Sahne zugießen und 3 bis 4 Minuten köcheln, bis die Sauce leicht angedickt ist. Mit Muskatnuß, Salz und Pfeffer abschmecken. Die Perlzwiebeln in der Sauce 3 Minuten leicht köcheln.
Alles in eine Auflaufform füllen, mit den Semmelbröseln bestreuen und mit Butterflöckchen versehen. Auf der obersten Schiene des Ofens 15 bis 20 Minuten backen, bis die Oberfläche goldbraun ist. In der Form servieren.

Boston Baked Beans

Gebackene Bohnen auf Bostoner Art

Die indianischen Ureinwohner bereiteten gebackene Bohnen mit Ahornsirup und Bärenfett zu, indem sie die Bohnen auf heißen Steinen in Erdgruben langsam garen ließen. Die Pilgerväter entwickelten ein eigenes Rezept und ersetzten den Sirup und das Bärenfett durch Melasse und gepökeltes Schweinefleisch, doch im Grunde ist es das gleiche Gericht geblieben, das ebenfalls eine lange Garzeit braucht.

FÜR 6 BIS 8 PERSONEN:

550 g weiße Bohnen · 125 g gepökeltes Schweinefteisch
4 Zwiebeln, in dünne Scheiben geschnitten
6 EL (90 ml) Melasse · 6 EL (90 g) brauner Zucker
1 1/2 TL Salz · 1/2 TL frisch gemahlener Pfeffer
1 TL Senfpulver

Die Bohnen abspülen, verlesen und über Nacht in kaltem Wasser einweichen. Am folgenden Tag die Bohnen im Einweichwasser etwa 25 bis 35 Minuten köcheln lassen, bis sie fast weich sind. Die Bohnen in ein Sieb gießen, die Kochflüssigkeit auffangen. Die Schwarte des gepökelten Schweinefleisches gitterförmig einschneiden. Das Fleisch in einem Topf kurz blanchieren und abtropfen lassen. Das gepökelte Schweinefleisch so in einen 2 l fassenden irdenen Topf legen, daß es von allen Seiten von Bohnen und Zwiebeln bedeckt ist.

Melasse, braunen Zucker, Salz, Pfeffer, Senfpulver und 1/4 l Bohnenkochwasser in einen Topf geben und unter Rühren erhitzen, bis sich der Zucker aufgelöst hat. Über die Bohnen gießen und noch soviel Flüssigkeit zugeben, daß die Bohnen bedeckt sind. Den Topf zugedeckt in den auf 150° C vorgeheizten Ofen schieben und den Inhalt 4 Stunden garen. Den Deckel abnehmen, das Schweinefleisch auf die Bohnen legen und das Gericht weitere 1 bis 2 Stunden garen, bis die Bohnen karamelfarben sind und das Schweinefleisch goldbraun ist.

Mit Schwarzbrot servieren.

Garden Special

Eingewecktes aus dem Garten

In Neuengland war es im vorigen Jahrhundert üblich, daß die Hausfrau zur Erntezeit Obst und Gemüse einkochte und mit den Einmachgläsern die Regale der Vorratskammer füllte.

ERGIBT 8 LITER:

3 grüne und 3 rote Paprikaschoten, entkernt und in Würfel geschnitten
1 1/2 kg Zwiebeln, in Würfel geschnitten
750 g Sellerie, in kleine Würfel geschnitten
1 l Wasser · 4 kg reife Tomaten, geschält, entkernt und in Achtel geschnitten
3 EL Salz · 2 EL Zucker

Paprikaschoten, Zwiebeln, Sellerie und Wasser in einen großen Topf geben und 20 Minuten köcheln lassen. Tomaten, Salz und Zucker zugeben, nochmals kurz aufkochen und den Topf vom Herd nehmen. Das Gemüse in saubere, heiß ausgespülte Einweckgläser füllen. Die Gläser verschließen und das Gemüse im heißen Wasserbad garen. Gläser mit 1 l Inhalt benötigen 30 Minuten, mit 1/2 l Inhalt 25 Minuten Garzeit.

NEUENGLAND: Winterkürbissuppe mit geräuchertem Speck und Walnußbutter (S. 22), Schaltierküchlein mit Zitronen-Kräuter-Sauce (S. 21), Hummer-Maiskorn-Suppentopf (S. 20)

*NEUENGLAND: Gebratener Truthahn mit Schinken-Maisbrot-Füllung (S. 28),
Überbackene Perlzwiebeln (S. 31), Preiselbeer-Apfelwein-Relish (S. 30)*

Parsnip Puffs

Pastinakenküchlein

Diese einfachen Küchlein lassen sich auch mit Zucchini, Sommerkürbis, Auberginen oder Mohrrüben zubereiten. Wenn man Zucchini, Kürbis oder Auberginen verwendet, raspelt man das Gemüse, salzt es leicht und läßt es gut abtropfen.

8 Pastinaken · 1 Ei

6 EL (60 g) Mehl · Salz · frisch gemahlener Pfeffer

1 l Mais- oder Erdnußöl

Die Pastinaken in eine Schüssel raspeln. Das Ei in einer anderen Schüssel verquirlen, das Mehl darübersieben, Salz und Pfeffer zugeben und glatt verrühren. Den Teig zu den geraspelten Pastinaken geben und gründlich miteinander vermischen.
Das Öl in einer Friteuse oder in einem großen Topf auf 190° C erhitzen, den Pastinakenteig eßlöffelweise in das heiße Öl geben. Nicht zu viele Küchlein auf einmal ausbacken. Sobald sie goldbraun sind, herausnehmen, auf Küchenpapier abtropfen lassen und heiß servieren.

Jean's Molasses Cookies

Jeans Melasse-Cookies

(siehe Foto Seite 38)

Eines von vielen köstlichen Plätzchenrezepten einer der bedeutendsten Köchinnen aus Neuengland, Jean Sears Tenanes, deren Vorfahren 1620 mit der Mayflower kamen.

ERGIBT 36 STÜCK:

100 g Walnußkerne · 125 g Butter · 200 g Zucker
1 Ei · 200 g Mehl · 1 TL Natron · 1 Prise Salz
6 EL (90 ml) Melasse

Den Backofen auf 180° C vorheizen. Die Walnüsse auf einem Backblech ausbreiten und im Ofen 5 bis 7 Minuten rösten, bis sie aromatisch duften. Die Nüsse hacken und abkühlen lassen. Butter und Zucker hellgelb und schaumig rühren. Das Ei zugeben. Die trockenen Zutaten durchsieben und abwechselnd mit der Melasse zur Butter-Zucker-Masse geben. Gründlich vermengen und die Walnüsse unterrühren.

Mit einem Teelöffel kleine Portionen Teig abstechen und auf ein mit Backpapier ausgelegtes Backblech setzen. Zwischen den einzelnen Teighäufchen 4 cm Platz lassen. Die Plätzchen im Ofen 8 bis 10 Minuten goldgelb backen. 30 Sekunden ruhen lassen, dann vom Backpapier nehmen. Die Plätzchen auf einem Kuchengitter abkühlen lassen und in einer luftdichten Dose aufbewahren.

Die mittlere Atlantikküste

Carolyn Dille

SOUTHERN MARYLAND STUFFED HAM
Gefüllter Schinken nach Art von Süd-Maryland

Im südlichen Maryland holen die Hausfrauen jedes Jahr vor Weihnachten und Ostern ihre größten Töpfe aus dem Schrank und kaufen die besten Schinken ein, um *stuffed ham* zuzubereiten. Das Gericht wurde von einer Negerin erfunden, die es Anfang des 18. Jahrhunderts für die hier ansässigen Jesuiten zum Ende der Fastenzeit zubereitete. Schinken auf diese originelle und wohlschmeckende Methode zuzubereiten ist zu einer beliebten Tradition geworden. Vorzugsweise wird gepökelter, seltener geräucherter Schinken verwendet.
Man schneidet Taschen in das Schinkenstück und füllt sie mit Blattgemüse, das kräftig mit gemahlenen Chilischoten gewürzt wird. Heute werden vor allem unterschiedliche Kohlarten dafür verwendet; nach Belieben kommen noch Brunnenkresse, Zwiebeln, ein wenig Sellerie oder Selleriesamen, Senfkörner, schwarze Pfefferkörner, Salz und viel Cayennepfeffer hinzu. Die Gemüse werden blanchiert, mit den Gewürzen vermischt und in die vorbereiteten Taschen im Schinken gestopft. Anschließend wird das Schinkenstück, noch zusätzlich mit Blattgemüse bedeckt, in ein Tuch gewickelt und dann stundenlang gekocht.

le, wie Huhn mit Klößen oder »Schnitz und Knepp«, gekochter Pökelschinken mit Nocken. Die Amischen haben aber nicht nur ein großes Geschick, das Beste aus allem herauszuholen, sie sind auch geizig, was zur Entstehung eines anderen typischen Gerichts, *scrapple*, führte: Reste der Schinken-, Speck- und Wurstherstellung beim Schlachtfest, die mit Maisbrei zu einem wurstartigen Gebilde geformt werden, das in Scheiben geschnitten und in Butter gebraten zum Frühstück serviert wird.

Die englischen und holländischen Siedler

Die Engländer, die sich hauptsächlich in Maryland, Delaware und New Jersey niederließen, stellten mit Begeisterung fest, daß sich ihre Fastentage fast in Festtage verwandelten – so groß war die Artenvielfalt an Fischen und Schaltieren, die die Gewässer bevölkerten. Sie waren aber auch fähige Bauern; viele der großen Gärtnereien in Maryland, Pennsylvania und New Jersey, der Obstplantagen in Delaware und der *Truck Farms*, die überall über das Land verstreut sind, wurden einst von englischen Einwanderern gegründet. *Truck farms* sind Kleinbauernhöfe, die ihre vielfältigen frischen Produkte – Obst und Gemüse – auf dem Lastwagen, englisch truck, direkt zu den umliegenden Märkten bringen. Viele von ihnen verkaufen auch direkt vom Hof an den Verbraucher.
Die Holländer siedelten sich hauptsächlich in Manhattan und Long Island, am Unterlauf des Hudson und in den Catskill-Bergen an und pflegten ihre Vorliebe für Süßigkeiten und Gebäck auch in der neuen Heimat. Obwohl sie

nur einen Bruchteil der Einwanderer ausmachten, war ihr Einfluß auf die Eßgewohnheiten der New Yorker und der Amerikaner allgemein überproportional groß; Ihr *oliebol*, ein süßlich-würziger Teigballen, den sie in Öl ausbuken, verwandelte sich in die amerikanischen Varianten des Krapfens, in *crullers* und *doughnuts*. Die Geschicklichkeit, mit der sie ihre traditionellen Methoden der Milchwirtschaft und Käseherstellung an die neue Umgebung und die neuen Umstände anpaßten, war für nachkommende Siedler beispielhaft.

Da Pennsylvania nie zu den sklavenhaltenden Staaten gehörte, flüchteten sich viele Negersklaven aus dem Süden dorthin, auch solche, die sich aus der Sklaverei freigekauft oder ihre *indentured servitude* abgeleistet hatten, kamen hierher. Das war eine Art Arbeitsvertrag oder, genauer, eine zeitlich begrenzte Leibeigenschaft, nach deren Ablauf der Leibeigene die vollen Bürgerrechte erhielt. Auch viele Europäer wanderten auf diese Weise in die USA ein. Die Gerichte der Schwarzen waren bescheiden, etwa Gartenkresse oder Senfkohl mit ein wenig Schweineschwarte, denen Chilischoten und schwarzer Pfeffer Schärfe verliehen. Ihnen schreibt man auch die pikanten Gewürzmischungen zu, denen die Meerestiergerichte in Maryland und Delaware ihren typischen Charakter verdanken.

Der unerschöpfliche Reichtum des Atlantiks

Die Blaukrabbe (blue crab) steht auf der Beliebtheitsskala der Schaltiere aus den Küstengewässern an der Spitze, dicht gefolgt von Venusmuschel, Auster und Jakobsmuschel. Man fischt sie vor allem vor den Küsten von New York, New Jersey, Delaware und Maryland. Auch an Fischen gibt es keinen Mangel; über zweihundert Arten leben hier, von denen Flunder, Blaufisch, Trommelfisch, Makrele, Alse und Streifenbarrel am gefragtesten sind. Die Fischereiindustrie ist seit dreieinhalb Jahrhunderten in dieser Region ein wichtiger Wirtschaftszweig.

Maryland ist einer der führenden Staaten der USA in der Austernzucht, und auch die Sportfischerei erfreut sich hier großer Beliebtheit. Man geht mit einem einfachen Netz und einer Handvoll Brotkügelchen in den Flußmündungen von Maryland auf Krabbenfang, fischt Barsch in der Brandung vor einem der Seebäder von Delaware oder gräbt an der Südküste von New Jersey nach Venusmuscheln und hat schnell die Zutaten für ein Abendessen zusammen.

Der Reichtum an Meerestieren schlägt sich in einer Vielzahl von Gerichten nieder, von denen die meisten Variationen eines einfachen Themas sind. Überall findet man *chowders* aus Venusmuscheln, Austern oder Fisch, die gewöhnlich mit Milch oder Sahne, Zwiebeln und Kartoffeln gekocht werden. Einige Köche bestehen auf der Zugabe von Bauchspeck, andere geben Sellerie oder Kräuter dazu, als Faustregel gilt jedoch: Je einfacher, desto besser. Es gibt viele Restaurants in diesen Staaten, wo man gut Fisch essen kann, aber das Aushängeschild unter ihnen ist die Grand Central Terminal

Die Blaukrabbe

Die Blaukrabbe (englisch *blue crab*, lateinisch *Callinectes sapidus* = schöner Schwimmer) ist besonders wegen des Wohlgeschmacks ihres Fleisches gleichermaßen bei Krabbenfischern wie Feinschmeckern beliebt.

Am gesuchtesten und teuersten ist die Blaukrabbe kurz nach ihrer Häutung. Wenn sie den alten Panzer gesprengt hat und zur *soft-shell crab*, weichschaligen Krabbe, wird, nimmt sie um ein Drittel an Körpergröße zu. Experten kennen den Zeitpunkt der Häutung und bringen die weichen, fleischigen Tiere sofort auf den Markt.

Obwohl die Anwohner der Chesapeake Bay glauben, daß es hier die besten Blaukrabben gibt, sind die Krebstiere von der Küste von Massachusetts bis nach Südamerika verbreitet.

Die Vielzahl von Krabbengerichten aus Maryland und Delaware spiegelt den Einfallsreichtum von Generationen von Köchen wider, desgleichen die Tatsache, daß die Krabbe in die einfachsten wie opulentesten Speisen paßt. Ein Höhepunkt an Genuß ist zweifellos gedämpfte *hard-shell crab*, hartschalige Krabbe, zu der eine würzige, mit Meeresfrüchten zubereitete Chesapeake-Sauce gehört. Es ist erlaubt, mit den Fingern zu essen und sich diese abzulecken, um die Sauce ausreichend zu würdigen.

Oyster Bar in New York City. Hier gibt es *oyster pan roasts*, Austern in Sahnesauce; *oysters on the half shell*, rohe Austern in der Schale; *crab cakes*, Krabbenküchlein; im Frühling shad roe, Alsenrogen; und *Manhattan clam chowder*, einen Muschelsuppentopf, der mit Tomatenbrühe gekocht wird.

Die »Gärtner-Staaten«

Zwar trägt nur New Jersey offiziell den Beinamen *The Garden State*, aber eigentlich trifft die Bezeichnung »Gärtner-Staat« auf jeden der Staaten an der mittleren Atlantikküste zu. Man ist stolz auf die hervorragende Qualität der heimischen Produkte, wie leicht zu erkennen ist, wenn man mal jemanden aus New Jersey mit einem Marylander über das Aroma der in ihren Staaten gezüchteten Tomaten oder Melonen debattieren hört. Oder wenn man verfolgt, wie Pennsylvania und New York darüber streiten, in wessen Staat die besten Äpfel wachsen.

Vor etwa 150 Jahren hielt die Industrialisierung Einzug in die Region. Doch obwohl es weniger Bauern gibt, wächst das Lebensmittelangebot in den städtischen Zentren mit ihren Märkten und Einwanderervierteln. Der Lexington Market in Baltimore, Maryland, ist der am längsten bestehende Markt in den USA; man findet hier beste heimische landwirtschaftliche Produkte, Fisch und Schaltiere, Fleisch und Backwaren. Auch auf dem Reading Terminal Market in Philadelphia werden hervorragende Erzeugnisse der Gegend angeboten.

Baltimore, seit rund vierhundert Jahren eine geschäftige Hafenstadt, war

Ziel vieler Einwanderer. Von hier aus werden vor allem Meerestiere und Tabak exportiert. Im späten 19. und frühen 20. Jahrhundert verschiffte man von Baltimore aus zig Millionen frische Austern auf Eis nach Europa und in die westlichen USA. Ein Großteil der Stadt wurde in den letzten Jahren baulich umstrukturiert.

Ebenso wie Baltimore zog Philadelphia viele Einwanderer an, und auch hier findet man ein Little Italy, ein irisches Viertel, eine Chinatown und immer mehr Südostasiaten, die erst seit kurzem zuwandern. Die Anfänge der Stadt gehen auf das Jahr 1661 zurück, als William Penn, ein englischer Quäker, die Erlaubnis erhielt, hier zu siedeln. In dem als »Stadt der brüderlichen Liebe« bekannten Ort leben seit den frühen Siedlerjahren Einwanderer verschiedener Nationen in Eintracht nebeneinander, nicht zuletzt vereint durch ihre Liebe zu gutem Essen und Trinken.

New York City

Trotz der extremen Gegensätze zwischen arm und reich ist New York eine Traumstadt geblieben, die – seit den vierziger Jahren des letzten Jahrhunderts, als die erste große Einwandererwelle aus dem von Hungersnöten heimgesuchten Irland herüberschwappte – bis heute wie ein Magnet auf Zuwanderer aus der ganzen Welt wirkt. Auch die politischen Umbrüche des 19. Jahrhunderts in Europa und das Wissen um die in den Vereinigten Staaten praktizierte religiöse Toleranz führten dazu, daß Millionen von Menschen ihr Glück in einem neuen Land versuchen wollten. In den ersten zwei Jahrzehnten dieses Jahrhunderts kamen nicht weniger als knapp 15 Millionen Menschen, von denen sich viele in New York ansiedelten, in die USA. Seither ist der Immigrantenstrom nie abgerissen; einige der Neuankömmlinge machen tatsächlich hier ihr Glück, die meisten tragen jedoch lediglich zum immer komplexer werdenden Rassengemisch der Stadt bei.

Was Essen und Trinken betrifft, ist New York unzweifelhaft die Stadt Nummer eins in den USA – keine andere weist so viele unterschiedliche Restaurants auf. In den achtziger Jahren des letzten Jahrhunderts, als der Elan der Gründerzeit auch New York beherrschte, wurde es bei den Reichen Mode, sich gehobeneren kulinarischen Genüssen zuzuwenden. Während der nächsten fünfzig Jahre rekrutierte man in zunehmendem Maße europäische Küchenchefs für die Grandhotels, Clubs und die Küchen der Reichen. Dies gab der New Yorker Gastronomie ganz neue Impulse – viele berühmte Gerichte entstanden in dieser Zeit: Louis Diat, zu Beginn des 20. Jahrhunderts Küchenchef im »Ritz-Carlton«, kreierte die *Vichyssoise* nach einer traditionellen Kartoffel-Lauch-Suppe seiner französischen Heimatstadt Vichy. Lobster Newburg, ein gehaltvolles Gericht aus Hummer, Sahne, Eiern und Sherry, wurde von Delmonico erfunden, dem berühmtesten Küchenchef von New York in den neunziger Jahren des letzten Jahrhunderts, und nach einem Gast benannt.

Aber auch die europäischen Einwanderer, die wesentlich bescheidener leben mußten – vor allem Iren, Polen, Juden, Russen, Italiener und Skandinavier –, brachten eine ganze Welt neuer Geschmacksrichtungen nach New York. Heute wiederum gibt sich die Creme der Küchenchefs aus aller Welt – China, Japan, Thailand, Indien, Spanien und Italien – ein illustres Stelldichein im Kosmos der Restaurants von New York.

Überquert man die Brooklyn Bridge, kommt man nach Lower Manhattan, wo die bekanntesten ethnischen Eßparadiese liegen. Die Juden der Lower East Side betreiben *bagel-* und *matzo*-Bäckereien und verkaufen Räucherfisch wie Lachs, Drachenfisch und Stör. Gleich daneben liegen Little Italy, Chinatown und Greenwich Village, wo Teigtaschen-Aficionados – hier gibt es alle Arten von Ravioli, Tortellini, *kreplach* (fleischgefüllte Maultaschen) und wontons – auf ihre Kosten kommen. In diesen Vierteln wird das ganze Jahr über gefeiert, wobei traditionelles Essen und Trinken nicht zu kurz kommen, sei es beim chinesischen Neujahrsfest im Winter oder beim Fest des San Gennaro im Herbst.

Liebhaber guten Essens finden in den Staaten der mittleren Ostküste der USA immer einen Anlaß zum Schlemmen. Die klimatisch sehr verschiedenen Jahreszeiten – die Winter sind, vor allem im nördlichen New York, schneereich, die Sommer extrem heiß und feucht – bestimmen den Speiseplan: Im Winter gibt es *pies* und Kuchen, Suppen und Eintöpfe, im Frühjahr Fruchtpasteten und Suppen mit zarten Frühlingsgemüsen, im Sommer Salate und eine Vielfalt an Meerestieren. Die unterschiedlichen Küchen der Einwanderer haben überall ihren Einfluß hinterlassen und bieten eine Vielzahl an einfachen und raffinierten Genüssen. Gleichgültig, ob man nach Feinem, Herzhaftem, Exotischem oder Vertrautem sucht – auf relativ kleinem Raum findet hier jeder, was ihm schmeckt.

Wein aus einheimischen Trauben

Wein war schon im frühen 17. Jahrhundert ein wichtiges landwirtschaftliches Produkt in dieser Region. Die ersten Siedler stellten ihn aus den reichlich wachsenden einheimischen Reben her. Daraus durch Veredelung gewonnene Traubensorten wie Concord stellen noch heute die Grundlage der hier gekelterten Weine, von Traubensäften und Marmeladen dar. In den letzten Jahren, mit dem Einzug verbesserter Anbau- und Kellereimethoden, hat jedoch ein Umschwung zugunsten hochklassiger Weine stattgefunden, die vor allem aus Hybridsorten und europäischen Abarten gewonnen werden. Förderlich für die Entwicklung des Weinanbaus haben sich auch Änderungen der Weingesetze ausgewirkt, die den Direktverkauf vom Winzer an den Kunden erlauben, was dazu führte, daß sich viele kleine Weingüter neu etablieren konnten. Inzwischen gibt es mehr als 110 Kellereien in der Gegend, von denen mehr als die Hälfte jünger als zwanzig Jahre ist.

Der Staat New York ist nach Kalifornien der zweitgrößte Weinproduzent des Landes. Das Herz des Weinbaus liegt im nördlichen Teil des Staates, in der Region der Finger Lakes, wo einige der besten Rieslinge der USA wachsen.

Im Tal des Hudson blickt der Weinanbau auf eine mehr als 325jährige Tradition zurück. In dieser ältesten Weinregion der USA werden immer noch hauptsächlich einheimische und Hybridreben kultiviert. Long Island hingegen hat als Weinland noch keine lange Geschichte. Zwar wurden hier vermutlich schon vor Jahrhunderten Reben europäischen Ursprungs angepflanzt, aber die Wiedergeburt des Weinanbaus war im Jahr 1973 , als man neue Weingärten anlegte. Heute gehören die Merlots, Chardonnays und Cabernet Sauvignons von Long Island zu den besten des Landes und zieren die Weinkarten der besten Restaurants von Manhattan.

Auch in Pennsylvania widmet man sich der Aufzucht von Trauben. In den letzten Jahren ist bei den Weinen, die aus dem Lancaster Valley und dem zentral gelegenen Delaware Valley stammen, ein deutlicher Qualitätssprung nach oben zu verzeichnen. Die Boordy Vineyards in Maryland, eine der besten Kellereien im ganzen Land, lösten nach dem Zweiten Weltkrieg die Initialzündung für das unter den Winzern der Ostküste inzwischen enorm gewachsene Interesse an französisch-amerikanischen Hybridreben aus.

NEW YORK (LONG ISLAND):
Weißweine: Chardonnay, Gewürztraminer; *Rotweine:* Merlot, Cabernet Sauvignon

NEW YORK (FINGER LAKES):
Weißweine: Chardonnay, Johannisberg Riesling Seyval Blanc, Vidal Blanc

PENNSYLVANIA:
Weißweine: Chardonnay, Johannisberg Riesling; *Rotwein:* Cabernet Sauvignon

MARYLAND:
Weißweine: Seyval Blanc, Vidal Blanc; *Rotwein:* Cabernet Sauvignon

Steamed Soft-shell Clams

Gedämpfte Muscheln
(siehe Foto Seite 39)

Diese Gerichte werden in Küstenstädten und Badeorten häufig nur als *steamers* bezeichnet. Man kann dafür fast alle Arten von Muscheln, beispielsweise auch kleine Venusmuscheln wie *cherrystone* oder *manila* verwenden.

---
6 Dutzend Muscheln, abgebürstet und gewaschen

12 EL (180 g) Butter

2 Knoblauchzehen, gehackt · Saft von 1 Zitrone

Alle Muscheln, die offen sind oder deren Schale zerbrochen ist, aussortieren und wegwerfen. Die übrigen Muscheln in einen großen Topf mit fest schließendem Deckel geben, 3/8 l Wasser zugießen und die Muscheln zugedeckt bei hoher Temperatur etwa 10 – 15 Minuten dämpfen, bis sich ihre Schalen öffnen. Muscheln, die sich nicht geöffnet haben, wegwerfen.

In der Zwischenzeit die Butter mit dem gehackten Knoblauch bei niedriger Temperatur erhitzen und durch ein Sieb in eine Sauciere gießen. Den Zitronensaft unterrühren und die Butter warm stellen.

Die Muscheln mit einem Schaumlöffel aus dem Topf nehmen, in eine Servierschüssel füllen und warm stellen. Den Muschelsud durch ein mit einem Mulltuch ausgelegtes Sieb in einen sauberen Topf gießen und nochmals erhitzen.

Den Muschelsud in kleinen Portionsschüsseln servieren, die Muscheln und die Zitronenbutter getrennt dazu mit viel knusprigem Brot auftragen.

Herbed Tomato Soup

Pikante Tomatensuppe

(siehe Foto Seite 39)

Die ersten Siedler brachten den ihnen unbekannten Tomaten einen gewissen Argwohn entgegen, doch mit der Zeit lernten sie dieses sommerliche Gemüse schätzen, das, konserviert, auch im Winter gern verwendet wird. Durch die günstigen Wachstumsbedingungen an der mittleren Atlantikküste – große Hitze, hohe Luftfeuchtigkeit und starke Regenfälle im Sommer – gedeihen hier besonders saftige und aromatische Tomaten. So ist es nicht verwunderlich, daß es in dieser Gegend viele Rezepte für Tomatensuppe gibt, ebenso für das Einkochen von Tomaten und die Zubereitung von Tomatensaft.

1/2 Zwiebel, in kleine Würfel geschnitten

---

1 Mohrrübe, gerieben · 1 Knoblauchzehe, gehackt

---

2 EL Pflanzenöl ·1 Zweig Liebstöckel, Blätter gehackt, oder
1 Stange Sellerie mit Blättern, in kleine Würfel geschnitten

---

1 Zweig Majoran, Blätter gehackt, oder knapp
1/2 TL getrockneter Majoran

---

1 1/4 kg reife Tomaten, geschält, entkernt und in Würfel
geschnitten

Salz · frisch gemahlener Pfeffer

---

4 EL Schnittlauchröllchen zum Garnieren

Das Pflanzenöl in einem Suppentopf erhitzen, Zwiebel, Mohrrübe und Knoblauch hineingeben und darin weich dünsten. Liebstöckel, Majoran und die gewürfelten Tomaten zugeben. Die Suppe etwa 15 Minuten köcheln lassen. Mit Salz und Pfeffer abschmecken und pürieren. Die Tomatensuppe mit Schnittlauchröllchen bestreuen und heiß oder gekühlt servieren.

Chicken Salad with Fried Oysters

Geflügelsalat mit gebackenen Austern

Diese Zusammenstellung erfreut sich in Delaware bis heute großer Beliebtheit, wo sie gern als improvisiertes Abendessen in der Kirchengemeinde oder bei Sammlungen von Spenden für wohltätige Zwecke zubereitet wird. Man kennt sie auch in der östlichen Küstenregion Marylands, an der Grenze zu Delaware und sogar weiter im Westen, zum Beispiel in Philadelphia.

600 g Hühnerfleisch, gekocht und in Würfel geschnitten

2 Stangen Sellerie, in Würfel geschnitten

1/2 Zwiebel, in Würfel geschnitten

4 EL gehackte Petersilie

1/8 l Mayonnaise · 2 EL Apfelessig · Salz

frisch gemahlener Pfeffer

2 hartgekochte Eier (nach Belieben)

GEBACKENE AUSTERN:
18 ausgelöste frische große Austern oder 500 g ausgelöstes Austernfleisch

1 Ei · 1 EL Milch · 1 große Prise Salz · Pfeffer

4 EL (60 g) Mehl

125 g Semmelbrösel · Pflanzenöl zum Ausbacken

Zitronenspalten zum Garnieren

Für den Geflügelsalat Hühnerfleisch, Sellerie, Zwiebel und Petersilie mit der Mayonnaise vermischen. Den Essig unterrühren und mit Salz und Pfeffer würzen.

Den Salat zugedeckt mindestens 1 Stunde im Kühlschrank ziehen lassen. Vor dem Servieren nochmals abschmecken.

Die Austern trockentupfen. Das Ei leicht mit der Milch und den Gewürzen verquirlen. Die Austern in Mehl wenden, durch die Eimasse ziehen und in den Semmelbröseln wälzen. Bis zu diesem Arbeitsschritt können die Austern einige Stunden im voraus zubereitet und zugedeckt im Kühlschrank aufbewahrt werden.

Kurz vor dem Auftragen reichlich Öl in einer großen Pfanne auf etwa 180° – 190° C erhitzen und die vorbereiteten Austern hineingeben. Nicht zu viele Austern auf einmal ausbacken, damit die Öltemperatur nicht zu stark absinkt. Die Austern in etwa 3 Minuten goldbraun ausbacken, dabei einmal wenden. Aus der Pfanne nehmen und auf Küchenpapier abtropfen lassen.

Den Hühnersalat in einer Schüssel oder auf einer Platte anrichten und nach Belieben mit den geviertelten hartgekochten Eiern garnieren. Die ausgebackenen Austern auf einer vorgewärmten Platte mit den Zitronenspalten anrichten und mit dem Geflügelsalat auftragen.

Pennsylvania Country Apple Butter

Apfelmus auf Pennsylvania-Art

(siehe Foto Seite 46)

Dieses dicke, dunkle Apfelmus gleicht unserem Rheinischen Apfelkraut und ist nicht so süß wie Marmelade. Gesüßt wird es nach Geschmack mit hellem oder dunklem Zucker oder einer Mischung aus beidem. Man kann ohne weiteres die doppelten Mengen an Zutaten verwenden, falls ein großer Topf zur Verfügung steht. Die Kochzeit verlängert sich dann um etwa 1 Stunde. Dieses Apfelmus wird im Pennsylvania Dutch Country, wenn frisches Gemüse rar ist, zu vielen winterlichen Gerichten gereicht. Apfelmus wird stets in großen Mengen hergestellt – Äpfel und Apfelmost köcheln in einem riesigen Kupferkessel über einem offenen Feuer im Freien.

ERGIBT ETWA 1 3/4 LITER:

3 kg Boskop oder ein anderer Back- oder Kochapfel, geschält, entkernt und geviertelt
1 l Apfelmost · 150 g brauner Zucker · 1/4 TL Salz
1 Stange Zimt, 7 1/2 – 10 cm lang (nach Belieben)

Die Äpfel mit 1/2 l Apfelmost in einen säurebeständigen Topf geben und zugedeckt in etwa 30 Minuten zu einer Sauce verkochen. In der Zwischenzeit in einem anderen Topf den restlichen Apfelmost um die Hälfte reduzieren und zu der Apfelsauce geben. Zucker, Salz und nach Belieben die Zimtstange zugeben. Die Apfelsauce in den auf 150° C vorgeheizten Backofen schieben und ohne Deckel etwa 3 Stunden köcheln lassen. Dabei etwa alle 20 Minuten mit einem Holzlöffel umrühren. Das Apfelmus sollte jetzt stark eingedickt sein. Es wird noch fester, wenn es abgekühlt ist.

Die Zimtstange entfernen, das heiße Apfelmus in sterilisierte Weckgläser mit Gummiringen füllen, fest verschließen und konservieren. Mindestens einen Tag vor Gebrauch ruhen lassen. Unversiegelte oder angebrochene Gläser im Kühlschrank aufbewahren und den Inhalt innerhalb von 2 Wochen aufbrauchen. Das Apfelmus zu gebratenem Huhn, Schweinefleisch oder Schinken auftragen oder als Brotaufstrich verwenden.

Potato Filling

Kartoffelauflauf

(siehe Foto Seite 46)

Die Küche der Pennsylvania-Deutschen zeichnet sich durch einen besonderen Einfallsreichtum im Umgang mit Resten aus. In diesem Gericht werden Kartoffeln und Brot, die von der letzten Mahlzeit übriggeblieben sind, zu einem wohlschmeckenden und sättigenden soufflèartigen Auflauf veredelt.

2 EL Butter
2 Stangen Sellerie, einschließlich einiger Blätter, in Würfel geschnitten
1 Zwiebel, in Würfel geschnitten
500 g pürierte Kartoffeln
200 g weiche Brotkrumen
Salz und frisch gemahlener schwarzer Pfeffer
1/4 l heiße Milch
1 Ei, verquirlt

Den Backofen auf 180° C vorheizen. Die Butter in einer Pfanne bei mittlerer Temperatur zerlassen, Sellerie und Zwiebel hineingeben und in etwa 5 Minuten weich dünsten. Den Pfanneninhalt zu den pürierten Kartoffeln und den Brotkrumen in eine Schüssel geben. Großzügig mit Salz und Pfeffer abschmecken. Die heiße Milch zugießen und gründlich miteinander vermischen. Das verquirlte Ei unterrühren. Die Mischung in eine ausgebutterte feuerfeste Form von 1 1/2 l Inhalt füllen und im vorgeheizten Ofen etwa 40 Minuten backen, bis der Kartoffelauflauf schön aufgegangen und goldbraun ist. Heiß servieren.

Succotash with Brown Butter and Vinegar

Bohnen-Mais-Topf

(siehe Foto Seite 46)

Succotash ist ein Gericht, das die Einwanderer aus Europa von den Algonkin-Indianern übernahmen und das seit über hundert Jahren zu den Standardrezepten der Küchen an der Atlantikküste gehört. Es wird heute meist aus frischem Mais und Limabohnen, Butter und Sahne zubereitet und paßt gut zu gebratenem Schweinefleisch und zu Schinken.

320 g ausgelöste frische Limabohnen (ersatzweise aus der Dose, gut abgetropft)
320 g frische Maiskörner (ersatzweise aus der Dose, gut abgetropft)
Salz · frisch gemahlener Pfeffer
4 EL (60 g) Butter
3 EL Apfelessig

Die frischen Limabohnen in 1/8 l Wasser etwa 5 bis 10 Minuten köcheln lassen. Falls nötig, etwas mehr Wasser verwenden. Die frischen Maiskörner zugeben und weitere 2 bis 3 Minuten köcheln, bis sie gar sind. Bei Dosengemüsen entfällt dieser Arbeitsgang. Mit Salz und Pfeffer abschmecken. In der Zwischenzeit die Butter bei mittlerer Temperatur in etwa 5 Minuten braun schmelzen.

Mais und Limabohnen in eine Schüssel geben, mit Essig beträufeln und mit der braunen Butter begießen. Sofort auftragen.

Beets with Horseradish Dressing

Rote-Bete-Salat mit Meerrettich-Dressing

Die Pennsylvania-Deutschen verwenden Meerrettich auch heute noch zur Zubereitung von Gemüsen. Den Rote-Bete-Salat kann man auch warm als Beilage reichen, besonders gut schmeckt er zu Roastbeef.

1 1/4 kg kleine rote Bete · 6 EL (90 ml) Pflanzenöl

3 EL Rotwein- oder Apfelessig

2 EL frisch geriebener Meerrettich

1/2 kleine Zwiebel, in Scheiben geschnitten

Salz · frisch gemahlener Pfeffer

Die Blätter von den roten Beten entfernen, den Stengel etwa 3 1/2 cm stehenlassen. Von den Blättern die Stengel entfernen und die Blätter beiseite legen.
Die roten Bete in sprudelndes Wasser geben und in etwa 15 bis 20 Minuten knapp garen. Die Knollen unter fließendem kaltem Wasser schälen und auf einer Platte beiseite stellen.
In der Zwischenzeit Öl, Essig und Meerrettich miteinander vermischen und großzügig mit Salz und Pfeffer abschmecken.
Die Blätter in 1/8 l Wasser in etwa 3 bis 5 Minuten gerade weich werden und abtropfen lassen.
Die roten Bete in Scheiben schneiden. Eine Platte mit den Blättern auslegen und mit etwas Salatsauce beträufeln. Die in Scheiben geschnittenen roten Bete darauf anrichten und mit dem restlichen Dressing beträufeln. Zum Schluß die Zwiebelscheiben darüber verteilen und zimmerwarm servieren.

Amish Noodles

Nudeln nach Art der Amischen

Der Teig für diese Nudeln wird traditionell nur mit Eigelben zubereitet und kann für alle Arten von Nudelgerichten verwendet werden. Wer die Eigelbmenge verringern möchte oder muß, kann statt der fünf Eigelbe zwei ganze Eier und ein Eiweiß verwenden, die eventuell mit einigen Eßlöffeln Wasser gestreckt werden müssen, damit der Teig glatt wird.
Diese Eiernudeln werden gewöhnlich als Beilage zu Braten aufgetragen, begleitet von einem Gemüsepüree.

ERGIBT ETWA 500 GRAMM NUDELN:

320 g Mehl · 5 Eigelb · 1/2 TL Salz
4 EL (60 ml) Wasser
4 EL frisch gehackte Kräuter wie Schnittlauch, Petersilie oder Liebstöckel

Mehl, Eigelb, Salz und Wasser vermischen und zu einem weichen, aber nicht klebrigen Teig verarbeiten. Den Teig in 3 bis 4 Portionen teilen und zugedeckt etwa 1 Stunde ruhen lassen.
Den Teig mit einem Nudelholz oder mit der Nudelmaschine etwa 1 mm dick ausrollen und in beliebige Streifen schneiden. Die Nudeln lassen sich im Kühlschrank einen Tag lang aufbewahren. Man breitet sie dafür auf einer mit bemehlten Küchentüchern bedeckten Unterlage so aus, daß sie sich nicht berühren, und bedeckt sie wiederum mit Küchentüchern oder Klarsichtfolie.
In einem Topf 4 l Salzwasser zum Kochen bringen und die Nudeln etwa 2 bis 3 Minuten kochen; sie sollten noch Biß haben. In etwas zerlassener Butter und mit gehackten frischen Kräutern, zum Beispiel Schnittlauch, Petersilie oder Liebstöckel, schwenken und sofort auftragen.

Cranberry Cheesecake

Käsekuchen mit Preiselbeeren
(siehe Foto Seite 47)

Die cremige Beschaffenheit dieses Käsekuchens kommt durch das sanfte Garen im Wasserbad zustande. Die Käsefüllung ist typisch für die New Yorker jüdische Küche; der Preiselbeerbelag wiederum ist in New Jersey sehr beliebt, wo die meisten Preiselbeeren der USA herkommen.

1 1/2 EL Butter
2 Graham Crackers, zu feinen Bröseln zerrieben
3 EL Maisstärke
200 g Zucker · 1 kg Sahnequark
1 Ei ·1 Eiweiß
1/4 l Sahne · 1/2 TL Vanille-Essenz
BELAG:
180 g Zucker · 180 ml Wasser
400 g Preiselbeeren, gewaschen und verlesen
geriebene Schale von 1/2 Orange

Den Backofen auf 200° C vorheizen. Eine Springform von 20 cm Durchmesser großzügig einbuttern und den Boden der Form mit den zerriebenen Graham Crackers überziehen. Die Form von außen mit fester Alufolie einkleiden. Dabei darauf achten, daß die Alufolie intakt bleibt, denn sie soll das Eindringen von Wasser im Wasserbad verhindern. Die Enden der Alufolie über den Rand der Form schlagen. Maisstärke mit dem Zucker durchsieben. Den Sahnequark in eine Schüssel geben und die Stärke-Zucker-Mischung bei niedriger Drehzahl mit einem Handrührgerät oder mit einem Löffel unterrühren. Ei und Eiweiß zugeben und alles gründlich miteinander vermengen. Nach und nach die Sahne und die Vanille-Essenz unterrühren. Die Mischung in die vorbereitete Form geben und die Oberfläche glattstreichen. Die Springform in eine ausreichend bemessene Bratreine stellen und so viel kochendes Wasser zugießen, daß es die Form 1 cm hoch umgibt. Den Käsekuchen im Wasserbad auf der mittleren Schiene des auf 200° C vorgeheizten Ofens 10 Minuten backen, dann die Hitze auf 120° C herunterschalten und den Kuchen weitere 55 bis 60 Minuten garen, bis die Oberfläche goldgelb und der Kuchen gerade fest ist. Im Inneren sollte er noch die Konsistenz von Pudding haben. Die Springform vorsichtig aus dem Wasserbad nehmen und den Käsekuchen auf einem Gitter ganz auskühlen lassen. Den Kuchen für 6 bis zu 24 Stunden in den Kühlschrank stellen.
Für den Belag Zucker und Wasser in einem säurebeständigen Topf zum Kochen bringen. Nach etwa 2 Minuten, wenn sich der Zucker aufgelöst hat, Preiselbeeren und Orangenschale zugeben. Etwa 5 Minuten köcheln lassen, bis die Beeren zerfallen und die Masse etwas eingedickt ist. Die Preiselbeeren in eine flache Schüssel füllen und auf Zimmertemperatur abkühlen lassen. Zugedeckt bis zum Gebrauch in den Kühlschrank stellen.
Die Preiselbeeren frühestens 2 Stunden vor dem Servieren auf dem Käsekuchen verteilen. Vor dem Auftragen den Ring der Springform entfernen und den Kuchen mitsamt dem Boden der Form auf einer Platte anrichten.

Chocolate Angelfood Cake

Biskuit-Schokoladenkuchen

(siehe Foto Seite 47)

Angelfood cake wird in der ganzen Region gebacken, vor allem in den Gemeinden der Pennsylvania-Deutschen, Amischen und Mennoniten. Die dafür benötigten Eiweiße bleiben bei der Nudelherstellung übrig. Der Kuchen wird auch gern statt mit Schokolade mit Vanille zubereitet. Hierfür verzichtet man auf den Kakao, erhöht die Menge an Vanille-Essenz auf einen Teelöffel und gibt die geriebene Schale einer Zitrone dazu. Zur Schokoladen-Variante serviert man gern Schlagsahne oder Eis; zur Vanille-Variante paßt Obst, Eiscreme oder beides.

FÜR 8 BIS 10 PERSONEN:

6 EL (90 g) Mehl · 2 EL (30 g) Kakao
250 g sehr feiner Zucker, gesiebt
9 – 12 Eiweiß, je nach Größe (insgesamt etwa 0,3 l)
1 TL Weinstein (-Backpulver) · 1 Prise Salz
1/2 TL Vanille-Essenz · Puderzucker zum Bestäuben (nach Belieben)

Den Backofen auf 190° C vorheizen. Mehl, Kakao und 125 g Zucker durchsieben. Das Eiweiß schaumig schlagen, Weinstein und Salz zugeben und weiterschlagen, bis die Masse fester wird. Nach und nach den restlichen Zucker zugeben und das Ganze zu Eischnee aufschlagen. Vanille-Essenz unterrühren, nach und nach die Mehl-Mischung darübersieben und unterheben.

Den Teig in eine nicht gefettete Kastenform von 25 cm Länge füllen und im unteren Drittel des Ofens etwa 40 bis 45 Minuten backen. Der Kuchen ist fertig, wenn er sein Volumen nahezu verdoppelt hat, die Oberfläche leicht gerissen und der Kuchen auf Druck elastisch ist.

Die Form aus dem Ofen nehmen und den Kuchen abkühlen lassen, danach auf eine Platte stürzen und nach Belieben mit Puderzucker bestäuben. Mit einem Sägemesser in Scheiben schneiden und auftragen. Man kann den Schokoladenkuchen auch mit geschlagener Sahne oder Eis servieren.

Rhubarb Raspberry Cobbler

Rhabarber-Himbeer-Auflauf

(siehe Foto Seite 47)

Rhabarber wurde wahrscheinlich von den Engländern in die Vereinigten Staaten eingeführt, da sie die ersten Europäer waren, die ihn als Nahrungsmittel und nicht als Medizin verwendeten. Die anderen Siedler taten es ihnen bald nach, denn der früh reifende Rhabarber war eine willkommene Bereicherung des noch kargen Frühjahrsspeiseplans. Wegen seiner charakteristischen Säure wird Rhabarber gern mit süßeren Beeren wie Himbeeren oder Erdbeeren kombiniert.

500 g (etwa 4 Stangen) frischer Rhabarber, in Würfel geschnitten
400 g Himbeeren · 250 g Zucker · 2 1/2 EL Mehl
220 g Mehl
1 1/2 EL Zucker · 1/2 TL Salz
2 TL Backpulver
5 EL eisgekühlte Butter, in Stücke geschnitten
1/4 l Milch

Rhabarber, Himbeeren und Zucker in einen Topf geben und aufkochen. Die Hitze reduzieren und unter Rühren 3 bis 5 Minuten köcheln lassen. Den Topf vom Herd nehmen und beiseite stellen. Auf Zimmertemperatur abkühlen lassen, dann 2 1/2 EL Mehl unterrühren. Den Backofen auf 220° C vorheizen und eine Auflaufform von 2 l Inhalt einbuttern.

Das restliche Mehl mit dem Zucker, Salz und Backpulver in einer Schüssel vermischen. Die Butter zugeben und die Mischung zu erbsengroßen Klumpen verkneten. Die Milch zugießen und den Teig mit einer Gabel glattrühren.

Die Früchte in die eingebutterte Form geben, den Teig eßlöffelweise großzügig darüber verteilen und den Auflauf etwa 25 Minuten backen, bis die Teigoberfläche sich goldgelb färbt. Heiß oder zimmerwarm auftragen.

SÜDSTAATEN: Limabohnen mit Minze (S. 89),
»Hinkende Susanne« (S. 90), Gebratene grüne Tomaten (S. 88)

SÜDSTAATEN: Kentucky-Bourbon-Kugeln (S. 98),
Marmeladenkuchen aus Tennessee (S. 97),
Pfirsichkuchen nach Art von Georgia (S. 99)

DIE SÜDSTAATEN
Cynthia Hizer Jubera

LOUISIANA: Gebratene Wildvögel (S. 113),
Huhn »Bienville« (S. 111)

wohlschmeckendsten der Welt gehören. Die Küstenebenen reichen von der Chesapeake Bay zur Galveston Bay und berühren jeden Südstaat außer Kentucky und Tennessee. Fast jeder Südstaat hat sein eigenes Repertoire an Fisch- und Schaltiergerichten. Jede Gegend hat ihre Spezialitäten, ob Austern oder Garnelen, Paprikaschoten oder Reis, und ist stolz darauf. Der Atlantik-Stör, der vor der Küste von Georgia zu finden ist, liefert hochwerti-

---

BOURBON

Er tötet den Schmerz, tröstet die Seele und darf auf Hochzeiten, Begräbnissen und in Drinks gegen die Hitze des Südens nicht fehlen.

Bourbon-Whiskey wird aus Mais gebrannt und ist das einzige alkoholische Getränk, dessen Ursprungsland Amerika ist. Eine Ironie des Schicksals will, daß ausgerechnet ein Baptisten-Prediger ihn erfand und daß der Ort, woher er stammt und nach dem er benannt ist, Bourbon County, Kentucky, nordwestlich von Lexington gelegen, unter ständiger Trockenheit leidet.

Mag auch das, was die Südstaatler sonst gewöhnlich essen und trinken, nicht besonders raffiniert sein – ihr Whiskey gehört zu den mildesten und feinsten Bränden, die auf der Welt hergestellt werden.

Siedler aus Schottland und Irland hatten das Wissen um die Kunst, wie man Schnaps aus den ihnen bekannten Getreidearten Gerste, Roggen und Weizen brennt, mit in die Neue Welt gebracht. Doch in den Appalachen ließ sich Mais besser und billiger anbauen, und das Destillat schmeckte besonders gut, wenn man es mit dem Quellwasser aus den Kalksteinfelsen herstellte.

Um das Jahr 1820 herum hatten sich das Destillierverfahren und der Reifungsprozeß so vervollkommnet, daß man daran ging, den Maisschnaps als »Kentucky Whiskey« im ganzen Osten und Süden der USA zu vermarkten.

Ein Whiskey erhält seinen Charakter durch die Getreideart, aus der er destilliert wird, durch seine Reifezeit und die Art der Filterung. Whiskey aus Tennessee wird von einigen seiner Hersteller als *sipping whiskey*, Whiskey zum Schlürfen, bezeichnet, da er durch Ahornholzkohle gefiltert und daher besonders körperreich ist.

Nur in Amerika hergestellter Bourbon darf sich so nennen. Er muß zu mindestens 51 Prozent aus Mais destilliert sein, der in einer sauren Maische vergoren wird. Eine Mischung aus Weizen und Mais ergibt einen milden Bourbon, der Zusatz von Roggen macht ihn eher herb. Die Hefe für die Maische muß aus einer früheren Gärung stammen. So wie der Sauerteig dem Brot einen typischen Geschmack gibt, wird der Charakter des Bourbons durch die saure Maische bestimmt.

Bourbon ist nicht nur ein Getränk oder eine Zutat dazu, wie zum Beispiel im Mint Julep, sondern spielt in der Südstaaten-Küche eine ebenso große Rolle wie in der Bar. Ohne Bourbon gäbe es keine Bourbon-Kugeln oder den Christmas *eggnog*, den Weihnachts-Eiergrog, keinen Rühr- oder Obstkuchen. Die zurückhaltende Milde des Bourbons verstärkt und bereichert den Geschmack eines Gerichts. Whiskey verbindet sich auf ideale Weise mit Zutaten wie Pekannüssen, Mais, Süßkartoffeln, Winterkürbis, Kastanien, Apfelwein, Trockenobst und Ahornsirup.

gen Kaviar; im Mississippi-Delta gibt es hektargroße Katzenfisch-Zuchtfarmen.

An den Küsten von Florida und des Golfs von Mexiko ißt man hauptsächlich das, was das Meer hergibt, während im Inneren Floridas Obst und Gemüse in großem Maßstab angebaut werden. Im Großraum Miami konzentrieren sich die Einwanderer aus Kuba und der Karibik – hier ist die Küche typisch lateinamerikanisch. Die Bauern im Hinterland dieser Region haben sich darauf eingestellt und liefern die nötigen Zutaten inklusive tropischer Früchte, die hier das ganze Jahr über wachsen.

Der Süden ist vom Wetter begünstigt, hier kann praktisch jederzeit gesät und geerntet werden, und der Regen fällt, wenn er gebraucht wird. Hier werden vor allem hitzeliebende Pflanzen angebaut wie Mais, Tomaten, Auberginen, Okra, Süßkartoffeln und Erdnüsse. Noch lange, nachdem der Rest der USA verstädterte und industrialisiert wurde, pflegten die Südstaatler ihre Gärten und Weinstauden hinter den Häusern. In Kentucky gehört immer noch ein Kakibaum in den Garten, in Süd-Florida ein einheimischer Limonenbaum.

Das Frühstück in der morgendlichen Kühle steht daher in den Südstaaten in hohem Ansehen, denn wenn die Sonne mittags steigt und die Feuchtigkeit wie dunstiger Nebel in der Luft liegt, verliert sich der Appetit auf mehr als einen gesüßten Eistee oder einen Mint Julep, mit einem ordentlichen Schuß Kentucky Bourbon und frisch gepflückter wilder Minze zubereitet. Zum Frühstück langt man daher kräftig zu. Es gibt gebratene Wachteln, Hühner-Haschee, Landschinken, gebratene grüne Tomaten, Maiskuchen, Würste, Waffeln und feine Biskuits, Maisbrei mit Kaffeesauce, Brombeermarmelade, Honig oder Hirsemelasse, und dies ist nur eine kleine Auswahl aus den klassischen Frühstücksgerichten des Südens.

Gastfreundschaft in den Südstaaten

Der berühmteste Gourmet aus dem Süden war Thomas Jefferson, der dritte Präsident der Vereinigten Staaten von Amerika. Er war ein weltgewandter und geistreicher Mann, der dennoch gern von sich behauptete, er sei »in erster Linie Farmer«. Auf seinem Gut Monticello nahe Charlottesville, Virginia, bewirtete er seine Gäste verschwenderisch, vor allem mit Schinken aus Virginia, Süßkartoffeln, Schwarzaugenbohnen und Maispudding.

Die Südstaatler sind für ihre Gastfreundschaft bekannt. Schon in den Kolonialzeiten schienen sie weniger rauh, weniger verbissen und den leiblichen Genüssen mehr zugeneigt als ihre puritanischen Nachbarn im Norden. Das beste Essen im Süden wurde – und wird immer noch – zu Hause zubereitet; in den Restaurants mangelt es einfach an der Zeit, die viele Südstaaten-Gerichte zum Garen brauchen, und zur Herstellung der Süßigkeiten braucht man eine zarte Hand.

Das bekannteste Gericht aus dem Süden ist *fried chicken*, ausgebackenes Huhn, von dem manche meinen, daß man es in Schmalz braten, andere

LOUISIANA: Oben: Schweinemedaillons »Bayou Lafourche« (S. 118), Gefüllte Kaninchenkeulen »Cabanocey« (hier mit braunem und wildem Reis; S. 116) Unten: Garnelengefüllte Chayote »Kristine« (S. 118)

LOUISIANA: Oben: Plantagen-Brotpudding (S. 124)
Unten: Feigen-Pekannuß-Kuchen (S. 126)

wieder, daß man es in Öl ausbacken müsse. Einig ist man sich nur darüber, wie man es zu essen habe: nämlich mit den Fingern.

Mit dem eiweißarmen Mehl aus dem Süden gelingen Kuchen und anderes Gebäck besonders gut, während die großzügige Verwendung von Buttermilch einer Reihe von Gerichten einen typischen Geschmack und Zartheit verleiht. Die Südstaatler lieben ihre Süßigkeiten, und die regionalen Kochbücher sind zum Beispiel voll mit Rezepten für Kokosnuß-Kuchen, Brombeer-Pasteten, Pfirsich- und Zitronen-Meringue-Pies. Auch die heutigen Südstaaten-Köchinnen und -Köche haben ihre Lieblingsspeisen von früher nicht vergessen. Man muß nicht weit gehen, um jemanden zu finden, der gerade ein Huhn ausbackt oder einen Topf Bohnen kocht, Maisbrei und Kohl zubereitet, ein Hühnchen mit Bourbon-Whiskey ablöscht, Süßkartoffeln kleinschneidet und mit Kardamom würzt oder Rübenblätter in den Nudelteig rührt, und überall wird man mit der einzigartigen und herzlichen Gastfreundschaft der Südstaaten aufgenommen.

Wein aus Scuppernong-Trauben

Die Südstaaten bieten in Sachen Wein einige Überraschungen. Der erste Wein auf dem Gebiet der heutigen USA wurde in Jacksonville, Florida, um 1560 herum angebaut.
Französische Hugenotten benutzten dazu die einheimische Scuppernong-Rebe, auch Muscadinia Rebe genannt. Der meiste Wein, der heute in den Südstaaten produziert wird, stammt aus der Familie dieser Rebe, von Magnolia-, Noble- und Carlos-Trauben. Die Weine sind zugleich aromatisch und kräftig im Geschmack, mit einer leicht lieblichen Note. Das Château Elan in Georgia stellt einen sogenannten *summer wine* her, eine Mischung aus Muscadinia-Wein mit Pfirsich-Aromen.
In jedem der Südstaaten wird Wein produziert, und Ausflüge in die Weinberge sind ein beliebtes Freizeitvergnügen. Das Biltmore Estate in Asheville, North Carolina, besitzt ein imposantes, 3250 Hektar großes Weingut mit einem Château im Renaissance-Stil und zieht jährlich mehr als eine halbe Million Besucher an. Seine Weine, wie die vieler führender Kellereien in den Südstaaten, wurden aus amerikanischen Hybrid-Reben und Abarten europäischer Reben gewonnen. Am erfolgreichsten ist man mit Chardonnay.
Die Weinherstellung in Virginia hat in den letzten zwanzig Jahren fast explosionsartig zugenommen, und zwar sowohl quantitativ wie qualitativ. Mehr als 45 Kellereien sind in dieser Zeit gegründet worden, vor allem im Shenandoah Valley und im Gebiet von Monticello.
Man zieht hier vor allem europäische Rebsorten wie Chardonnay, Gewürztraminer und Cabernet Sauvignon. Den Chardonnays aus Virginia sagt man nach, daß sie die besten sind, die östlich des Mississippi gekeltert werden. In Monticello versuchte schon Thomas Jefferson, europäische Rebsorten für die Weinherstellung anzubauen, doch Reblausbefall, Pflanzenkrankheiten und schlechtes Wetter machten ihm einen Strich durch die Rechnung –

nicht nur ihm, sondern allen Winzern bis zum Jahre 1957. Erst in den letzten Jahren zeigte sich in Virginia, daß Jefferson mit seinem Vorhaben doch recht gehabt hatte.

VIRGINIA:
Weißweine: Brut (Schaumwein), Chardonnay, Gewürztraminer, Johannisberg Riesling, Seyval Blanc; *Rotweine:* Cabernet Sauvignon, Merlot

NORTH CAROLINA:
Weißweine: Chardonnay; *Rotwein:* Cabernet Sauvignon

GEORGIA:
Weißwein: Scuppernong; *Roséwein:* Cabernet Blanc; *Rotwein:* Cabernet Sauvignon

ARKANSAS:
Rotwein: Cabernet Sauvignon

Conch Chowder

Suppentopf mit Meeresschnecken

Wenn man die Key-West-Meeresschnecke, eine spiralförmige Muschel, ans Ohr hält, glaubt man das Meeresrauschen zu hören. Das Fleisch dieser Tiere hat, ähnlich wie Muschelfleisch, ein kräftiges Aroma, und es muß vor Gebrauch weichgeklopft werden. Liebhaber des *conch chowder* lassen sich in zwei Gruppen einteilen: Die einen ziehen die Zubereitung mit Tomaten, die anderen die mit Sahne vor. Hier eine Variante, in der das eindeutige Aroma von Tomaten und Paprika vorherrscht.

1 kg Meeresschnecken-Fleisch (ersatzweise Riesenmuscheln oder Abalone)
1/4 l Muschelsaft aus dem Glas
1 kg Tomaten aus der Dose, durch ein Sieb passiert
2 Kartoffeln, in Würfel geschnitten
125 g Bauchspeck in dicken Scheiben, grob gehackt
2 frische grüne Chilischoten, entkernt und ohne Rippen, fein geschnitten
1 grüne Paprikaschote, entkernt, in Würfel geschnitten
1 Zwiebel, grob gehackt
1 große Knoblauchzehe, fein gehackt
1 TL Anissamen · 6 TL Limettensaft
2 EL Korianderblätter
Tabasco oder andere Chili-Sauce

Mit einer Küchenschere die Meeresschnecken so säubern, daß nur rein weißes Fleisch übrigbleibt. Das Fleisch mit einem Fleischklopfer mürbe klopfen und in dünne Streifen schneiden oder durch den Fleischwolf drehen. Muschelsaft und -fleisch in einen großen Topf geben und bei mittlerer Temperatur 15 Minuten köcheln lassen, bis das Fleisch fast gar ist. Tomaten und Kartoffeln zugeben und weitere 15 Minuten garen. Kartoffeln und Muschelfleisch sollten jetzt weich sein. In der Zwischenzeit den Speck in einem mittelgroßen Topf bei großer Hitze in etwa 5 Minuten knusprig und goldbraun braten. Chilischoten, Paprikaschote, Zwiebel, Knoblauch und Anissamen zugeben und etwa 10 Minuten köcheln lassen, bis die Gemüse weich sind. Den Topfinhalt zu den Meeresschnecken geben, umrühren und weitere 5 bis 15 Minuten köcheln lassen. Zum Servieren den Suppentopf in kleine Schüsseln füllen und über jede Portion einen Teelöffel Limettensaft und einige Korianderblätter geben. Die Tabasco-Sauce separat dazu reichen, so daß jeder nach Belieben würzen kann.

Cheese Grits Casserole

Maisbrei mit Käse

Dieses beliebte Gericht serviert man in den Südstaaten gern zum späten Frühstück oder unvorhergesehenen Gästen als improvisierte Mahlzeit. Man kann es mit Knoblauchbutter, ganzen oder pürierten Maiskörnern oder gewürfeltem Landschinken anreichern. Nicht vorbehandelter Maisgrieß aus der Steinmühle schmeckt kräftiger und ist nahrhafter als Instant-Maisgrieß.

300 g Maisgrieß (Polenta)
1,2 l Wasser · 1 Prise Salz
1/4 TL frisch gemahlener schwarzer Pfeffer
125 g Mozzarella, italienischer Fontina- oder gereifter Cheddar-Käse, in feine Streifen geschnitten
2 EL Butter

Maisgrieß, Wasser, Salz und Pfeffer in einen mittelgroßen Topf geben. Zum Kochen bringen und zugedeckt bei mittlerer Temperatur etwa 20 bis 30 Minuten köcheln lassen, bis der Maisbrei dick und cremig ist. Dabei gelegentlich umrühren, damit der Brei nicht ansetzt. Den Maisbrei vom Herd nehmen. Käse und Butter hineingeben und glatt verrühren. Sofort auftragen oder im Wasserbad bis zu 30 Minuten warm halten.

Panfried Quails and Corn Cakes

Gebratene Wachteln mit Maispfannküchlein

Für dieses elegante Gericht, das gern zu einem späten Frühstück oder als Vorspeise aufgetragen wird, sollte man möglichst Wachteln mit ausgelöstem Brustbein verwenden. Nicht ausgelöste Vögel richtet man besser neben als auf den Maispfannküchlein an. Statt des Estragons wird in den Südstaaten häufig *mint marigold*, ein leicht nach Anis schmeckendes Kraut, zum Würzen verwendet, das die dortige Sommerhitze besser verträgt.

---

6 Wachteln, möglichst ausgelöst, gewaschen und trockengetupft

---

125 g Mehl · 125 g Butter · Salz · frisch gemahlener Pfeffer

---

2 große Schalotten, gehackt

---

60 g Champignons oder Egerlinge, geputzt und in Scheiben geschnitten

---

1/4 l Hühnerbrühe · 2 EL Madeira oder Sherry

---

1 TL grobgehackter Estragon oder mint marigold

Die Wachteln in Mehl wenden. Die Hälfte der Butter in einer Pfanne bei mittlerer Temperatur erhitzen. Die Wachteln hineingeben, salzen und pfeffern und etwa 10 Minuten braten, bis sie von allen Seiten goldbraun sind. Die Vögel aus der Pfanne nehmen und warm stellen. In derselben Pfanne Schalotten und Pilze in etwa 4 Minuten weich dünsten. Einen Eßlöffel Mehl hineinstäuben und etwa 1 Minute goldgelb anschwitzen. Hühnerbrühe und Madeira unter Rühren zugießen und die Sauce 5 Minuten leicht einkochen. Wachteln samt dem ausgetretenen Fleischsaft in die Pfanne geben, mit Estragon, Salz und Pfeffer würzen und das Ganze 5 bis 10 Minuten bei niedriger Temperatur durchziehen lassen. Die Wachteln mit etwas Sauce auf den Maispfannküchlein (Rezept auf Seite 94) anrichten und auftragen.

Scott's Country Ham with Redeye Gravy

Scotts Landschinken mit Kaffeesauce

Überall in den Südstaaten gibt es in Scheiben geschnittenen, gebrauchsfertigen Landschinken abgepackt zu kaufen, was einem die mühsame Prozedur des Wässerns und Säuberns erspart. Scott Peacock, Meisterkoch in Atlanta, bereitet zum Schinken eine besonders kräftige Bratensauce mit Kaffee zu. Maisbrei schmeckt als Beilage zu diesem Gericht besonders gut.

---

1 EL Butter

650 g Landschinken, in Scheiben geschnitten

ausreichend schwarzer Kaffee (etwa 3/8 l) zum Bedecken des Schinkens

---

Die Butter in einer großen Pfanne bei mittlerer Temperatur erhitzen. Wenn die Butter aufschäumt, die Schinkenscheiben in einer Lage hineingeben und in etwa 5 Minuten leicht Farbe annehmen lassen. Wenden und auf der anderen Seite etwa 2 bis 3 Minuten braten.

Das Fett aus der Pfanne gießen und die Schinkenscheiben mit dem Kaffee bedecken. Zugedeckt etwa 20 Minuten köcheln lassen, bis die Sauce eingedickt ist. Den Schinken auf sechs Tellern anrichten und mit der Sauce beträufeln.

Roast Chicken Flamed in Bourbon

Flambiertes Brathuhn

Das von Küchenchef Scott Peacock aus Atlanta zubereitete Huhn schmeckt eindeutig nach Südstaaten-Küche. Es wird mit bestem Bourbon-Whiskey flambiert, der zusammen mit Schalotten der Sauce einen besonderen Charakter verleiht.

FÜR 3 BIS 4 PERSONEN:

6 EL (90 g) weiche Butter · 1 Schalotte, fein gehackt
1 TL gemischte frische oder getrocknete Kräuter
Salz · frisch gemahlener schwarzer Pfeffer
1 Brathuhn, etwa 1 1/2 kg schwer, gewaschen und trockengetupft
4 EL (60 ml) Bourbon-Whiskey · 0,2 l Hühnerbrühe
2 EL feingehackte Schalotten

Den Backofen auf 220° C vorheizen. Butter, Schalotte, Kräuter, Salz und Pfeffer miteinander verrühren. Vorsichtig mit den Fingern die Haut vom Brustfleisch und den Schenkeln des Huhns lösen – nicht abziehen! – und 4 EL der Mischung gleichmäßig zwischen Haut und Fleisch verteilen. Mit der restlichen Butter das Huhn von innen einreiben und den Vogel dressieren. Das Huhn, Brust nach oben, auf einen Rost in eine flache, ausreichend bemessene Bratpfanne setzen und 50 bis 55 Minuten braten, bis der Fleischsaft, sticht man das Fleisch an, klar heraustritt. Das Huhn aus dem Ofen nehmen und auf einer Platte warm stellen. Den Rost aus der Bratpfanne nehmen und das Fett abschöpfen. Die übriggebliebene Bratensauce bei mittlerer Temperatur heiß werden lassen, das Huhn wieder hineinlegen, mit dem Bourbon übergießen und flambieren. Sind die Flammen erloschen, das Huhn aus der Bratpfanne nehmen und wieder auf die Platte legen. Hühnerbrühe und gehackte Schalotten zur Bratensauce geben, bei mittlerer Temperatur reduzieren, den Bratensatz lösen und die Sauce in etwa 5 Minuten um die Hälfte einkochen. Die Sauce mit dem Huhn auftragen.

Channel Catfish with Peanuts and Bacon

Amerikanischer Wels mit Erdnüssen und Speck

Der amerikanische Wels ist zart und von mildem Geschmack. Er wird überall im Süden, besonders in Mississippi, kommerziell gezüchtet. Das Gericht basiert auf einem Rezept von Norman Van Aken, Küchenchef in Süd-Florida, und bekommt durch die zusätzliche Verwendung von Erdnüssen und Schweinefleisch sein typisches Südstaaten-Aroma.

6 Welsfilets von je 250 g
Salz · frisch gemahlener Pfeffer · 2 Eier
1/2 l Buttermilch
250 g Maismehl · 125 g Mehl · 2 EL Erdnußöl
125 g Bauchspeck in dicken Scheiben, in Würfel geschnitten
250 g eisgekühlte Butter, in kleine Stücke geschnitten
2 EL Zitronensaft
4 Frühlingszwiebeln, nur das Weiße, gehackt
125 g geröstete ungesalzene Erdnüsse, geschält
Zitronenspalten zum Garnieren

Die Fischfilets mit Salz und Pfeffer würzen. Eier und Buttermilch in einer großen Schüssel miteinander verquirlen und den Fisch hineintauchen. Maismehl und Mehl in einer anderen Schüssel vermischen, die Filets darin wenden und beiseite stellen. In einer großen Pfanne, in der die Fischfilets ausreichend Platz haben, das Erdnußöl erhitzen und den Speck darin etwa 5 Minuten braten. Den Speck aus der Pfanne nehmen und beiseite stellen.
Die Fischfilets in die Pfanne geben und im ausgelassenen Speckfett etwa 5 Minuten goldbraun braten, wenden und auf der anderen Seite ebenfalls 5 Minuten brutzeln. Auf Tellern anrichten und warm stellen.
Das Fett abgießen und die Pfanne auswischen. Butter und Zitronensaft, Frühlingszwiebeln und drei Viertel der Erdnüsse hineingeben und bei mittlerer Temperatur 5 Minuten ziehen lassen, dabei die Sauce ab und zu aufschlagen, damit sie Volumen bekommt. Die Sauce über die gebratenen Welsfilets träufeln und mit den restlichen Erdnüssen, den Speckwürfeln und Zitronenspalten garnieren.

Fried Green Tomatoes

Gebratene grüne Tomaten

(siehe Foto Seite 66)

Viele Südstaaten-Köche sind sich darüber uneinig, ob man dieses im Süden überaus beliebte Gemüse in normalem Mehl oder in Maismehl wenden soll. Dieses Rezept ist ein Kompromiß: beide Mehlsorten werden miteinander vermischt. Man sollte auch etwas Zucker untermischen, dadurch bekommen die Tomaten ein milderes Aroma und bräunen schneller

125 g Maismehl
125 g Mehl · 1 EL Zucker
Öl oder Pflanzenfett zum Braten
1 1/2 kg grüne Tomaten, in 1 cm dicke Scheiben geschnitten
Salz · frisch gemahlener schwarzer Pfeffer

In einer flachen Schüssel Maismehl, Mehl und Zucker miteinander vermischen und die Tomatenscheiben darin wenden. Sie sollten großzügig mit Mehl überzogen sein.

In eine Eisenpfanne so viel Öl oder Pflanzenfett geben, daß der Boden 5 mm hoch bedeckt ist. Das Fett bei mittlerer bis hoher Temperatur erhitzen. Immer nur einige Tomatenscheiben auf einmal hineingeben, damit das Fett nicht zu stark abkühlt, und die Tomatenscheiben 2 Minuten auf einer Seite, dann auf der anderen Seite goldbraun braten.

Aus der Pfanne nehmen, auf Küchenpapier abtropfen lassen und mit Salz und Pfeffer bestreuen. Heiß servieren.

Turnip Green Noodles

Grüne Nudeln mit Rübenblättern

Überall in den Südstaaten gibt es experimentierfreudige Köche, die anstatt des üblichen Spinats gern einheimische Wildkräuter oder Blattgemüse zur Herstellung grüner Nudeln verwenden. Rübenblätter geben den Teigwaren eine lebhafte grüne Farbe und ein pikantes Aroma. Sie sollten nach dem Blanchieren gut abtropfen, bevor sie ins Mehl gemischt werden. Tiefgefrorene, zerkleinerte Rübenblätter kann man genausogut verwenden – bei ihnen lassen sich die Blattrippen leichter entfernen.

ERGIBT ETWA 750 GRAMM NUDELN:

320 g frische oder tiefgefrorene Rübenblätter, vorgekocht
2 Eier · 1 TL Salz · 1 Prise Muskatblüte
375 g Mehl, außerdem etwas Mehl zum Ausrollen der Nudeln

Die Rübenblätter in der Küchenmaschine pürieren. Eier, Salz und Muskatblüte daruntermischen. Das Mehl zugeben und in der Küchenmaschine zu einem glatten Teig verarbeiten. Eventuell noch etwas mehr Mehl oder einen Eßlöffel Wasser zufügen; der Teig sollte glatt, aber nicht klebrig sein. Man kann die Zutaten auch miteinander vermischen und den Teig mit den Händen auf einer bemehlten Arbeitsfläche 5 bis 8 Minuten durchkneten, bis er glatt und elastisch ist.
Den Teig zu einer Kugel formen, in eine Schüssel geben, mit Klarsichtfolie abdecken und an einem warmen Ort 30 Minuten ruhen lassen. Den Teig auf einer bemehlten Arbeitsfläche mit dem Nudelholz 1 mm dick ausrollen. Man kann ihn statt dessen auch durch die Nudelmaschine drehen. Wie für Lasagne in dünne, breite Teigblätter schneiden und auf einem Gitter oder der Arbeitsfläche 30 Minuten vor der Zubereitung trocknen oder bei Zimmertemperatur für späteren Gebrauch durchtrocknen lassen.
Die Nudeln in reichlich kochendem Salzwasser etwa 2 bis 3 Minuten al dente kochen. Das Wasser abgießen, die Nudeln abtropfen lassen, Butter und geriebenen Käse oder eine Sauce Ihrer Wahl zugeben und sofort auftragen.

Corn Cakes
Maispfannküchlein

Corn cakes, auch *hoe cakes* oder *corn pones* genannt, werden zum Frühstück gern mit Butter und Zuckerhirse-Sirup gegessen. Zum zweiten Frühstück oder zum Abendessen kann man sie zu Delikatessen wie Kaviar oder gebratener Wachtel servieren.

ERGIBT 6 PFANNKUCHEN VON ETWA 13 CM Ø:

125 g Maismehl · 60 g Mehl
1/2 TL Backpulver
1/2 TL Salz · 1/2 TL Natron · 1 Ei · 0,3 l Buttermilch
1 EL ausgelassener fetter Speck oder Schweineschmalz
2 EL Butter

Maismehl, Mehl, Backpulver, Salz und Natron in einer Schüssel vermischen. In einer anderen Schüssel Ei, Buttermilch und Fett miteinander verquirlen und unter die Mehlmischung rühren, bis ein glatter, nicht zu dünnflüssiger Teig entsteht.

Die Butter in einer Pfanne erhitzen und für jeden Pfannkuchen etwa 4 EL Teig (60 ml) hineingeben. Etwa 3 bis 4 Minuten backen, bis der Rand knusprig zu werden beginnt, wenden und von der anderen Seite braten. Heiß auftragen.

Southern Buttermilk Biscuits

Südstaaten-Buttermilch-Brötchen

Diese lockeren, leichten Brötchen werden aus den traditionellen Zutaten der Südstaaten zubereitet: aus Weizenmehl, Schweineschmalz und Buttermilch.

ERGIBT 6 BIS 8 BRÖTCHEN:

250 g Mehl · 1 EL Backpulver
1/2 TL Salz
125 g Schmalz, gekühlt
0,2 1 Buttermilch, gekühlt

Den Backofen auf 220° C vorheizen. Mehl, Backpulver und Salz vermischen. Das Schmalz dazugeben und mit der Mehlmischung verkneten, bis erbsengroße Kügelchen entstehen. Falls Sie die Mischung mit den Händen kneten, die Hände vorher kalt abspülen, damit das Schmalz nicht zerläuft. Die Buttermilch unterrühren und alles zu einem weichen Teig verarbeiten. Den Teig auf einer bemehlten Arbeitsfläche 10- bis 12mal durchkneten und 2 1/2 cm dick ausrollen. Den Teigfladen einmal zusammenfalten und noch einmal zu einer Stärke von 2 cm ausrollen. Mit einem Ausstecher runde Plätzchen aus dem Teig stechen, auf ungefettetem Backpapier auslegen und 10 bis 12 Minuten backen, bis die Brötchen goldbraun sind.

Pecan Tassies

Pekannuß-Törtchen

Nathalie Duprée, Kochlehrerin in Atlanta, macht die besten Pekannuß-Törtchen in den Südstaaten. Diese kleinen Törtchen, die man hier gern auf Hochzeiten und Partys reicht, werden aus einem köstlichen Sahnequarkteig zubereitet und sind nicht so sättigend wie Pekannuß-Pies.

ERGIBT 24 TÖRTCHEN:

6 EL (90 g) Sahnequark · 125 g weiche Butter
125 g Mehl, durchgesiebt · 1 Ei
125 g brauner Zucker
1 EL weiche Butter · 1 TL Vanille-Essenz · 1 Prise Salz
6 EL (90 g) grobgehackte Pekannüsse

Den Backofen auf 165° C vorheizen. Für den Teig Sahnequark und Butter in der Küchenmaschine oder in einem Mixer miteinander verrühren, das Mehl zugeben und alles zu einem glatten Teig verarbeiten. Den Teigball in Klarsichtfolie wickeln und etwa eine Stunde im Kühlschrank ruhen lassen. Den Teig in 24 Bälle von etwa 2 1/2 cm Durchmesser formen und jeweils in kleine, nicht eingefettete Muffin-Förmchen geben. Böden und Wände mit dem Teig auskleiden und die Hälfte der Pekannüsse gleichmäßig auf die Förmchen verteilen.

Ei, Zucker, Butter, Vanille-Essenz und Salz zu einer glatten Masse verrühren, auf die Muffin-Förmchen verteilen und mit den restlichen Pekannüssen bestreuen. Im vorgeheizten Ofen etwa 20 bis 25 Minuten backen, bis die Füllung fest ist. Die Törtchen 10 Minuten abkühlen lassen, dann aus den Förmchen nehmen.

Tennessee Jam Cake

Marmeladenkuchen aus Tennessee
(siehe Foto Seite 67)

Marmeladenkuchen sind eine Spezialität von Tennessee und Kentucky; die Marmelade macht den Teig aromatisch und saftig. Bei diesem bemerkenswerten Kuchen kommen Schokolade, Gewürze und Bourbon-Whiskey hinzu.

FÜR 12 PERSONEN:

320 g Mehl · 50 g Kakao · 2 TL gemahlener Piment
125 g gehackte Pekannüsse · 150 g Rosinen · 1 TL Natron
150 ml Buttermilch · 250 g weiche Butter · 150 g Melasse
250 g Zucker · 3 Eier, leicht verquirlt
250 g Brombeermarmelade
4 EL Bourbon-Whiskey
Puderzucker zum Bestäuben oder für eine einfache Zuckerglasur

Den Backofen auf 180° C vorheizen. Den Backofenrost in das untere Drittel des Ofens schieben. Eine Springform von etwa 3 Liter Inhalt oder eine 25 x 10 cm große Kastenform ausbuttern und mit Mehl bestäuben. Beiseite stellen.

In einer großen Schüssel Mehl, Kakao, Piment, Pekannüsse und Rosinen miteinander vermischen. Das Natron in der Buttermilch auflösen und beiseite stellen.

In einer anderen Schüssel Butter und Zucker zu einer schaumigen Masse aufschlagen. Zuerst die Eier, dann die Marmelade, die Natron-Buttermilch-Mischung und den Whiskey, zuletzt die trockenen Zutaten unterrühren.

Den Teig in die vorbereitete Form füllen und etwa 60 Minuten lang backen. Zur Garprobe mit einem Metallspießchen hineinstechen – bleibt kein Teig daran kleben, kann man den Kuchen aus dem Ofen nehmen. Den Kuchen 15 Minuten abkühlen lassen, dann aus der Form stürzen. Mit Puderzucker bestäuben oder mit einer einfachen Zuckerglasur bestreichen. Der Kuchen setzt sich nach dem Abkühlen ein wenig.

Kentucky Bourbon Balls

Kentucky-Bourbon-Kugeln
(siehe Foto Seite 67)

Bei dieser Spezialität aus Kentucky, wo man jedem nur denkbaren Gericht Whiskey zugibt, handelt es sich um Pralinen, die eher Erwachsenen vorbehalten bleiben sollten. Sie schmecken intensiv nach Alkohol und werden gern zu einem starken Kaffee nach dem Essen serviert. Die Gläser, in denen man sie aufbewahrt, sollten stets luftdicht verschlossen sein. Nach der Zubereitung müssen die Bourbon-Kugeln etwa eine Woche ruhen, damit sie ihr volles mildes Aroma entwickeln, sie sollten aber vor Ablauf eines Monats gegessen werden.

ERGIBT ETWA 30 STÜCK:

180 g zartbittere Schokolade, grob zerkleinert
250 g fein zerriebene Vanillewaffeln
125 g feingehackte Pekannüsse · 375 g Zucker
6 EL Bourbon-Whiskey
90 g milder Honig · etwas Bourbon zum Aromatisieren

Schokolade im Mikrowellenherd oder im Wasserbad schmelzen. Leicht abkühlen lassen.

Zerriebene Vanillewaffeln, Pekannüsse und 125 g Zucker in einer großen Schüssel miteinander vermengen, Schokolade, Honig und Whiskey zugeben und mit einem Holzlöffel oder den Händen gut vermischen.

Mit den Händen daraus Bällchen von 2 1/2 cm Durchmesser formen. Den restlichen Zucker in eine flache Schüssel geben und die Bällchen darin wenden. Die Bourbon-Kugeln in ein Glas mit weiter Öffnung geben. Zwei Lagen Küchenpapier mit Bourbon tränken, in den Deckel des Glases klemmen und das Glas fest verschließen.

den in der Karibik geflohen waren, in New Orleans nieder. Viele von ihnen brachten ihre Köche, sprich Sklaven, mit. Seitdem gibt es auch einen starken karibischen Einfluß in der Küche von New Orleans. Die Französische Revolution führte zu einer neuerlichen französischen Einwandererwelle ins südliche Louisiana. Es kamen vor allem Aristokraten, denen die Flucht vor der Guillotine geglückt war, und viele Herrschaftsköche, die ihrer wohlhabenden Dienstgeber verlustig gegangen waren. Die Küchenchefs fanden alsbald wieder Beschäftigung bei den Privilegierten in der Stadt oder eröffneten eigene Restaurants. Auch sie hatten entscheidenden Einfluß auf die Entwicklung der kreolischen Küche.

In der zweiten Hälfte des 18. Jahrhunderts gelangte das Territorium westlich des Mississippi für einen Zeitraum von rund dreißig Jahren unter spanische Herrschaft, und aus dieser Zeit stammt die Bezeichnung *criollo* für die ersten Siedler, die die Franzosen zu *créole* abwandelten, als man Louisiana wieder an sie abtreten mußte. Die Spanier, denen die kreolische Küche viel von ihrer Würze verdankt, brachten die *paella* mit, die Vorläuferin der louisianischen *jambalaya*. Die *paella* ist ein Reisgericht, das mit Gemüsen, Fleisch und Würsten angereichert wird, wobei man in den spanischen Küstenregionen das Fleisch häufig durch Fisch und Schaltiere ersetzte. Auch die *jambalaya*-Zubereitungen variieren je nach den erhältlichen Zutaten, zudem hat jeder Koch sein eigenes Rezept. Im Frühjahr dominieren in der *jambalaya* Gemüse, im Sommer Meerestiere, und im Herbst verleiht Wild dem Gericht einen unverwechselbaren jahreszeitlichen Charakter.

Durch die Schwarzen erhielt die kreolische Küche ihre »Seele«; viele der heute existierenden erstklassigen Restaurants in New Orleans verdanken ihren Ruf dem Geschick ihrer schwarzen Küchenmeister.

So fanden viele verschiedene Einflüsse ihren Weg in den Schmelztiegel, der sich kreolische Küche nennt, nicht zuletzt eine Zutat mit dem Namen *joie de vivre*, Lebensfreude, die unabdingbar zum Leben in Louisiana gehört.

Die Leute aus Akadien

Westlich des Mississippi liegt das Bayou-Gebiet. Hier sind die Cajuns von Louisiana zu Hause. Die Cajuns sind Abkömmlinge von Franzosen, die aus Akadien, ihrem ursprünglichen Siedlungsgebiet, einer Gegend in Kanada, die heute Neuschottland (Nova Scotia) genannt wird, fliehen mußten und 1755 Süd-Louisiana erreichten. Die Siedler, hauptsächlich Fischer und Bauern aus Nordwestfrankreich, waren im 17. Jahrhundert nach Kanada ausgewandert. Als die Briten das Land eroberten, wurden sie brutal vertrieben. Familien wurden auseinandergerissen, Männer von ihren Frauen, Frauen von den Kindern getrennt und in alle Winde zerstreut. Viele der Deportierten sahen einander nie wieder.

Während nur einige der Flüchtlinge später nach Kanada zurückkehrten, fand der Großteil von ihnen in Süd-Louisiana eine neue Heimat. Die Nachricht davon breitete sich bei den in Europa, Kanada und Südamerika verstreuten *Exil-Acadians* aus, und viele von ihnen machten sich auf den Weg in die Bayous von Louisiana, um Verwandte und Freunde wiederzusehen. Hier konnten die *Acadians* unbehelligt ihre Sprache sprechen, ihre Religion ausüben und ihr einfaches Leben leben.

So freundschaftlich, wie sie mit den Micmac-Indianern in den kanadischen Wäldern zusammengelebt hatten, war auch ihr Umgang mit den Choctaw-Indianern von Süd-Louisiana und den deutschen und spanischen Siedlern. Von den exotischen Gewürzen und Zutaten, die den Kreolen zur Verfügung standen, war in den Bayous nichts zu finden. Die Cajun-Küche verläßt sich daher fast ausschließlich auf heimische Produkte wie Wild, Meerestiere, Wildpflanzen und Kräuter, deren Zubereitung man den indianischen Ureinwohnern abschaute. Obwohl die Cajuns viele gleichartige Zutaten verwenden, ist die Variationsbreite dessen, was sie in ihren riesigen gußeisernen Töpfen kochen, beachtlich. Zu diesen Ein-Topf-Gerichten gehören *jambalaya*, Grillgerichte, *stews*, Frikassees, Suppen, *gumbos*, gefüllte Gemüse jeder Art und *sauce piquante*, ein sämiger, kräftig schmeckender *roux*, der mit Tomaten und Kräutern verfeinert wird.

Bis zur Mitte des 18. Jahrhunderts hatte sich in Louisiana auch eine namhafte Zahl von deutschen Siedlern niedergelassen, vor allem in der Cabanocey-Region im Herzen des Bayou-Gebiets und in Saint Charles Parish westlich von New Orleans. Sie waren leidenschaftliche Fleischesser und hatten Hühner, Schweine und Rinder mitgebracht, damit sie einen stetigen Vorrat an Fleisch, Milch und Butter hatten. Die Deutschen wußten, wie man Fleisch haltbar macht und Würste herstellt. Von ihnen lernten die Cajuns die *boucherie*, das Schlachtfest, bei dem alle Einwohner des Ortes zusammenkamen, um Schweine oder Kälber zu schlachten und zahllose Delikatessen zuzubereiten. Schweine wurden in Koteletts und Spareribs zerlegt, Schinken wurden geräuchert, andere Teile des Schweins gepökelt, und die Haut wurde zu *cracklings* gebraten. Mit besonderer Liebe widmete man sich den Würsten wie dem *boudin rouge*, einer Blutwurst, aber auch dem Schweinepreßkopf, zu dem man auch die Schweinefüße verwendete, die der gelatinösen Zubereitung die richtige Bindung gaben. Nicht ein Teil des Tieres wurde verschwendet.

Kochen als Evolutionsprozeß

Seit ihren Anfängen hat sich die Küche der Kreolen und Cajuns weiterentwickelt. Am besten läßt sich dies am *gumbo* demonstrieren, der entstand, als die französischen Siedler versuchten, *bouillabaisse* zu kochen. Die für diese berühmte Fischsuppe traditionell verwendeten Fische der französischen Felsenküste gab es im Bayou-Gebiet nicht, desgleichen weder Safran noch Olivenöl. Man behalf sich daher mit Schaltieren aus dem Golf von Mexiko und neuen einheimischen Zutaten wie *filé*-Pulver, das man bei den Indianern kennengelernt hatte, und der Zugabe von *andouille*, einer über Pe-

POBOYS UND MUFFULETTAS

Für die Cajuns und Kreolen ist der *poboy* das, was die *muffuletta* für die Italiener von New Orleans ist. Für Nichteingeweihte scheinen beide Köstlichkeiten aus Louisiana schlicht Sandwiches zu sein, im Bayou-Gebiet gelten sie hingegen als Vorspeisen. Obwohl es in anderen Landesteilen ähnliche Zubereitungen – die dort *submarines* oder *hoagies* heißen gibt, ist der *poboy* typisch für New Orleans. Man toastet Baguette-Brot und belegt es mit ausgebackenen Meeresfrüchten, Fleischscheiben oder Würsten, gibt Tomatenscheiben, kleingeschnittenen Salat, kreolischen Senf, Mayonnaise und Remoulade dazu und legt obenauf ein weiteres Stück getoastetes Baguette. Der Name der Zubereitung geht angeblich auf die Werftarbeiter am Mississippi zurück, die man als *poor boys*, arme Kerle, bezeichnete und die solche Sandwiches, in braunes Packpapier eingewickelt, zur Arbeit mitnahmen. Die *muffuletta* ist ein belegtes Stück Brot und wurde gegen Ende des 19. Jahrhunderts erfunden. Sie entstand, als Italiener, die auf den Märkten von New Orleans arbeiteten, aus den unverkäuflichen zerdrückten grünen und schwarzen Oliven ein Mus zubereiteten und auf runde italienische Brotlaibe strichen, die man *muffs* nannte. Auf das Olivenmus kamen dann noch Schinkenscheiben, Salami und Provolone. Die berühmtesten *muffulettas* gibt es in der Central Grocery in der Decatur Street in New Orleans.

kanholz geräucherten Wurst, die von den deutschen Siedlern stammte. Die Cajuns steuerten als Zutat den *roux* bei, der das originale Orange der Suppe zu Braun veränderte, und die Spanier Cayennepfeffer und Petersilie. Schließlich kamen noch Okraschoten, hier *gumbo* genannt, die von Negersklaven nach Louisiana mitgebracht worden waren, hinzu und gaben der Suppe ihren Namen. Später wurden die Meerestiere häufig durch Wild ersetzt oder durch eine Kombination aus Wild, Fleisch, Fisch und Schaltieren. Man sagt den Louisianern nach, daß sie fünfmal soviel Reis wie der Rest der US-Einwohner verzehren. Die jungen Meisterköche von Louisiana nutzen die mannigfaltige kulinarische Tradition ihres Landes und entwickeln eigene Varianten der Regionalküche, wie zum Beispiel gefüllte Chayote oder Choko, die hier *mirliton* genannt werden, oder eine elegante *bisque* aus Krebsen.

New Orleans

Wer den authentischen Geschmack von Louisiana kennenlernen will, kommt nicht umhin, New Orleans zu besuchen, eine Stadt, deren Vitalität und kulturelle Vielfalt seit jeher Touristen anziehen. Die 66 Häuserblocks des French Quarter bilden das Herz der Stadt, dort, wo die Saint Louis Cathedral sich über dem Jackson Square erhebt, wo sich hinter schmiedeeisernen Gittern prächtige spanische Innenhöfe verbergen und die alten Gebäude noch den Schmuck ihrer filigranen Balkone tragen, die zum Symbol der Stadt geworden sind.

Der French Market mit seinen Ständen unter weit ausholenden Bögen wurde vor zweihundert Jahren gegründet. Die Vielfalt der Waren ist überwältigend. Sie reicht von heimischen Orangen, süßen Zwergbananen und Gemüsen aller Art bis hin zu Fleisch und Meerestieren, wie Krebsen, Schildkröten, *catfish* und Garnelen. Man findet Süßwarengeschäfte und Cafés, die den besten Kaffee auf dem ganzen Kontinent servieren. Zu den Favoriten gehört zu jeder Tages- und Nachtzeit *café au lait*, der zur Hälfte aus Kaffee und Zichorie und zur anderen Hälfte aus heißer Milch besteht. Dazu bestellt man sich ein *beignet*, einen quadratischen Krapfen, der mit reichlich Puderzucker bestäubt wird.

Kurz nach Weihnachten beginnt die Karnevalssaison, die ihren Höhepunkt in rauschenden Bällen und den *Mardi-gras*-Umzügen findet.

Das Bayou-Gebiet

Westlich von Baton Rouge, etwas südlich vom Zentrum Louisianas, liegt das Bayou-Gebiet. Die Stadt Lafayette ist ihr Mittelpunkt und ebenfalls stolz auf ihren Mardi gras, doch nicht nur dann finden die Cajuns einen Anlaß zum Feiern. Ihr Wahlspruch ist: *Laissez les bons temps rouler*, machen wir uns eine schöne Zeit. In der Nähe von Lafayette kann man Acadian Village besuchen, eine restaurierte Museumsstadt, die ein Bild des Bayou-Lebens in früheren Zeiten vermittelt. *Crawfish*-Liebhaber kommen in Breaux Bridge am Ufer des Bayou Teche auf ihre Kosten.

River Road Seafood Gumbo

»River Road« - Meeresfrüchte-Gumbo

(siehe Foto Seite 74)

Dies ist die typischste Suppe der Cajuns –, jeder Besucher Süd-Louisianas sollte sie unbedingt probieren. Für Meeresfrüchte-*gumbos* gibt es hier ebenso viele Rezepte, wie es Köche gibt.

FÜR 12 PERSONEN:

1/4 l Pflanzenöl · 125 g Mehl

---

4 Zwiebeln, gehackt

---

2 Stangen Sellerie, in kleine Würfel geschnitten

---

1 Paprikaschote, entkernt und in kleine Würfel geschnitten

---

4 Knoblauchzehen, gehackt

---

250 g Andouille, Chorizo oder eine andere würzige geräucherte Wurst, in dünne Scheiben geschnitten

---

1 kg Krebsfleisch, zerpflückt · 3 l Schaltiersud

---

8 Frühlingszwiebeln, in Scheiben geschnitten

---

1 Handvoll Petersilie, gehackt · Salz · Cayennepfeffer

---

500 g kleine Garnelen, geschält und gesäubert

---

2 Dutzend ausgelöste Austern samt ihrer Flüssigkeit

In einem 8 Liter fassenden Suppentopf das Öl bei hoher Temperatur erhitzen. Das Mehl hineinstäuben und unter ständigem Rühren mit einem Schneebesen goldbraun rösten. Die Mehlschwitze darf auf keinen Fall anbrennen.

Zwiebeln, Sellerie, Paprikaschote und Knoblauch zugeben und 3 bis 5 Minuten anbraten. Die Wurst hineingeben, gut mit dem Gemüse vermischen und 2 bis 3 Minuten sautieren.

Die Hälfte des Krebsfleisches zugeben und unter ständigem Rühren schöpfkellenweise den heißen Schaltiersud zugießen. Dabei darauf achten, daß keine Klümpchen entstehen. Aufkochen, die Hitze reduzieren und 30 Minuten köcheln lassen. Falls das Ganze zu dick wird, noch etwas Sud zugießen. Frühlingszwiebeln und Petersilie unterrühren und mit Salz und Cayennepfeffer abschmecken.

Garnelen, das restliche Krebsfleisch und Austern samt der Flüssigkeit einrühren. 5 Minuten köcheln lassen, nochmals abschmecken und heiß auftragen.

Syrup-peppered Shrimp

Garnelen mit würzigem Sirupüberzug
(siehe Foto Seite 74)

In Süd-Louisiana wird Zuckerrübensirup oft in Marinaden für Wild und zum Süßen von Kuchen und Puddings verwendet. Hier gibt er Garnelen eine besondere Note.

150 g Honig · 1/8 l Zuckerrohr-, Ahorn- oder Maissirup
4 EL (60 ml) Weißwein · 4 EL (60 ml) Sherry
1 EL frisch gemahlener schwarzer Pfeffer
2 Knoblauchzehen, gehackt · 1 TL getrockneter Estragon
1 TL getrocknetes Basilikum · 1TL Thymian
1 EL gehackte Petersilie
3 Dutzend mittelgroße Garnelen, geschält und gesäubert

Den Backofen auf 190° C vorheizen. In einer großen Schüssel alle Zutaten mit Ausnahme der Garnelen mit einem Schneebesen gründlich miteinander verrühren. Sirup und Honig sollten sich gut mit den Kräutern verbunden haben.

Die Garnelen in einer etwa 23 x 33 cm großen feuerfesten Form nebeneinander auslegen und mit der Sirupmischung überziehen. Im vorgeheizten Ofen etwa 10 bis 15 Minuten backen, bis die Garnelen rosa und gar sind.

Aus dem Ofen nehmen, pro Person sechs Garnelen auf einen Teller geben und mit etwas Garflüssigkeit beträufeln. Mit warmem Baguette servieren.

Bisque of Oysters Rockefeller

Austernsuppe »Rockefeller«
(siehe Foto Seite 74)

Diese Suppe ist eine Variante des beliebtesten kreolischen Austerngerichts in New Orleans. Der Name Rockefeller ist zu einem Symbol für unbegrenzten Reichtum geworden und soll die Üppigkeit des Gerichts unterstreichen.

FÜR 12 PERSONEN:

200 g Butter · 2 Zwiebeln, gehackt
2 Stangen Sellerie, in kleine Würfel geschnitten
1/2 Paprikaschote, entkernt und in kleine Würfel geschnitten
4 Knoblauchzehen, fein gehackt
320 g tiefgefrorener Spinat, aufgetaut
125 g in kleine Würfel geschnittene Andouille, Chorizo oder eine andere würzige geräucherte Wurst
6 EL (90 g) Mehl
1 1/2 l Austernflüssigkeit oder Hühnerbrühe
1 l Crème double · 6 Dutzend ausgelöste Austern
2 Frühlingszwiebeln, in Scheiben geschnitten
1 Handvoll gehackte Petersilie
Salz · weißer Pfeffer · 1 EL Pernod oder Herbsaint

In einem Suppentopf von 8 Liter Inhalt die Butter bei mittlerer Temperatur erhitzen. Zwiebeln, Sellerie, Paprikaschote und Knoblauch hineingeben und 3 bis 5 Minuten sautieren, bis die Gemüse etwas weich sind. Spinat und Andouille zugeben. Die Gemüse mit einem Mixstab pürieren. Mit Mehl bestäuben und unter Rühren anschwitzen.

Schöpfkellenweise die Austernflüssigkeit unterrühren, kurz aufkochen und bei niedriger Temperatur 30 Minuten köcheln. Crème double, Austern, Frühlingszwiebeln und Petersilie zugeben und köcheln lassen, bis sich die Ränder der Austern kräuseln. Mit Salz und weißem Pfeffer abschmecken, den Pernod unterrühren und auftragen.

Oysters »Belle Hélène«

Austern »Schöne Helene«
(siehe Foto Seite 74)

Dies ist ein gelungenes Beispiel für die Weiterentwicklung der kreolischen und Cajun-Küche. Die Aromen der Austern und der *andouille* mischen sich in einer klassischen Buttersauce, mit der Blätterteigquadrate gefüllt werden.

6 Scheiben tiefgekühlter Blätterteig

50 g Butter, zerlassen · 1 Ei, verquirlt

FÜLLUNG:
4 EL (60 g) Butter

125 g in kleine Würfel geschnittene Andouille, Chorizo oder eine andere würzige geräucherte Wurst

1 Knoblauchzehe, fein gehackt

30 g Pilze, in Scheiben geschnitten

2 Frühlingszwiebeln, gehackt

1/4 rote Paprikaschote · 1 kleine Tomate, beides gewürfelt

2 Dutzend ausgelöste Austern samt Flüssigkeit

4 EL (60 ml) Champagner · 1/4 l Crème double

125 g kalte Butter, in kleine Stücke geschnitten

Salz · frisch gemahlener schwarzer Pfeffer

Den Blätterteig auftauen lassen. Den Backofen auf 200° C vorheizen. Drei Teigblätter mit zerlassener Butter bestreichen und mit den restlichen Teig-Rechtecken bedecken; anschließend jeweils in quadratische Stücke teilen. Die Teigquadrate auf ein großes Backblech setzen und mit dem verquirlten Ei bestreichen. In den vorgeheizten Backofen schieben und 10 bis 15 Minuten backen, bis der Blätterteig goldgelb ist. Aus dem Ofen nehmen und warm halten.
Für die Füllung die Butter bei Mittelhitze in einem schweren Topf zerlassen. Wurst, Knoblauch, Pilze, Frühlingszwiebeln, Tomate und Paprikaschote hineingeben und 3 bis 5 Minuten braten, bis die Gemüse etwas weich sind. Austern samt ihrer Flüssigkeit und den Champagner zugeben. Etwa 2 Minuten schmoren, bis sich die Ränder der Austern zu wölben beginnen.
Crème double zugeben und um die Hälfte einkochen. Nach und nach die Butterstückchen unterrühren und mit Salz und Pfeffer abschmecken.
Jeweils ein Blätterteigquadrat auf sechs vorgewärmte Teller setzen, Teig-

deckel abnehmen und Austern und Sauce gleichmäßig auf den Teigböden verteilen. Die Teigdeckel draufsetzen und servieren.

Chicken Bienville

Huhn »Bienville«

(siehe Foto Seite 75)

In den frühen Tagen von New Orleans war Huhn am häufigsten auf der Speisekarte zu finden. Der Name dieses Rezeptes geht auf den ersten Franzosen zurück, der die Mississippi-Mündung erreichte.

1 Brathuhn, etwa 1 1/2 kg schwer
125 g Butter · 2 große Zwiebeln, in Würfel geschnitten
4 Stangen Sellerie, in Würfel geschnitten
1/4 rote Paprikaschote, entkernt und in Würfel geschnitten
4 Knoblauchzehen, fein gehackt
3 Frühlingszwiebeln, in Scheiben geschnitten
4 EL (60 g) Mehl · 1/2 l Hühnerbrühe · 1/2 l Crème double
Salz · Cayennepfeffer · 250 g gehackte Pekannüsse
1/4 l Mayonnaise · 1 EL Zitronensaft
6 hartgekochte Eier, gehackt
180 g Semmelbrösel, mit etwas Salz und Pfeffer vermischt

Den Backofen auf 180° C vorheizen. Mit einem spitzen scharfen Messer das Huhn ausbeinen. In einem Topf von 2 Liter Inhalt die Butter bei mittlerer Temperatur zerlassen. Zwiebeln, Sellerie, Paprikaschote, Knoblauch und Frühlingszwiebeln hineingeben und 3 bis 5 Minuten sautieren, bis die Gemüse fast weich sind. Mehl darüberstäuben und mit einem Schneebesen zu einer glatten Mehlschwitze rühren. Unter ständigem Rühren langsam Hühnerbrühe und Crème double zugießen. Aufkochen, die Hitze reduzieren und 10 bis 15 Minuten köcheln lassen. Falls die Sauce zu dick sein sollte, etwas mehr Brühe oder Crème double zugeben. Mit Salz und Cayennepfeffer abschmecken. Das Hühnerfleisch in eine 4 Liter fassende ofenfeste Form geben, Pekannüsse, Mayonnaise, Zitronensaft und hartgekochte Eier sowie die Sauce darüber verteilen und alles gründlich miteinander vermengen. Mit Semmelbröseln bestreuen und im vorgeheizten Ofen etwa 45 Minuten backen. Heiß auftragen.

Jambalaya Acadian

Akadischer Reiseintopf

Jambalaya ist das bekannteste Reisgericht Amerikas. Als spanische Siedler Anfang des 18. Jahrhunderts nach New Orleans kamen, paßten sie ihr Rezept für die *paella* den hier erhältlichen Produkten an. Sie nannten ihr Gericht *jambon la yaya*, nach der afro-amerikanischen Bezeichnung *yaya* für Reis. Heute wird das Gericht mit allem, was gerade verfügbar ist, zubereitet.

FÜR 10 PERSONEN:

4 EL (60 ml) gewürfelter Speck
1 1/2 kg Schweinefleisch, in Würfel geschnitten
1 kg Andouille, Chorizo oder eine andere würzige geräucherte Wurst, in dünne Scheiben geschnitten
4 Zwiebeln, gehackt
3 Stangen Sellerie, in kleine Würfel geschnitten
1 Paprikaschote, entkernt und in kleine Würfel geschnitten
6 Knoblauchzehen, fein gehackt
2 l Rinder- oder Hühnerbrühe
125 g Pilze, gehackt
4 Frühlingszwiebeln, in Scheiben geschnitten
1 Handvoll gehackte Petersilie
Salz · Cayennepfeffer
1 Spritzer Tabasco · 750 g Langkornreis

In einem 9 Liter fassenden *Dutch oven* (siehe Seite 235) oder in einer Kasserolle den Speck bei mittlerer Temperatur auslassen. Das Schweinefleisch darin etwa 30 Minuten anbraten, bis es von allen Seiten stark gebräunt ist und einige Fleischwürfel am Boden kleben bleiben. Das ist wichtig, weil die *jambalaya* dadurch ihre typische dunkle Farbe bekommt. Die Wurst zugeben und 10 bis 15 Minuten unter Rühren anbraten. Den Topf etwas kippen und bis auf 2 EL alles Fett abschöpfen. Zwiebeln, Sellerie, Paprikaschote und Knoblauch in den Topf geben und bei mittlerer Temperatur 5 bis 10 Minuten kräftig anbraten, jedoch nicht zu dunkel werden lassen. Die Brühe zugießen, aufkochen, die Hitze reduzieren und das Ganze 15 Minuten köcheln lassen. Pilze, Frühlingszwiebeln und Petersilie unterrühren und mit Salz,

Cayennepfeffer und Tabasco abschmecken. Den Reis zugeben und bei niedriger Temperatur 30 bis 45 Minuten köcheln lassen, dabei alle 15 Minuten umrühren. Der Reis sollte gar, aber nicht klebrig sein.

Baked Game Hens Vacherie

Gebratene Wildvögel
(siehe Foto Seite 75)

Unter den ersten Siedlern in Süd-Louisiana waren viele Deutsche. Ihre erste Gemeinde errichteten sie in Saint Charles Parish westlich von New Orleans. Das folgende Gericht erfreut sich bei den Louisiana-Deutschen besonderer Beliebtheit.

---

6 Wildvögel, Wachteln, Tauben oder Stubenküken

Salz · frisch gemahlener schwarzer Pfeffer

---

3 Knoblauchzehen, gehackt · 4 TL grüne Pfefferkörner

---

3 EL Worcestershire-Sauce · 3 TL Tabasco

1/4 l zerlassene Butter · 2 TL getrockneter Thymian

---

2 TL getrocknetes Basilikum · 2 TL Paprikapulver

---

2 EL trockener Weißwein · 4 EL gehackte Petersilie

Den Backofen auf 180° C vorheizen. Die Vögel längs halbieren, Rückgrat und die Flügelspitzen entfernen. Mit Salz, Pfeffer und Knoblauch einreiben. Mit einem scharfen, spitzen Messer kleine Taschen in Brüste und Keulen schneiden und einige grüne Pfefferkörner hineingeben.
Die Vögel in eine Bratpfanne legen, Hautseite nach oben, und mit Worcestershire-Sauce, Tabasco, zwei Drittel der zerlassenen Butter, Thymian, Basilikum und Paprikapulver überziehen. Die restliche Butter und den Wein in die Bratpfanne gießen und in den Ofen schieben. Etwa 30 Minuten backen, dabei die Vögel gelegentlich mit dem Bratensaft bestreichen. Das Geflügel ist gar, wenn sich die Keulen leicht vom Körper lösen.
Aus dem Ofen nehmen und die Vögel auf einer vorgewärmten Platte anrichten. Die gehackte Petersilie unter den Bratensaft rühren und die Sauce über das Geflügel gießen.

MITTLERER WESTEN: Rinderrippen nach italienischer Art (S. 139),
Schweinekoteletts mit Käsehäubchen (S. 140)

MITTLERER WESTEN: Fleischbällchen nach finnischer Art (S. 141),
Chili nach Art von Cincinnati (S. 142)

Stuffed Leg of Rabbit Cabanocey

Gefüllte Kaninchenkeulen »Cabanocey«
(siehe Foto Seite 78)

Cabanocey ist ein Wort aus der Sprache der Houmas-Indianer, bedeutet »wo die Stockente nistet« und bezieht sich auf ein Gebiet im Herzen des Bayou-Landes, wo man gern Kaninchen ißt. Das Gericht wurde bei verschiedenen Kochwettbewerben in Louisiana mit Goldmedaillen ausgezeichnet.

500 g gekochte Flußkrebsschwänze oder Garnelen, gehackt
1 Zwiebel · 1 Stange Sellerie · 1/4 rote Paprikaschote, alles in kleine Würfel geschnitten
2 Knoblauchzehen, gehackt
2 Frühlingszwiebeln, in Scheiben geschnitten
1/8 l Crème double
4 EL (60 g) Semmelbrösel, mit etwas Salz und Pfeffer vermischt
Salz · 1 Prise Cayennepfeffer
6 hintere Kaninchenkeulen, ausgebeint
1/8 l zerlassene Butter
1/5 l Zuckerrohr-, Ahorn- oder Maissirup
1 EL getrockneter Thymian · 1 EL getrocknetes Basilikum
1 EL getrockneter Estragon · 1 EL frisch gemahlener schwarzer Pfeffer
1/5 l trockener Rotwein · 1/2 l Rinderkraftbrühe

In einer großen Schüssel Flußkrebse, Zwiebel, Sellerie, Paprikaschote, Knoblauch, Frühlingszwiebeln und Crème double gründlich vermengen. Nach und nach die Semmelbrösel unterrühren und mit Salz und Cayennepfeffer würzen.

Die ausgebeinten Kaninchenkeulen gleichmäßig mit dieser Mischung füllen und in einer großen Kasserolle oder feuerfesten Form auslegen. Mit Butter, Sirup, Kräutern und schwarzem Pfeffer überziehen und 1 Stunde bei Zimmertemperatur ziehen lassen. Den Backofen auf 230° C vorheizen. Die Kaninchenkeulen etwa 15 bis 20 Minuten braten. Sie sollten goldbraun und die Füllung gar sein. Die Kaninchenkeulen aus der Form nehmen und warm stellen. Den Bratensatz mit Rotwein löschen und in einen kleinen Topf gießen. Rinderkraftbrühe zugießen und so lange köcheln lassen, bis die Sauce leicht eingedickt ist.

Zum Servieren die Kaninchenkeulen jeweils in drei Stücke schneiden und auf Tellern anrichten. Einen großzügigen Spiegel Sauce neben das Fleisch gießen und auftragen.

Crawfish Stew Jean Lafitte

Eintopf aus Flußkrebsen »Jean Lafitte«

Dies ist das beliebteste Flußkrebsgericht der Bayous. Jean Lafitte war ein Pirat und mit Lafayette befreundet, der wiederum mit seinen Mannen Andrew Jackson bei seinem Sieg in der Schlacht von New Orleans 1814 unterstützte.

1/4 l Pflanzenöl · 125 g Mehl
4 Zwiebeln, gehackt
2 Stangen Sellerie, in kleine Würfel geschnitten
1 Paprikaschote, entkernt und in kleine Würfel geschnitten
2 Knoblauchzehen, fein gehackt
1 1/2 kg Flußkrebsschwänze oder Garnelen
4 EL (60 ml) Tomatensauce, vorzugsweise hausgemacht
3 l Schaltiersud, Fischfond oder Wasser
12 Frühlingszwiebeln, gehackt
1 Handvoll gehackte Petersilie · Salz · Cayennepfeffer
1 Spritzer Tabasco

In einem 9 Liter fassenden Suppentopf das Öl bei mittlerer Temperatur erhitzen. Das Mehl hineinstäuben und mit einem Schneebesen in etwa 5 bis 10 Minuten zu einer dunkelbraunen Mehlschwitze rühren. Zwiebeln, Sellerie, Paprikaschote und Knoblauch zugeben und 3 bis 5 Minuten sautieren. Flußkrebsschwänze hineingeben und köcheln lassen, bis sie rosa und gar sind. Die Tomatensauce und nach und nach den Sud unterrühren, aufkochen, die Hitze reduzieren und bei niedriger Temperatur 30 Minuten köcheln lassen. Dabei gelegentlich umrühren. Frühlingszwiebeln und Petersilie einrühren, mit Salz und Cayennepfeffer abschmecken und heiß mit Tabasco servieren.

Medallions of Pork Bayou Lafourche

Schweinemedaillons »Bayou Lafourche«
(siehe Foto Seite 78)

Feigen gehören zu der ursprünglichen Flora von Louisiana und wurden schon von den Indianern als Kochzutat verwendet. Die ersten Cajun-Siedler lernten schnell, die Früchte mit Schweinefleisch zuzubereiten.

4 EL (60 ml) Pflanzenöl
12 Schweinemedaillons von jeweils etwa 100 g
Salz · Cayennepfeffer · 125 g Mehl
2 Frühlingszwiebeln, in Scheiben geschnitten
60 g Champignons oder Egerlinge, in Scheiben geschnitten
2 Knoblauchzehen, gehackt · 2 EL Portwein
100 g Feigen aus der Dose oder getrocknete Feigen
1/2 l Rinderkraftbrühe · 1 EL gehackte Petersilie

In einer Pfanne das Öl bei mittlerer Temperatur erhitzen. Die Schweinemedaillons mit Salz und Cayennepfeffer würzen, mit Mehl bestäuben, in die Pfanne geben und von beiden Seiten goldbraun braten. Innen sollten sie allerdings noch rosa sein. Frühlingszwiebeln, Champignons und Knoblauch zugeben und 1 bis 2 Minuten braten, bis die Gemüse fast weich sind.
Mit Portwein ablöschen, Feigen und Rinderkraftbrühe zugeben und so lange köcheln lassen, bis die Sauce leicht eingedickt und das Fleisch durchgegart ist. Petersilie unterrühren und mit Salz und Cayennepfeffer abschmecken. Pro Person zwei Medaillons auf einem Teller anrichten und großzügig mit der Sauce übergießen

Shrimp-stuffed Mirliton Kristine

Garnelengefüllte Chayote »Kristine«
(siehe Foto Seite 78)

Die anderswo als Chayote, Choko oder Eierkürbis bekannte Gemüsebirne wird in Louisiana *mirliton* genannt. Sie wurde im 18. Jahrhundert aus Südamerika eingeführt und ist bei den Cajuns und Kreolen das beliebteste Gemüse.

6 Chayotes, längs halbiert · 125 g Butter

4 Zwiebeln, gehackt

2 Stangen Sellerie, in feine Würfel geschnitten

1/2 Paprikaschote, entkernt und in kleine Würfel
geschnitten

2 Frühlingszwiebeln, in Scheiben geschnitten

4 Knoblauchzehen, fein gehackt

125 g Schinken, in kleine Würfel geschnitten

1/4 l kräftige Hühnerbrühe

250 g kleine Garnelen, geschält und gesäubert

Salz · frisch gemahlener schwarzer Pfeffer

4 EL gehackte Petersilie

200 g Semmelbrösel, mit etwas Salz und Pfeffer vermischt

3 EL Butter, in kleine Stücke geschnitten

Den Backofen auf 190° C vorheizen. Die Chayotes in leicht gesalzenem Wasser 30 Minuten kochen. Das Fleisch sollte gerade so weich sein, daß man es mühelos aus der Schale lösen kann. Die Früchte aus dem Wasser nehmen und unter fließendem kaltem Wasser abkühlen lassen. Mit einem Löffel die Samen herauskratzen und das Fruchtfleisch auslösen. Mit den sechs besten Schalen beiseite stellen. In einem 4 Liter fassenden Topf die Butter bei mittlerer Temperatur zerlassen. Zwiebeln, Sellerie, Paprikaschote, Frühlingszwiebeln, Knoblauch und Schinken etwa 15 Minuten darin sautieren, bis die Gemüse fast weich geworden sind. Falls die Mischung zu trocken wird, ein wenig Brühe zugießen.

Das Chayotefleisch hacken und zusammen mit den Garnelen in den Topf geben. Etwa 30 Minuten schmoren. Den Topf vom Herd nehmen und die Mischung mit Salz, schwarzem Pfeffer und Petersilie würzen. Semmelbrösel unterrühren, um die Flüssigkeit zu binden.

Die sechs Kürbisschalen mit der Mischung füllen, in eine feuerfeste Form setzen, Butterflöckchen und restliche Semmelbrösel darauf verteilen. Im Ofen etwa 15 Minuten backen, bis die Oberfläche goldbraun ist, und heiß servieren.

Maque Choux

Cajun-Gemüsepfanne

Bei *maque choux* denkt man in den USA normalerweise an eine Maissuppe. Dies ist ein Gericht der Cajuns vom River Road, angereichert mit Süßwasserkrebsen aus dem Mississippi. *Maque* ist ein einheimisches Wort für Mais, *maque choux* läßt sich grob mit »falscher Kohl« übersetzen.

FÜR 8 PERSONEN:

8 zarte Maiskolben · 1/8 l ausgelassener Speck
2 Zwiebeln, gehackt
1 Stange Sellerie, in kleine Würfel geschnitten
je 1/2 grüne und rote Paprikaschote, entkernt und in kleine Würfel geschnitten
4 Knoblauchzehen, fein gehackt
60 g Andouille, Chorizo oder eine andere würzige geräucherte Wurst, in kleine Würfel geschnitten
4 Tomaten, grob gehackt
2 EL Tomatensauce, vorzugsweise hausgemacht
400 g kleine Garnelen, geschält und gesäubert
6 Frühlingszwiebeln, in Scheiben geschnitten
Salz · frisch gemahlener schwarzer Pfeffer

Die Maiskolben aus den Blättern schälen und mit einem kleinen scharfen Messer die Körner von den Kolben lösen. Dabei Saft und Fruchtfleisch von den Kolben kratzen, denn sie geben dem Gericht Gehalt. In einem Topf von 4 Liter Inhalt das ausgelassene Fett bei mittlerer Temperatur erhitzen. Maiskörner, Zwiebeln, Sellerie, Paprikaschoten, Knoblauch und Wurst hineingeben und 15 bis 20 Minuten schmoren, bis die Gemüse weich sind. Tomaten, Tomatensauce und Garnelen zugeben und weitere 30 Minuten köcheln lassen. Frühlingszwiebeln unterrühren und mit Salz und Pfeffer abschmecken. Weitere 15 Minuten köcheln, dann servieren.

Casserole of Summer Squash

Kürbisgemüse-Kasserolle

Dieses pfannengerührte Gemüsegericht paßt ideal zu Nudeln, läßt sich aber auch als Füllung für Fisch, Geflügel oder Auberginen verwenden.

125 g Butter · 60 g gehackte Pekannüsse
10 kleine Gemüsekürbisse oder Zucchini, in Würfel geschnitten
2 Zwiebeln, gehackt
1 Stange Sellerie, in kleine Würfel geschnitten
1/2 rote Paprikaschote, entkernt und in Würfel geschnitten
4 Knoblauchzehen, gehackt
150 g geräucherter Schinken, in Würfel geschnitten
1 kleine Tomate, in Würfel geschnitten · Salz
Cayennepfeffer
2 EL (30 g) Semmelbrösel, mit etwas Salz und Pfeffer vermischt
2 EL (30 g) frisch geriebener Parmesan

In einer schweren Pfanne von etwa 25 cm Durchmesser die Butter bei mittlerer Temperatur zerlassen. Die Pekannüsse hineingeben und goldbraun rösten. Die Nüsse mit einem Schaumlöffel herausnehmen und beiseite stellen. Kürbis, Zwiebeln, Sellerie, Paprikaschote, Knoblauch und Schinken in die Pfanne geben und 5 bis 10 Minuten schmoren, bis der Kürbis gar ist. Tomate zugeben und mit Salz und Cayennepfeffer würzen. Die Tomate erhitzen, die Pfanne vom Herd nehmen und Semmelbrösel, Parmesan und Pekannüsse unterrühren. Sofort auftragen. (Für eine farbenfrohere Zusammenstellung kann man zusätzlich noch Erbsen oder frische Limabohnen in die Pfanne geben.)

MITTLERER WESTEN: Schinken im Brotteig (S. 146)

*DIE GREAT PLAINS: Maispuffer (S. 158),
Blumenkohl-Käse-Suppe (S. 160), Steak-Suppe (S. 159)*

Plantation Bread-pudding Cake

Plantagen-Brotpudding

(siehe Foto Seite 79)

Dieses Rezept stammt von einer begnadeten Expertin für Brotpudding, Sharon Jesowshek. Man braucht Geduld, um dieses Gericht zuzubereiten. Das Ergebnis ist jedoch ein wahres kulinarisches Kunstwerk.

FÜR 6 BIS 8 PERSONEN:

PUDDING:
1 l Milch · 8 Eier · 180 g Zucker
4 EL (60 ml) Vanille-Essenz
1 EL gemahlener Zimt · 1 EL gemahlene Muskatnuß
1 EL Pflanzenöl zum Ausstreichen der Form
2 Baguettes, in 1 cm dicke Scheiben geschnitten
125 g Rosinen · 100 g gehackte Pekannnüsse
1 EL Zucker zum Bestreuen
MANDELSCHAUM:
3 Eigelb · 0,2 l trockener Weißwein
1/8 l Mandel- oder Haselnußlikör · 1/8 l Zuckerrohr-, Ahorn- oder Maissirup

In einer großen Schüssel Milch, Eier und Zucker gründlich mit einem Schneebesen verrühren. Vanille-Essenz, Zimt und Muskatnuß unterrühren. Eine runde Form von etwa 25 cm Durchmesser mit Öl ausstreichen und den Boden mit Backpapier auslegen. Darauf dicht nebeneinander eine Lage Brotscheiben geben und mit einigen Rosinen und Pekannüssen bestreuen. Darüber gleichmäßig ein Drittel der Puddingmasse verteilen und das Brot damit tränken. Dabei mit den Fingerspitzen die Puddingmasse vorsichtig ins Brot drücken. Fortfahren, bis das Brot aufgebraucht ist. Auch von der Puddingmasse sollte nichts übrigbleiben. Behalten Sie dennoch einen Rest über, diesen nach und nach in die Brotscheiben pressen. Das Schichten kann durchaus eine Stunde oder mehr in Anspruch nehmen. Die Form über Nacht in den Kühlschrank stellen.
Den Backofen auf 190° C vorheizen. Die Form gut zur Hälfte ins heiße Wasserbad stellen und den Brotpudding etwa 1 – 1 1/2 Stunden garen. Zur Probe mit einem kleinen Metallspießchen hineinstechen; bleibt nichts daran haften, ist der Pudding gar und kann aus dem Ofen genommen werden. Mit Zucker bestreuen.

In der Zwischenzeit den Mandelschaum zubereiten. Für das Wasserbad einen 5 Liter fassenden Topf etwa 8 cm hoch mit Wasser füllen und bei mittlerer Temperatur zum Köcheln bringen. In einer Schüssel Eigelbe in 3 bis 5 Minuten schaumig schlagen und beiseite stellen. In einer Pfanne bei Mittelhitze Weißwein, Mandellikör und Sirup aufkochen und langsam mit dem Schneebesen unter die Eimasse schlagen. Die Schüssel ins Wasserbad stellen und den Mandelschaum so lange aufschlagen, bis er das doppelte Volumen erreicht hat. Aus dem Wasserbad nehmen und weitere 1 bis 2 Minuten aufschlagen. Den Brotpudding vollkommen abkühlen lassen und mit warmem Mandelschaum servieren. (Der Mandelschaum läßt sich im voraus zubereiten und muß dann nur wieder aufgewärmt werden.)

Fig and Pecan Tart

Feigen-Pekannuß-Kuchen
(siehe Foto Seite 79)

Feigen gibt es in Louisiana im Überfluß. Vor nicht allzu langer Zeit war es in den Haushalten üblich, im Spätsommer Feigen und sonstiges Obst und Gemüse für den Winter einzulegen.

FÜR 6 BIS 8 PERSONEN:

TEIG:
200 g Mehl · 1 Prise Salz · 3 EL (45 g) Zucker
125 g Butter · 1 Ei · 2 – 3 EL Eiswasser
BELAG:
4 EL (60 g) Zucker · 1 EL Maisstärke
1/4 l Maissirup
4 EL (60 ml) Zuckerrohr-, Ahorn- oder Maissirup
2 EL Vanille-Essenz · 3 Eier, verquirlt
125 g gehackte Pekannüsse
125 g Feigen aus der Dose oder getrocknete Feigen, zerkleinert
1 Prise gemahlener Zimt · 1 Prise geriebene Muskatnuß

Für den Teig Mehl, Salz und Zucker in eine Schüssel geben. Die Butter in Stücke schneiden und mit dem Handrührgerät oder zwei Messern einarbeiten. Das Ei leicht mit 2 EL Wasser verquirlen und mit einer Gabel unter den Teig rühren. Den Teig mit den Händen zu einer Kugel formen. Eventuell tröpfchenweise Eiswasser zugeben, damit sich alle Zutaten gut miteinander verbinden. Den Teig in Klarsichtfolie wickeln und 1 Stunde im Kühlschrank ruhen lassen.

Den Backofen auf 165° C vorheizen. Den Teig auf einer bemehlten Arbeitsfläche ausrollen und eine Pie-Form von etwa 23 cm Durchmesser damit auslegen.

Für den Belag Zucker und Maisstärke in einer großen Schüssel miteinander vermischen. Mit dem Schneebesen Sirup, Vanille-Essenz und Eier unterrühren. Nicht zu lange und zu heftig aufschlagen, weil die Masse im Ofen sonst zu stark aufgeht. Gehackte Pekannüsse und zerkleinerte Feigen untermischen und mit Zimt und Muskatnuß würzen. Die Masse in die Pie-Form gießen und im mittleren Einschub des Ofens 45 Minuten backen. Warm oder kalt servieren.

Der Mittlere Westen

Art Siemering

Schon ein flüchtiger Blick auf die Landkarte zeigt, wie stark der Mittlere Westen von seinen beeindruckenden Wasserwegen geprägt ist. Im Norden fassen vier der fünf großen Seen die Region ein, der Ohio umrahmt weitgehend den südlichen Teil, und der schnell fließende Missouri bildet einen großen Teil der Westgrenze. Hier im nördlichen Minnesota entspringt auch der mächtige Mississippi, der quasi die »Hauptstraße« des Herzlandes bildet und ein vielbefahrener Schiffahrtsweg ist.

An diesen großen Gewässern liegen viele der atemberaubenden landschaftlichen Schönheiten des Mittelwestens. Der Highway 61 windet sich auf seinem Weg von Duluth nach Grand Portage, Minnesota, sanft an den zerklüfteten Ufern des Lake Superior entlang, dem größten Süßwassersee der Welt. Die berühmte Dünenlandschaft von Michigan bietet sowohl sandige Seeufer wie steil aufragende, an die Sahara erinnernde Sandhügel am Sleeping Bear Dunes National Lakeshore, der am Lake Michigan nördlich von Frankfort liegt. Ein einmaliges Naturschauspiel ist, wenn das Jahr zur Neige geht, an den baumgesäumten Kalksteinklippen zu stehen, die sich einige hundert Meter hoch über den Mississippi erheben, der hier die Grenze zwischen Wisconsin und Illinois im Osten und Iowa im Westen bildet: Eine herrlichere Kulisse von Herbstlaub findet sich nirgendwo sonst in den USA.

Als ob dieser Reichtum an Schönheit und Natur noch nicht genug wäre, sind die Staaten im Norden zudem mit Hunderten von Seen durchsetzt, von denen viele inmitten von Kiefern und Fichten liegen oder von Birken, Ahorn, Eichen oder anderen Hartholzwäldern umstanden sind. Michigan nimmt für sich in Anspruch, eine größere Vielfalt an Bäumen als ganz Europa zu besitzen, die eine Fläche von fast acht Millionen Hektar Land bedecken – mehr als die Hälfte des Bundesstaates. Der Wald war für Fallensteller, die auf Pelzjagd gingen, für Schürfer, die nach Gold und Bodenschätzen suchten, für Fischer und nicht zuletzt für Schmuggler in der Prohibitionszeit, die hier gefahrlos Whisky aus Kanada in die USA hineinschleusten, Unterschlupf und Lebensgrundlage zugleich.

Jagd und Fischfang

Das Land bietet seit jeher eine überwältigende Fülle an Eßbarem. Von den Seen im nördlichen Minnesota und Wisconsin kommt eine gesuchte Delikatesse: der wilde Reis – der in Wirklichkeit gar kein echter Reis ist, sondern ein im Wasser wachsendes Gras, das schon seit Jahrhunderten von den hier ansässigen Indianerstämmen vom Kanu aus geerntet wurde. Die in jüngster Zeit gestiegene Nachfrage hat dazu geführt, daß man begonnen hat, wilden Reis auf künstlich angelegten bewässerten Feldern zu ziehen; doch wer im Mittleren Westen lebt, kann immer noch ohne Mühe natürlichen handgeernteten wilden Reis bekommen.

Die Wälder im Mittelwesten sind äußerst wildreich, und Fasane, Wachteln, Hirsche und wilde Truthähne werden in großer Zahl erlegt. Der Fischfang wird mit gleicher Leidenschaft betrieben. Der Muskalunge, ein aggressiver

Kampffisch, der bis zu dreißig Kilogramm schwer wird, ist der Symbolfisch von Wisconsin. Der Pere-Marquette-Fluß in Michigan ist für seine Forellen berühmt und für seinen Pazifik-Lachs, den man vor 25 Jahren hier aussetzte, damit er bestimmten Schadfischen den Garaus machte, die im Lake Michigan überhandzunehmen drohten. Die Angler an den Flüssen und Seen im Ozark-Gebiet des Missouri sind gewöhnlich auf Barsche aus, obwohl manche auch dem *paddlefish*, dem nordamerikanischen Löffelstör, nachstellen, dessen Kaviar hoch geschätzt ist.

Auf vielen Speisekarten im Mittelwesten werden inzwischen nur noch Zuchtfische angeboten, aber die besseren Restaurants in der Region der großen Seen – die von den Einheimischen »die Nordküste« genannt wird – servieren weiter frisch gefangenen Fisch, zum Beispiel Flußbarsch, Hecht, Starauge und Stint. In Door County in Wisconsin bereitet man ein beliebtes Gericht zu, das hauptsächlich aus gewöhnlichen Weißfischen besteht, den *fish boil*. Hier Ansässige wie Besucher mögen gleichermaßen diese primitive Kochkunst, bei der jeder zuschauen kann: Die Fische kommen mit Zwiebeln und ungeschälten Kartoffeln in einen großen Kessel mit Wasser, der über ein offenes Feuer gehängt wird. Wenn der Topf mit theatralischem Zischen in die Flammen überschäumt, ist das Gericht fertig und wird mit reichlich zerlassener Butter serviert.

Nahrung aus den Wäldern

In der Natur gesammelte Nahrungsmittel spielen eine kleine, doch für viele bedeutsame Rolle in der Küche des Mittleren Westens. Zu diesen hauptsächlich im Frühjahr und Frühsommer gesammelten »Fundsachen« gehören wohlschmeckende Blätter wie die des *fiddlehead*-Farns, die zarten Schößlinge von an Seeufern wachsenden Rohrkolben, die ein wenig nach Gurken schmecken, und *ramps*, intensiv schmeckender wilder Lauch. Die wahren Kenner jedoch sind auf der Suche nach Morcheln.

Im Herbst gibt es Nüsse in Hülle und Fülle. Überall in Missouri gedeihen Pekan- und schwarze Walnußbäume. Die schwarze Walnuß ist weniger ertragreich als andere Walnußarten und die Nuß schwerer zu knacken, aber nichtsdestoweniger eine einheimische Delikatesse. Die Schalen der schwarzen Walnuß sind so hart, daß sie eine eigene Ware darstellen: Sie werden zum Säubern und Polieren für Düsenflugzeugteile verwendet. Der größte Teil der in Amerika geernteten schwarzen Walnüsse kommt aus dem Weiler Stockton, der in den Ozark-Bergen von Missouri liegt.

Die Siedler, die sich nach und nach im Mittelwesten niederließen, brachten eine Reihe ihrer heimischen Produkte mit. So kam es, daß man in Michigan anfing, Kirschen im großen Stil zu züchten. Die beste Gegend, um sie zu probieren, ist das Gebiet um die Grand Traverse Bay, nahe dem Nordost-Ufer des Michigan-Sees.

Apfelliebhaber unter den Besuchern dieser Region wird vielleicht interessieren, daß ihre Lieblingsfrucht überall im Mittleren Westen im Überfluß wächst. Bei den regionalen Touristenbüros und Landwirtschaftsämtern liegen sogar Verzeichnisse mit den Adressen der Obstanbauer aus. Zu den meistgezüchteten Apfelsorten in Iowa und Missouri gehören Jonathan, daneben Roter und Goldener Delicious. In den nördlichen und östlichen Bundesstaaten der Region zieht man die Sorten Rome, Golden Grimes und Northern Spy vor.

Eine der interessantesten Gründungen der letzten Jahre ist die des »Museumsobstgartens«. Man hat hier mit Engagement und Ausdauer versucht, alte Apfelsorten der Nachwelt zu erhalten. So kann man noch heute in den Obstgärten bei Chapin, Illinois, und Rochester, Wisconsin, so seltene Apfelsorten wie den Snow Apple, der etwa 1730 aus dem Gebiet des Champlain-Sees in Kanada herübergebracht wurde, und den Ben Davis, eine aus dem Süden stammende Art, die zu Beginn des 20. Jahrhunderts sehr beliebt war, probieren.

Sorghum, ein Getreidesirup, findet ähnlich wie Melasse als Zutat für Backwaren wie Brot und Kuchen Verwendung. Darüber hinaus ist die Pflanze auch bei den Bauern am Missouri und bei den amischen Landwirten in den Oststaaten als exzellentes Viehfutter hoch geschätzt.

Eine Küche aus vielen Kulturen

Die Küche des Mittelwestens würde man normalerweise wohl kaum als kosmopolitisch empfinden – dabei entstand sie tatsächlich aus dem Zusammentreffen von Dutzenden ethnischen Gruppen im neubesiedelten Herzland der USA. Diese Region war beileibe kein Schmelztiegel, wo Kulturen aufeinanderprallten und sich gezwungenermaßen vermengten, wie in den großen Städten des Ostens, sondern eher ein Treffpunkt, an dem Kulturen aufeinander zugingen. Auf ihre freundliche nachbarliche Weise haben die Menschen des Mittleren Westens eine friedliche multikulturelle Gesellschaft geschaffen.

Gegen Ende des 19. Jahrhunderts lebten in den weiten Gebieten des Mittelwestens vor allem US-Bürger, die im Ausland geboren waren. In vielen Teilen Wisconsins, Michigans und Minnesotas war ein Drittel der Einwohner in einem anderen Land zur Welt gekommen. Seit 1820 sind zum Beispiel fast 900 000 Norweger in die USA eingewandert, eine Zahl, die die Gesamtbevölkerung von Norwegen zur Zeit des Auswanderungsbeginns übertrifft. Die meisten dieser Leute fanden sich im Mittleren Westen wieder, in Siedlungen, die fast ausschließlich norwegisch geprägt sind, wie Mount Horeb, Wisconsin, und Decorah, Iowa.

Überall im Mittelwesten spielte sich ähnliches ab: Die mit den Wellen der europäischen Einwanderer ins Land strömenden Bauern, Kaufleute und Handwerker ließen sich am liebsten dort nieder, wo die Landschaft sie an ihre Heimat erinnerte. In der winzigen Ortschaft Elk Horn, Iowa, machen immer noch dänische Familien den größten Teil der Einwohner aus. Eine der beliebtesten Spezialitäten ist hier *rullepolse*, ein würziges Frühstücks-

Aber es gibt auch vereinzelte Anpflanzungen europäischer Arten in der Region – Chardonnay, Riesling und Cabernet Sauvignon. Dabei handelt es sich jedoch um relativ neue Entwicklungen. Die traditionellen Weine des Mittelwestens werden aus einheimischen Trauben vergoren, die die Siedler schon bei ihrer Ankunft vorfanden. Man kann diesen Weinen durchaus etwas abgewinnen, obwohl sie ein starkes Traubensaft-Aroma haben, das gern als »foxy«, dumpf-säuerlich, charakterisiert wird. Einige der ältesten Weingärten der Region liegen in Ohio, am Ufer des Erie-Sees und auf den vorgelagerten Inseln, die zur Nordostküste hin wie große Trittsteine im Wasser liegen. Ohio hat mehr als 35 Kellereien; die meisten davon liegen am Ufer des Erie-Sees oder in der Südwestecke des Staates, im Tal des Ohio-Flusses.

Auch die anderen Staaten des Mittleren Westens haben ihre eigenen Weinanbaugebiete, aber die Zahl der Kellereien ist vergleichsweise gering, außer in Missouri und Michigan, wo es jeweils dreißig beziehungsweise fünfzehn Kellereien gibt. Die besten Weine von Michigan sind die Johannisberg-Rieslinge und Vignoles aus den Weingärten der Leelanau-Halbinsel nahe Traverse City im Nordwesten des Bundesstaates. Auch in der Nähe von Paw Paw, südwestlich von Kalamazoo, konzentrieren sich einige Kellereien. In Missouri liegt das Herz der Weinherstellung entlang des Missouri-Flusses in der Nähe der von Deutschen gegründeten Siedlungen Augusta, Hermann und Washington, westlich von St. Louis. In dieser Region werden hauptsächlich einheimische amerikanische Rebsorten angebaut (Catawba, Niagara, Concord) und einige Hybriden (Seyval Blanc, Vignoles, Vidal Blanc). Zu den örtlichen Spezialitäten gehört der Missouri-Riesling, der Weine mit nur wenig spürbarer »foxiness« hervorbringt, und Norton, eine rote Traube, die vollaromatische Weine liefert. 1980 wurde Augusta das erste Weinanbaugebiet der USA, das sich kraft Bundesgesetz als kontrolliertes Anbaugebiet oder als »Appellation« bezeichnen durfte.

OHIO
Weißwein: Chardonnay; *Rotweine:* Cabernet Sauvignon, Chambourcin
MICHIGAN
Weißweine: Gewürztraminer, Johannisberg Riesling, Vignoles; *Rotweine:* Chambourcin, Chancellor
MINNESOTA
Rotwein: Marechal Foch
MISSOURI
Weißweine: Riesling, Seyval Blanc; *Rotwein:* Norton

Potted Beef

Rindfleisch-Pastete

Rezepte wie dieses erfreuen das Herz jeder ökonomisch denkenden Hausfrau. Reste vom Rindfleisch schmecken, wenn sie wie im folgenden zubereitet werden, besser als manche hochfeine Pastete. In einem Keramiktöpfchen aufgetragen, bildet *potted beef* den attraktiven Mittelpunkt einer Vorspeisenauswahl.

FÜR 6 BIS 8 PERSONEN:

500 g Rinderlende · 1/2 l trockener Weißwein
1/4 l Rinderbrühe · 3 Nelken · 1/4 TL Muskatblüte
1 TL Worcestershire-Sauce · Salz · frisch gemahlener Pfeffer
2 EL Weinbrand · 190 g Butter

Das Rindfleisch in 2 1/2 cm große Würfel schneiden und in eine flache ofenfeste Form legen. Wein, Brühe, Nelken und Muskatblüte, Worcestershire-Sauce und eine Prise Salz und Pfeffer zugeben. Mit einem Deckel oder einem Stück Alufolie bedecken und 2 Stunden im 120° C heißen Ofen garen. Das Fleisch aus der Form nehmen und in der Küchenmaschine oder im Mixer zu einer glatten Masse pürieren. Die Nelken entfernen und die Garflüssigkeit auf 3 Eßlöffel einkochen. Die Reduktion, Weinbrand und 4 Eßlöffel Butter zum pürierten Fleisch geben und alles gründlich miteinander vermischen. Die Mischung in ein oder zwei kleine bis mittlere Keramikschüsselchen oder -kasserollen füllen.
Die restliche Butter in einem schweren Topf bei niedriger Temperatur zerlassen und den Schaum entfernen. Die geklärte Butter vorsichtig in die Schüsselchen über das Fleisch gießen, dabei darauf achten, daß Butterrückstände am Topfboden zurückbleiben. Einige Stunden vor dem Auftragen im Kühlschrank fest werden lassen.

Michigan Bean Salad
Bohnensalat nach Michigan-Art

Die Einwohner Michigans sind stolz auf ihre hervorragenden getrockneten Bohnen. Auf heimischen Speisekarten findet man immer eine große Auswahl an Bohnengerichten. Dieser Salat, der gut gekühlt aufgetragen werden sollte, ist besonders bei sommerlichen Picknicks und Partys beliebt.

FÜR 10 BIS 12 PERSONEN:

500 g getrocknete weiße Bohnen
1 1/2 l Wasser · 1/2 TL Salz
2 große Stangen Sellerie, in Würfel geschnitten
1 Zwiebel, gehackt
1 kleine grüne Paprikaschote, in Würfel geschnitten
1/8 l Pflanzenöl · 1/8 l Essig · 125 g Zucker
1 TL Senfpulver · 1 kleine Knoblauchzehe, zerdrückt
1/4 TL Paprikapulver

Die Bohnen abspülen und verlesen. In einen Topf geben, mit Wasser bedecken und über Nacht einweichen. Die Bohnen zum Kochen bringen und etwa 2 Stunden köcheln lassen, bis sie gar sind. Eventuell noch etwas Wasser zufügen. Das Wasser abgießen und die Bohnen abtropfen lassen. Sellerie, Zwiebel, grüne Paprikaschote, Öl, Essig, Zucker, Senfpulver, Knoblauch, Paprikapulver und Salz vermengen und alles vorsichtig mit den Bohnen vermischen. Den Salat vor dem Auftragen mindestens 4 Stunden im Kühlschrank ziehen lassen. Portionsweise auf Tellern oder in einer Schüssel anrichten.

Open-face Pot Pie

Hühnerfleisch-Pastete

Dies ist eine Variante der traditionellen *chicken pot pie*, einer Hühnerfleisch-Pastete im Teigmantel, die hier mit runden Biskuitplätzchen belegt
wird. Im Originalrezept wird die Sauce mit saurer Sahne angedickt.

FÜLLUNG:

1 Huhn, etwa 1 1/2 kg schwer

*125 g Butter oder Margarine · 4 EL (60 g) Mehl · 1/4 l
Milch*

125 g geriebener Emmentaler · 1 EL geriebene Zwiebel

1/4 TL getrockneter Thymian · 1/4 TL Kurkuma

1/2 TL Salz

*125 g frische Champignons oder Egerlinge, in Scheiben
geschnitten und sautiert*

250 g Joghurt

TEIG FÜR DIE BISKUITS:
200 g Mehl, durchgesiebt · 3 TL Backpulver

1/2 TL Salz · 4 EL (60 g) Butter · 0,2 l Milch

Das Huhn in einem großen Suppentopf zur Hälfte mit Wasser bedecken. Zugedeckt 50 bis 60 Minuten köcheln, bis das Huhn gar ist. Den Topf vom
Herd nehmen und das Huhn abkühlen lassen. Das Hühnerfleisch von den
Knochen lösen und in mundgerechte Stücke zerpflücken. Haut und Knochen entfernen. Knapp 1/2 Liter Brühe beiseite stellen. Die restliche Brühe
für eine andere Zubereitung aufbewahren. Die Butter in einem großen Topf
zerlassen, das Mehl hineinstäuben und unter Rühren anschwitzen. Nach
und nach Hühnerbrühe und Milch unterrühren. Die Sauce glatt und sämig
rühren. Käse, Zwiebel, Thymian, Kurkuma und Salz zugeben und so lange
rühren, bis der Käse geschmolzen ist. Hühnerfleisch, Pilze und Joghurt untermischen und das Ganze in eine flache, etwa 2 1/2 Liter fassende feuerfeste Form gießen. Den Backofen auf 180° C vorheizen.
Für die Biskuits Mehl, Backpulver und Salz in eine Schüssel sieben. Die Butter und das Mehl zu groben Krumen verkneten. Langsam die Milch unterrühren. Auf der leicht bemehlten Arbeitsfläche zu einem glatten Teig
kneten. Etwa 1 cm dick ausrollen und den Teigfladen mit einem Ausstecher
zu Kreisen von 7 1/2 cm ø ausstechen. Die Pastete mit den Plätzchen belegen und im Ofen 25 bis 30 Minuten backen, bis die Biskuits goldbraun
sind.

Italian Short Ribs

Rinderrippen nach italienischer Art
(siehe Foto Seite 114)

Gerichte wie dieses entsprangen der Verbindung verschiedener Kulturen.
Italienische Einwanderer ließen sich in Städten wie Kansas City und Chicago nieder und nutzten den Vorteil, den die Nähe der Fleisch-Lagerhäuser bot.

4 EL (60 g) Mehl · 1 TL Salz · 1/2 TL Pfeffer
1/2 TL getrockneter Origano
2 kg Rinderrippe, in 7 1/2 cm große Stücke geschnitten
1 EL Butter · 1 EL Olivenöl · 1 große Zwiebel, gehackt
4 EL (60 g) Melasse
4 EL (60 ml) Tomatensauce, vorzugsweise hausgemacht
3 EL Rotweinessig · 3/8 l Bier · 1/2 TL Tabasco
6 Mohrrüben, in große Stücke zerteilt

Mehl, Salz, Pfeffer und Origano miteinander vermischen. Die Rinderrippen in der Mischung wenden. Butter und Olivenöl in einem großen, flachen Bratentopf erhitzen, die Rippen darin von allen Seiten anbräunen. Das Fleisch aus dem Topf nehmen und das überschüssige Fett abgießen. Die Zwiebel hineingeben und weich, aber nicht braun werden lassen. Melasse, Tomatensauce, Essig, Bier und Tabasco-Sauce zugeben und gründlich vermischen. Die Rinderrippen wieder in den Bratentopf geben und zugedeckt etwa 1 1/2 bis 2 Stunden schmoren, bis das Fleisch gar ist. Die Rinderrippen herausnehmen und das Fett von der Flüssigkeit abschöpfen. Das Fleisch zusammen mit den Mohrrüben wieder in den Topf geben und etwa 30 Minuten zugedeckt weiterdünsten, bis die Möhren gar sind. Die Rinderrippen auf einer großen Platte anrichten, mit den Karotten umlegen, die Sauce durch ein Sieb passieren und getrennt dazu reichen.

Cheese-crowned Pork Chops

Schweinekoteletts mit Käsehäubchen
(siehe Foto Seite 114)

Schweinefleisch und Käse, die beiden Produkte, auf die man in der Region besonders stolz ist, sind in diesem Rezept zu einem wohlschmeckenden Gericht kombiniert.

6 Schweinekoteletts, 1 cm dick
Pflanzenöl zum Braten · 2 EL Butter · 2 EL (30 g) Mehl
1 TL Salz · 1/4 TL Pfeffer · 0,15 l Milch
1 Ei, verquirlt · 125 g geriebener Cheddar-Käse
1 kleine Zwiebel, fein gehackt

In einer großen Pfanne die Schweinekoteletts in etwas Öl braun anbraten. Gut abtropfen lassen und in eine große feuerfeste Form legen. Den Backofen auf 180° C vorheizen.

Die Butter in einem Topf bei niedriger Temperatur zerlassen. Mehl, Salz und Pfeffer hineingeben, anschwitzen und unter ständigem Rühren nach und nach die Milch zugießen. Etwas von der Sauce unter das verquirlte Ei rühren, dann das Ei zur Mehlschwitze geben. Das Ganze unter Rühren einkochen, dabei darauf achten, daß das Ei nicht gerinnt. Käse und Zwiebel hineinrühren und den Käse schmelzen lassen.

Auf jedes Schweinekotelett eine großzügige Portion Käsesauce geben. In den Ofen schieben und 40 Minuten backen, bis die Käsehaube leicht gebräunt und aufgegangen ist. Die Schweinekoteletts mit grünem Gemüse wie Bohnen oder Broccoli sofort auftragen.

Finnish Meatballs

Fleischbällchen nach finnischer Art
(siehe Foto Seite 115)

Die Finnen waren den anderen ethnischen Gruppen aus Skandinavien, die sich ebenfalls in dieser Gegend niederließen, zahlenmäßig immer weit unterlegen, dennoch ist ihr Einfluß in Gemeinden wie Duluth, Minnesota, stark spürbar. Diese Gericht kann sowohl als Vorspeise wie auch als Hauptgericht aufgetragen werden.

FÜR 6 BIS 12 PERSONEN:

50 g frische Brotkrumen · etwa 1/2 l Milch
750 g Rinderhack
1 Zwiebel, fein gehackt oder in kleine Würfel geschnitten
1 Ei, leicht verquirlt · 1 1/2 TL Salz
1/2 TL gemahlener Piment · 2 EL Butter zum Braten
2 EL Mehl

Die Brotkrumen in 1/8 l Milch einweichen. Mit dem Rinderhack, Zwiebel, Ei, Salz und dem gemahlenen Piment gründlich vermengen. Aus dem Fleischteig Bällchen von 2 1/2 cm Durchmesser formen. Die Butter in einer großen Pfanne zerlassen. Fleischbällchen hineingeben – immer nur einige auf einmal – und von allen Seiten gleichmäßig braun braten.
Die gebratenen Fleischbällchen aus der Pfanne nehmen. Sind alle Fleischbällchen gebraten, überschüssiges Fett abgießen und das Mehl in die Pfanne stäuben. Bei mittlerer Temperatur kurz anbräunen und langsam unter ständigem Rühren die restliche Milch (etwa 1/8 l) zugießen. Die Sauce muß glatt und leicht angedickt sein.
Die Fleischbällchen wieder in die Pfanne geben und zugedeckt bei niedriger Temperatur etwa 25 Minuten köcheln lassen. Serviert man die Fleischbällchen als Vorspeise, werden sie auf kleine Spießchen gesteckt und in der Sauce warm gehalten. Man kann sie aber auch als Hauptgericht auf Butternudeln anrichten.

Cincinnati Chili

Cincinnati-Chili

(siehe Foto Seite 115)

Chili-Gerichte stammen vermutlich aus der Balkanküche. Verlangt man im Lokal »two-way«, bekommt man Fleischsauce auf Spaghetti. Bei »three-way« kommt darüber noch etwas geriebener Käse; »four-way« führt zur zusätzlichen Garnierung mit Zwiebeln, die wiederum bei »five-way« mit einem Schlag Bohnen bedeckt werden.

1/2 l Wasser · 1/2 l starker Kaffee

1/2 l hausgemachte Tomatensauce oder Tomatensauce aus der Dose

2 Zwiebeln, gehackt · 1 EL Rotweinessig

2 TL Worcestershire -Sauce

1 EL Zucker · 2 EL gemahlene Chilischoten

1 TL gemahlener Kreuzkümmel

1 kleine Knoblauchzehe, zerdrückt · 2 TL gemahlener Zimt

1/2 TL gemahlener Piment · 1/4 TL gemahlene Nelken

1 TL Salz · 1/4 TL Cayennepfeffer

1 kg mageres Rinderhack · 1 großes Lorbeerblatt

NACH BELIEBEN: 125 g geriebener Cheddar-Käse
1 Zwiebel, fein gehackt · 400 g gekochte Kidney-Bohnen

Wasser, Kaffee und Tomatensauce in einem großen Topf erhitzen. Zwiebeln, Essig, Worcestershire-Sauce und Zucker hineinrühren. Während das Ganze zum Kochen gebracht wird, gemahlene Chilischoten, Kreuzkümmel, Knoblauch, Zimt, Piment, Nelken, Salz und Cayennepfeffer in einer kleinen Schüssel vermengen. Die Gewürzmischung in die kochende Brühe geben. Das Rinderhack zerpflücken und ebenfalls langsam in die Brühe rühren. Das Lorbeerblatt zugeben und das Ganze nochmals aufkochen.
Die Hitze reduzieren und das Chili ohne Deckel 2 1/2 bis 3 Stunden köcheln lassen, bis es die richtige Konsistenz hat. Gelegentlich umrühren, um größere Fleischbrocken zu zerkleinern. Das Lorbeerblatt entfernen. Falls erforderlich, überschüssiges Fett abschöpfen. Das Chili auf Spaghetti anrichten und nach Belieben jede Portion mit geriebenem Cheddar, gehackter Zwiebel oder Kidney-Bohnen garnieren.

Candied Sweet Potatoes

Kandierte Süßkartoffeln

Apfelsaft ist das bestimmende Element in diesem Gericht. Am besten ist frisch gepreßter Apfelsaft, wie man ihn im Herbst in den USA an kleinen Straßenständen bekommt.

3 große Süßkartoffeln (Bataten oder Louisana-Yams)

0,2 l Apfelsaft

6 EL (90 g) brauner Zucker · 3 EL Butter · 1 EL Mehl

1 Prise geriebene Muskatnuß (nach Belieben)

Die Süßkartoffeln in kochendem Wasser garen, dann schälen und längs halbieren. Den Backofen auf 190° C vorheizen. Die Süßkartoffeln mit der Schnittfläche nach oben in eine eingefettete feuerfeste Form legen. In einem Topf Apfelsaft mit 4 EL braunem Zucker und 2 EL Butter zum Kochen bringen, die Hitze herunterschalten und 10 Minuten köcheln lassen. Die Mischung über die Süßkartoffeln gießen und im vorgeheizten Ofen etwa 45 Minuten backen. Dabei die Kartoffeln gelegentlich mit dem Apfelsirup bestreichen. Den restlichen Zucker mit dem Mehl und der restlichen Butter vermengen und nach Belieben mit geriebener Muskatnuß abschmecken. Über die Süßkartoffeln verteilen und diese in etwa 15 Minuten im Ofen bräunen. Sofort auftragen.

Potluck Potatoes

Kartoffelgratin

Dieses Gericht ist häufig auf informellen gemeinschaftlichen Abendessen anzutreffen, wo sich auch gute Gelegenheit bietet, die Kochkünste der Nachbarn unauffällig einzuschätzen. Routiniers wissen, daß ihre Schüsseln mit mitgebrachtem Essen gut eine Stunde heiß bleiben, wenn man sie in einige Lagen Zeitungspapier wickelt.

FÜR 6 BIS 8 PERSONEN:

1/8 l Sahne · 1/8 l Milch · 4 EL (60 g) Butter
1 EL geriebene Zwiebel · 1 1/2 TL Salz
1/2 TL frisch gemahlener Pfeffer
125 g geriebener Cheddar-Käse
750 g Kartoffeln, in dünne Scheiben geschnitten

Milch, Sahne, Butter, Zwiebel, Salz und Pfeffer in einem großen Topf aufkochen und 2 EL Käse hineinrühren. Die Kartoffeln untermischen und alles in eine eingefettete Auflaufform füllen. Gleichmäßig mit dem restlichen Käse bestreuen. In den auf 180° C vorgeheizten Ofen schieben und etwa 1 Stunde garen, bis die Oberfläche leicht gebräunt ist und eine schöne Kruste hat.

Wisconsin Blue Cheese Spoon Bread

Blauschimmelkäse-Auflauf nach Wisconsin-Art

Die Küche des Mittleren Westens hat diese Variante eines traditionellen Südstaaten-Gerichts entwickelt. Je stärker die Blauschimmeladern im Käse sind, um so pikanter schmeckt er.

6 Scheiben Speck
1/2 l Wasser · 200 g Maismehl
200 g Blauschimmelkäse, zerbröckelt
4 EL (60 g) weiche Butter · 1/4 TL schwarzer Pfeffer
1/4 l Milch · 4 Eier, getrennt · 125 g Maiskörner

In einer großen Pfanne den Speck knusprig braten. Gut abtropfen lassen, zerkleinern und beiseite stellen. Das Wasser in einem mittleren Topf aufkochen. Die Temperatur herunterschalten und das Maismehl hineinrühren. Unter ständigem Rühren etwa 10 Minuten köcheln lassen. Der Brei sollte glatt und dick sein. Den Topf vom Herd nehmen. Käse, Butter und Pfeffer zugeben und so lange rühren, bis der Käse geschmolzen ist. Dann nach und nach die Milch einrühren. Die Eigelbe schaumig schlagen, Maiskörner und Speck zugeben und unter die Käse-Maismehl-Mischung rühren. Die Eiweiße zu Schnee aufschlagen und vorsichtig unter die anderen Zutaten heben. Die Mischung in eine eingefettete, 2 Liter fassende Auflaufform füllen und im vorgeheizten Ofen etwa 50 Minuten backen, bis der Auflauf fest und goldbraun ist. Heiß auftragen.

145

Ham in a Blanket

Schinken im Brotteig

(siehe Foto Seite 122)

Dieses Rezept stammt aus Zeiten, als man Gerichte noch mit bildhaften Namen belegte. Aus Gründen der Bequemlichkeit ist im folgenden Rezept Fertigteig angegeben, es kann jedoch mit jedem frisch hergestellten Brotteig aus Weizen- oder Roggenmehl zubereitet werden.

FÜR 6 BIS 8 PERSONEN

500 g tiefgefrorener Weißbrotteig · 1 Ei, gut verquirlt
2 EL Milch
1 gekochter Schinken ohne Knochen, etwa 1 3/4 kg schwer

Den tiefgefrorenen Brotteig auftauen und einmal gehen lassen. Den Teig flachdrücken und etwa 1 cm dick zu einem großen Oval ausrollen. Das verquirlte Ei mit der Milch vermischen und den Teig damit bestreichen. Den Schinken in der Mitte des Teigs plazieren und die Teigenden darüberschlagen. Die Teigränder mit dem Ei bestreichen und fest zusammendrücken. Das mit der Milch verquirlte restliche Ei bis zur weiteren Verwendung im Kühlschrank aufbewahren. Den Schinken auf ein leicht eingefettetes und bemehltes Backblech setzen, mit einem sauberen Küchentuch abdecken und an einem warmen, zugfreien Ort etwa 1 Stunde gehen lassen. Den Backofen auf 200° C vorheizen. Nochmals überprüfen, ob die Teighülle fest verschlossen ist, und von allen Seiten mit dem restlichen Ei bestreichen. Den Schinken in den Ofen schieben, die Temperatur auf 120° C reduzieren und den Schinken etwa 1 Stunde backen, bis der Teig knusprig und goldbraun ist. Aus dem Ofen nehmen und 15 Minuten ruhen lassen. Man kann den sehr appetitlich aussehenden Schinken durchaus im Speisezimmer abkühlen lassen, so daß die Gäste ihn bereits sehen. Den Schinken im Brotteig mit einem scharfen Messer in Scheiben schneiden und servieren.

Bread and Sorghum Pudding

Brotpudding mit Sorghum

Sorghum dient ähnlich wie Melasse zum Süßen und wird aus einer Hirseart, dem Zuckersorghum, gewonnen. Früher füllten die Bauern Sorghum in Dosen ab oder in jedes beliebige Gefäß, das der Kunde mitbrachte. Heute gibt es Sorghum in Gläsern im Supermarkt.

---

8 mittelgroße Scheiben altbackenes Brot, in Würfel geschnitten

200 g Rosinen · 2 Eier · 1/2 TL Salz

3 EL Sorghum oder Melasse · 3 TL Zucker

2 EL Butter · etwa 1/2 l aufgekochte Milch

Die Brotwürfel in eine gut eingebutterte quadratische Form von etwa 23 cm Kantenlänge geben. Rosinen gleichmäßig darüber verteilen. In einer mittelgroßen Rührschüssel Eier, Salz, Sorghum und Zucker miteinander vermischen. Die Butter in der aufgekochten Milch schmelzen und beides mit den Zutaten in der Rührschüssel vermischen. Die Mischung über Brotwürfel und Rosinen in der Form gießen. Den Backofen auf 180° C vorheizen. Die Form in ein heißes Wasserbad stellen, dabei sollte die Form nicht höher als bis zur Hälfte im Wasser stehen. Den Brotpudding etwa 1 Stunde unbedeckt im Ofen garen, bis er fest geworden ist. Nach etwa 40 Minuten Backzeit prüfen, ob eventuell noch etwas Wasser nachgefüllt werden muß. Den fertigen Pudding 10 Minuten ruhen lassen, dann in Stücke schneiden und warm mit geschlagener Sahne auftragen.

Ozark Brownies

Brownies aus den Ozarks

Das besondere Aroma dieser *brownies* rührt von den schwarzen Walnüssen her, die vor allem in den Ozark-Bergen wachsen. Bei uns wird man sich mit normalen Walnüssen behelfen müssen. Die Glasur sollte mit sehr starkem Kaffee angerührt werden.

FÜR 8 PERSONEN:

BROWNIES:
125 g Butter · 60 g zartbittere Schokolade
180 g dunkelbrauner Zucker
2 Eier · 1/2 TL Salz · 4 EL (60 g) Mehl
60 g gehackte Walnüsse, falls erhältlich vorzugsweise schwarze Walnüsse
1 TL Vanille-Essenz
GLASUR:
6 EL (90 g) Butter · 500 g Puderzucker
1 TL Vanille-Essenz
2 EL heißer, starker Kaffee

Den Backofen auf 165° C vorheizen. Für die Brownies Butter und Schokolade in einem schweren Topf bei niedriger Temperatur schmelzen lassen. Den Topf vom Herd nehmen, braunen Zucker, Eier, Salz, Mehl, Walnüsse und Vanille-Essenz unterrühren. Den Teig in eine gut gebutterte quadratische Form von etwa 23 cm Kantenlänge gießen und im vorgeheizten Ofen etwa 20 Minuten backen, bis er gar und auf Druck elastisch ist. In der Form abkühlen lassen.
Für die Glasur Butter und Puderzucker miteinander schaumig rühren. Vanille-Essenz und heißen Kaffee untermischen. Eventuell noch etwas von beidem zugeben, bis die Glasur die richtige streichfähige Konsistenz hat. Den Kuchen dick damit bestreichen, dann in quadratische Stücke schneiden.

Apple Butter Cake

Apfelmuskuchen

Gewürztes Apfelmus ist ein beliebtes Nebenprodukt der jährlichen Apfelernte der Region. Im Herbst findet eine Reihe von Festlichkeiten statt, in
deren Mittelpunkt das Kochen von Apfelmus steht und bei dem das Rühren
in den riesigen Kesseln fast rituellen Charakter hat.

FÜR 6 BIS 8 PERSONEN:

125 g Pflanzenfett · 250 g Zucker · 4 Eier, verquirlt
320 g Mehl, durchgesiebt · 1 1/2 TL Natron · 1/2 TL Salz
1 TL gemahlener Zimt · 1/2 TL geriebene Muskatnuß
1/2 TL gemahlene Nelken · 1/4 l Buttermilch
200 g Apfelmus (siehe Seite 58)

Den Backofen auf 180° C vorheizen. In einer großen Rührschüssel das
Pflanzenfett mit dem Zucker schaumig rühren. Die Eier gründlich unterrühren. Das Mehl mit Backpulver, Salz, Zimt, Muskatnuß und Nelken
durchsieben. Abwechselnd das Mehl und die Buttermilch unter die Fett-Ei-
er-Mischung rühren. Das Apfelmus zugeben und alles gut vermengen. Den
Teig in eine gefettete, bemehlte Form von 20 cm Kantenlänge gießen. In
den vorgeheizten Ofen schieben und etwa 55 Minuten backen. Zur Garprobe mit einem Metallspießchen in die Mitte des Kuchens stechen; wenn kein
Teig daran kleben bleibt, kann man ihn aus dem Ofen nehmen. Den Kuchen in der Form auskühlen lassen. Zum Servieren in Stücke schneiden
und nach Belieben mit einem Sahnehäubchen garnieren.

Streusel-topped Apple Pie

Apfel-Streusel-Kuchen

Auf diesen würzigen Apfelkuchen kommt eine Streuselgarnierung, die man im Mittelwesten normalerweise eher für Kaffeekuchen verwendet. Um den Kuchen besonders locker zu machen, bereitet man ihn dort mit Schmalz statt mit Pflanzenfett zu.

FÜR 6 BIS 8 PERSONEN:

BODEN:
4 EL (60 ml) kochendes Wasser
125 g Pflanzenfett ·180 g Mehl, durchgesiebt
1/2 TL Salz
FÜLLUNG:
400 g Äpfel, in etwa 5 mm dicke Scheiben geschnitten
2 EL Zitronensaft · 300 g Zucker
4 EL (60 g) dunkelbrauner Zucker
1 EL Mehl · 1 TL gemahlener Zimt
1/2 TL geriebene Muskatnuß · 1 EL zerlassene Butter
2 EL kaltes Wasser
STREUSELBELAG:
4 EL (60 g) weiche Butter · 6 EL (90 g) Mehl
4 EL (60 g) Zucker
4 EL (60 g) dunkelbrauner Zucker · 1/2 TL gemahlener Zimt
1/4 TL geriebene Muskatnuß
GLASUR:
150 g Puderzucker · 2 EL Zitronensaft

Für den Kuchenboden das Pflanzenfett in eine Rührschüssel geben, das kochende Wasser zugießen und glattrühren. Das Mehl mit dem Salz in die Rührschüssel sieben und zu einem glatten Teig verkneten. Eine Kugel daraus formen und im Kühlschrank fest werden lassen. Den Teig zu einem Fladen ausrollen und eine Pie- oder Springform von etwa 25 cm Durchmesser damit auskleiden. Genügend Teig überstehen lassen und die Ränder dekorativ fälteln. Die Form beiseite stellen.

Für die Füllung die Äpfel in einer großen Schüssel mit dem Zitronensaft beträufeln. Zucker, braunen Zucker, Mehl, Zimt und Muskatnuß in einer kleinen Schüssel miteinander vermischen, zu den Äpfeln geben und diese gleichmäßig damit überziehen. Zerlassene Butter und Wasser zugießen, alles noch einmal miteinander verrühren und gleichmäßig auf dem Kuchenboden verteilen. Den Backofen auf 220° C vorheizen.

Für den Streuselbelag die Butter mit dem Mehl zu Krumen verkneten und mit Zucker, braunem Zucker, Zimt und Muskatnuß vermengen. Die Äpfel gleichmäßig mit dem Streuselbelag bedecken.

Den Apfelkuchen in den Ofen schieben und 10 Minuten backen, dann die Hitze auf 165° C reduzieren und eine weitere Stunde garen. Den Kuchen aus dem Ofen nehmen und abkühlen lassen.

Für die Glasur den Puderzucker mit dem Zitronensaft glattrühren und den noch warmen Kuchen damit beträufeln. Vor dem Aufschneiden den Apfel-Streusel-Kuchen vollständig auskühlen lassen.

Die Staaten der Great Plains

Art Siemering

Viele halten die etwa in der Mitte zwischen Atlantik- und Pazifikküste gelegenen Plains States für ein einziges unermeßlich weites, flaches Land. Das mag für den großen Weizengürtel gelten, der sich von Kansas Richtung Norden durch South und North Dakota erstreckt, und auch für den mittleren und östlichen Teil von Nebraska, die aus der Luft wie ein endloses Maisfeld aussehen; doch wer näher hinschaut, entdeckt interessante Details: An der Grenze von North Dakota zu Kanada liegen die Turtle Mountains, Berge, auf denen lockerer Waldbewuchs mit dichten Hartholzwäldern abwechselt, und die Region der Black Hills an der Westgrenze von Dakota besteht aus einem Mittelgebirge mit üppig wachsenden Kiefernwäldern. Der Niobrara-Fluß in Nebraska ist ein bekannter Anziehungspunkt für Kanuten. Die pittoresken Flint Hills nehmen einen großen Teil des östlichen Kansas ein, und in Oklahoma gibt es die längste Kette von Stauseen in den USA. Die künstlichen Gewässer wurden zur Verhütung von Überschwemmungen angelegt.

Zu Beginn des 19. Jahrhunderts durchquerten die westwärts drängenden Pioniere eilends die großen Ebenen und ließen ihre – zum Teil noch heute sichtbaren – Spuren, den Oregon und Santa Fe Trail, über die ihre Planwagen-Kolonnen rollten, zurück. Als jedoch 1862 der Homestead Act in Kraft trat, ein Gesetz, das den Siedlern Land gratis zur Verfügung stellte, brachen viele Durchziehende ihren Treck ab und ließen sich in den Plains Staaten nieder. Hinzu kamen Familien aus dem Süden und Osten, die alle in den Genuß der Standardzuteilung von 65 Hektar Grund – in den bevorzugten Gebieten gab es nur die Hälfte – kommen wollten. Das Landeigentum mußte dennoch hart erarbeitet werden. Bevor man die ersehnte Eigentumsurkunde in den Händen halten konnte, galt es, den harten und von den zähen Wurzeln des Präriegrases durchwachsenen Boden urbar zu machen und ihn fünf Jahre lang erfolgreich zu bestellen sowie ein einigermaßen wohnliches Haus darauf zu errichten.

Eine Wüste bevölkert sich

Zur gleichen Zeit lockten Bodenspekulanten, die ihre günstig erworbenen Grundstücke schnell wieder loswerden wollten, sowie Eisenbahn-Manager, die daran interessiert waren, möglichst viele Menschen, Handel und Industrie entlang der Schienenwege anzusiedeln, mit aggressiven Werbemethoden europäische Siedler, vor allem Deutsche und Skandinavier, ins Land. So kam es, daß Rußlanddeutsche die karge Prärielandschaft in North und South Dakota besiedelten, während sich Tschechen im östlichen Nebraska niederließen. Ukrainische Mennoniten brachten Saatgut einer dürreresistenten Winterweizenart mit, die nach und nach Kansas in die Kornkammer Amerikas verwandelte. Polnische, italienische, serbische und kroatische Einwanderer fanden Arbeit in den Lagerhäusern und Fabriken in Omaha, Nebraska, und in Kansas City. Tausende von Siedlern zogen wetteifernd in mehreren Wanderungswellen, die 1890 ihren Höhepunkt erreichten, nach

DER BISON

Der nordamerikanische Büffel, der Bison, gehört zu den ursprünglichsten Nahrungsmitteln Amerikas. Nachdem er fast ausgerottet war, feiert er heute eine Art Comeback. Man schätzt, daß etwa sechzig Millionen Tiere die Prärie bevölkerten, bevor sie mit dem weißen Mann und seinen Flinten Bekanntschaft machten. 1895 hatten jagdbesessene Abenteurer und profitgierige Fellhändler es beinahe geschafft, die Wildtiere gänzlich auszurotten.

Als schließlich Gesetze zum Schutz der Bisons in Kraft traten, gab es nur noch etwa sechzig Präriebüffel – heute zählt man in den gesamten USA wieder rund 100 000. Gastronomisches Interesse findet ein Bison, wenn er etwa zwei Jahre alt ist und um die 625 Kilogramm wiegt. Dann liefert er Steaks, Bratenstücke und Hackfleisch bester Qualität, wie sie häufig in den regionalen Läden und Restaurants angeboten werden, aber auch solche Delikatessen wie Wurst. Bisonfleisch ist hinsichtlich seines höheren Eiweiß- und niedrigeren Fettgehalts dem Rindfleisch überlegen; seine dunkelrote Farbe verrät einen hohen Anteil an Eisen.

Oklahoma, um dort Land zugeteilt zu bekommen. Dennoch hat dieser Bundesstaat bis heute den größten Anteil an indianischer Urbevölkerung.

In diesem Jahrhundert vollendeten die Siedler die Umwandlung eines Teils der »Großen amerikanischen Wüste«, die man früher für nicht nutzbar hielt, in ausgedehnte Mais- und Weizengürtel eines neuen landwirtschaftlichen Herzlandes. Der heutige Überfluß mußte jedoch hart erkämpft werden. Das Hauptproblem für die neuen Siedler war der anfängliche Mangel an Brennmaterial, so daß sie dazu gezwungen waren, mit Dungfladen der Büffel und Rinder oder Sonnenblumenstengeln zu kochen und zu heizen. Einige Siedler schafften sich auch Herde an, die man mit Heu befeuern konnte.

Das Grundnahrungsmittel dieser Pioniere war Mais, Mais und noch einmal Mais. In einer 1862 erschienenen Ausgabe des *Nebraska Farmer* findet sich ein Versuch, diese ewige Monotonie zu durchbrechen: Das Blatt stellte »33 Arten, Mais zuzubereiten« vor, die vom *samp*, zerstoßenem, gemahlenem Mais, bis hin zu einem »Indianer-Laib«, der aus Mais, Melasse und Kürbis gebacken wurde, reichten. Den Siedlern scheinen die Vorschläge kein großer Trost gewesen zu sein. Einer von ihnen kommentierte: »Egal wie du das Zeug kochst, es bleibt doch immer Mais.« Die Lebensumstände sollten sich jedoch schnell bessern. Man legte Obstgärten an, widmete sich der Viehzucht und entwickelte Saatgut, das der meist vorherrschenden Hitze und Trockenheit trotzte. Diejenigen, die es sich leisten konnten, ergänzten ihre Hausmacherprodukte mit »Luxusimporten aus dem Osten«, die in überraschender Menge verfügbar waren, darunter so ausgefallene Dinge wie Rosinen und Sardinen bis hin zu in Weinbrand eingelegten Pfirsichen und Champagner, die mit Missouri-Dampfern oder der neu gebauten Eisenbahn in den Westen gelangten. Am besten läßt sich ein Eindruck, wie die ersten Siedler in der Prärie lebten, im Homestead National Monument in der Nähe von Beatrice, Nebraska, gewinnen. Das Museum steht auf einem Stück Land, das ein gewisser Daniel Freeman 1862 als einer der ersten nach dem neuen Homestead-Gesetz beanspruchte. Ein Transportweg führt durch urwüchsigen Nutzwald entlang des Cub Creek, der diesen Landstrich so begehrt machte, und durch unverfälschte grasbestandene Prärieflächen. Zu den Ausstellungsstücken des Museums gehören unter anderem Küchenutensilien, von denen einige mit der Hand aus Holzstücken gehauen wurden, und zeitgenössische bäuerliche Gerätschaften.

Forts als Vorposten der Zivilisation

Eine andere Möglichkeit, die Lebensbedingungen in diesem Landstrich vor einem Jahrhundert oder mehr zu studieren, ist der Besuch eines der wichtigen militärischen Vorposten, die in der Geschichte dieser Region eine bedeutsame Rolle gespielt haben. Einige der noch existierenden Forts sind sehr beeindruckend, wie Fort Leavenworth in der Nähe von Kansas-City und Fort Robinson im »Pfannenstiel« von Nebraska; sie haben mit den von Hollywood erfundenen kleinen Palisadenquadraten mit Beobachtungsholztürmen in den vier Ecken nichts gemeinsam. Diese großen Forts waren Vorposten, von denen man zur Attacke ausschwärmte, und besaßen Kasernen und Reitställe aus Ziegel- oder Sandsteinmauerwerk. Die Offiziersunterkünfte waren mit allem Komfort ausgestattet und konnten sich durchaus mit einigen der schönsten Wohnungen der »Städter« messen. Ein Eindruck von Beständigkeit, der sich im Laufe der Zeit ja auch bewahrheitet hat, geht von diesen Bauten aus.

Das scheinbar unveränderliche Szenarium der Plains-Staaten änderte sich abrupt in den dreißiger Jahren dieses Jahrhunderts, als einer langen Dürreperiode heftige Sandstürme folgten, die den Himmel regelrecht verdunkelten. Diese Umweltkatastrophe war hervorgerufen durch das Umpflügen der Randzonen landwirtschaftlicher Gebiete. Der trockene, sandige Boden dieser Ländereien war bis dahin durch den ursprünglichen Grasbewuchs und die traditionelle Bepflanzung mit Baumwollstauden zusammengehalten worden. Um den Folgen entgegenzusteuern, propagierte die Regierung Maßnahmen wie Fruchtwechsel und vorsorgliche Bodenerhaltung. Heute ist ein großer Teil der sogenannten *dust bowl*, der Staubschüssel, wieder fruchtbares Land, dank eines Bewässerungssystems, das aus der riesigen Ogallala-Zisterne, einem unterirdischen Wasserreservoir in Nebraska, gespeist wird.

Bis in unsere Tage ist die ungekünstelte Küche der Plains-Staaten ihren Wurzeln treugeblieben. Man verwendet das, was hier leicht zu haben ist: Rind- und Schweinefleisch, Geflügel, Wild, Molkereiprodukte, Eier, Mehl aus dem hier angebauten Getreide, Gartengemüse im Sommer und Wurzelgemüse im Winter. In den spärlicher besiedelten Gebieten findet man wild wachsende Beeren, und in den Bergen, die den Missouri-Fluß in Nebraska und Kansas säumen, wächst jedes Jahr zum Spätsommer eine reiche Apfelernte heran. Im Missouri wird noch fleißig gefischt, obwohl dies wiederholt wegen der Wasserverschmutzung für gewisse Zeit verboten werden mußte. Die Restaurants an den Ufern haben sich daher darauf verlegt, ihren *catfish* von Züchtern zu beziehen, deren jährliche Ausbeute mittlerweile auf rund neunzig Millionen Kilogramm gestiegen ist.

Sonnenblumen und Steaks

Die Sonnenblume ist das offizielle Wahrzeichen von Kansas, aber auch im Tal des Red River in North und South Dakota taucht sie als Agrarpflanze jedes Jahr im Juli und August über 100 000 Hektar Land in leuchtendes Gold. Ebenso wie Mais und Kürbis ist die Sonnenblume eine einheimische Pflanze, die schon von den Indianern seit Jahrhunderten gezüchtet wurde. Während man Sonnenblumenkerne früher lediglich als gesundes Knabberwerk betrachtete, findet man sie heute in jeder Salat- oder Vollwertkost-Bar, zudem sind sie sehr gefragt bei der Back- und Cornflakes-Industrie in den USA und Europa.

Einwohner von Oklahoma, die in Tulsa, Muskogee und Ponca City leben, bezeichnen das Steak als wesentliches Element ihrer heimischen Küche, gefolgt von *fried chicken*, *catfish* sowie gegrilltem Bruststück oder Hochrippe vom Rind. All das findet sich daher natürlich auf allen Speisekarten der lokalen Restaurants, die sich auch beim Dekor bemühen, den Publikumswünschen Rechnung zu tragen – bevorzugt wird ein vom Zahn der Zeit leicht angenagter Country- und Western-Look.

Doch Omaha, Nebraska, nimmt für sich in Anspruch, das Steak-Zentrum der Nation zu sein, und untermauert diesen Ehrgeiz mit Dutzenden von Steak-Häusern, die ihr saftiges Rindfleisch direkt aus den örtlichen Lagerhäusern beziehen, von denen die besten das Fleisch vor dem Verkauf so lange abhängen lassen, bis es den richtigen Reifegrad besitzt. Die Steak-Restaurants in Omaha sind größtenteils in italienischer Hand, weswegen sich der Brauch eingebürgert hat, neben der sonst üblichen Suppe oder Salat- beziehungsweise Gemüsebeilage eine Portion Spaghetti zu servieren. Keinen Streit gibt es darüber, welches die beste Schnittführung für ein Steak ist. Ob man es nun »Omaha strip« oder »Kansas City strip« oder seiner Herkunft nach »boneless strip loin« nennt – es ist immer ein hervorragendes Rindersteak mit einer feinen weißen Marmorierung. Für Kenner ist die beste Zubereitungsart für solch ein Steak, es über Holzkohle zu grillen und noch blutig zu servieren.

Die Traditionen der Schweden und Tschechen

Der Stolz der Einwanderer auf ihre Herkunft zeigt sich in den vielen farbenfrohen Festivitäten, die überall in der Region veranstaltet werden und

KANSAS CITY BARBEQUE

Der Stadtbereich von Kansas City, der sich über fünf Verwaltungsbezirke in Kansas und Missouri erstreckt, ist eine Art Brutstätte des *barbecue* – des Grillens über oder an offenem Feuer. Hier existieren mehr als sechzig Unternehmen, die sich damit beschäftigen; daneben gibt es eine unübersehbare Zahl von Amateurköchen, die ihr daheim erlerntes Können in zahllosen Wettbewerben immer wieder zur Schau stellen und auf diese Weise das *barbecue* zu einer echten Volkskunst entwickelt haben. Die hiesigen *barbecue-joints* (die Bezeichnung »Restaurant« gilt hier als Beleidigung) grillen sowohl Schweinerippchen als auch Rinderbrust. Einige der Grillstationen stellen ihre eigenen geräucherten Würste her, und einige wenige auf der anderen Seite der Grenze, in Missouri, bereiten noch Lammfleisch zu. Die besten Fleischsorten werden über Hickory-Scheiten trocken geräuchert. Die Sauce kommt erst beim Servieren über das Fleisch oder wird extra gereicht. Die typische Kansas-City-Sauce ist mit einer spürbaren Prise Cayennepfeffer gewürzt, eine andere, auch sehr beliebte Variante, mit Melasse gesüßt.

zu deren Hauptattraktion die jeweiligen Spezialitäten der alten Heimatküchen gehören. So feiert die schwedische Gemeinde von Lindsborg jedes Jahr am dritten Samstag im Juni ihr Mittsommernachtsfest mit Volkstänzen und einem authentischen *smörgasbord*, und Anfang Dezember eröffnen sie mit dem Santa-Lucia-Fest die Weihnachtssaison, so wie sie es traditionell seit dem 18. Jahrhundert tun.

Das jährliche Fest der Tschechen in Wilber, Nebraska, zieht im August Tausende von Besuchern an, die tschechisches Essen, eine Parade und zwei Tage mit Volkstanz und Polkamusik erleben wollen. Aber auch das tägliche Leben in der Stadt ist von böhmischer Atmosphäre geprägt. Immer ist die Luft erfüllt mit dem kräftigen Aroma geräucherter Wurst. Die Metzgereien in Wilber führen auch *jaternice*, eine grobe Schweineleberwurst, und *jelita*, eine dunkle Blutgrützwurst. In ihrer Liebe zu Backwaren lassen sich die Tschechen von niemandem übertreffen. Unter den lokalen Spezialitäten ragen vor allem das böhmische Roggenbrot, Kolatschen, die mit süßem Quark, einem Klacks Kirsch-, Aprikosen- oder Pflaumenmarmelade oder mit Mohnsamen gefüllt sind, und *houska*, das traditionelle Feiertagsbrot, heraus.

Trotz einer solch großen Auswahl an kulinarischen Genüssen ist das Leben in diesen Breiten oft schwer. In der Prärie herrschen heiße, staubtrockene Sommer und bitterkalte Winter vor. Immer wieder hatten die Einwohner dieser Regionen unter Blizzards, Sandstürmen, Tornados und dem unvermeidlichen Auf und Ab der Ernteerträge zu leiden. Dennoch haben sie ihren unverwüstlichen Humor nie verloren.

Corn Fritters

Maispuffer

(siehe Foto Seite 123)

Im Hochsommer, wenn der Mais am schnellsten reift, brauchen die Farmer, der Maiskolbenesserei bald überdrüssig, hin und wieder Abwechslung. Dieses Gericht kann als Frühstück, Mittag- oder Abendessen zubereitet werden.

---

2 Eier, getrennt · 400 g Maiskörner

4 EL (60 ml) Milch · 1 EL Mehl · 1 TL Zucker

2 EL zerlassene Butter · 1 TL Salz · 2 Tropfen Vanille–Essenz

---

Die Eigelbe leicht aufschlagen und die Maiskörner hineingeben. Milch, Mehl, Zucker, Butter, Salz und Vanille-Essenz verrühren, zu der Eigelb-Maiskorn-Mischung geben und zu einem flüssigen Teig verarbeiten. Eventuell noch mit etwas Milch verdünnen. Die Eiweiße zu Schnee aufschlagen und unter den Teig heben. Jeweils einen Eßlöffel Teig in die leicht gefettete Pfanne geben und die Maispuffer von beiden Seiten braun und knusprig braten. Auf Küchenpapier abtropfen lassen und heiß servieren.

158

Steak Soup

Steak-Suppe

(siehe Foto Seite 123)

Viele glauben, daß diese Suppe aus Kansas City stammt, aber man trifft sie überall in den Great Plains an. Sie erinnert eher an einen Eintopf als an eine Suppe und schmeckt auch so.

FÜR 6 BIS 8 PERSONEN:

250 g Rinderlende, in Würfel geschnitten oder grob gehackt
1 1/2 TL Butter · 1 Stange Bleichsellerie, gehackt
1 Zwiebel, gehackt · 1 Knoblauchzehe, zerdrückt
4 EL (60 g) Butter · 4 EL (60 g) Mehl · 1 1/4 l Rinderbrühe
1/4 l Tomatensauce oder -pulpe
1 TL Chilipulver Salz und frisch gemahlener Pfeffer
200 g verschiedene Gemüse wie Erbsen, in Stücke geschnittene grüne Bohnen und Mohrrüben

Die Rinderlende in einem schweren Topf oder in einer Kaserolle in 1 1/2 TL Butter bei mittlerer Temperatur anbraten. Sellerie, Zwiebel und Knoblauch zugeben und die Zwiebel glasig braten. Mit einem Schaumlöffel aus dem Topf nehmen und beiseite stellen. Die restliche Butter im Topf zerlassen, das Mehl hineinstäuben und gut verrühren. Brühe und Tomatensauce zugießen und unter Rühren leicht andicken. Das Chilipulver zugeben und unter ständigem Rühren eine Minute kochen lassen. Mit Salz und Pfeffer abschmecken. Fleisch und die verschiedenen Gemüse in den Topf geben und 30 Minuten leise köcheln lassen. Gut umrühren und in tiefe Teller oder kleine Schüsselchen füllen.

159

Cauliflower Cheese Soup

Blumenkohl-Käse-Suppe

(siehe Foto Seite 123)

Blumenkohl ist die meiste Zeit des Jahres erhältlich und wird entsprechend häufig und gern auf den Tisch gebracht. Besonderer Beliebtheit erfreut er sich in Kansas und Nebraska.

FÜR 6 BIS 8 PERSONEN:

1 l Hühnerbrühe · 1 1/2 TL Salz
2 Kartoffeln, in Würfel geschnitten · 1 Zwiebel, gehackt
1 Mohrrübe, gehackt · 3 Knoblauchzehen, fein gehackt
400 g Blumenkohlröschen · 200 g Cheddar-Käse, gerieben
1/4 TL Dill · 1/4 TL Senf · 1 Prise weißer Pfeffer
0,2 l Milch · 2 EL Butter

Brühe, Salz, Kartoffeln, Zwiebel, Knoblauch, Mohrrübe und etwa zwei Drittel der Blumenkohlröschen in einem großen Topf langsam zum Kochen bringen. 15 Minuten köcheln, den Topf vom Herd nehmen und die Suppe etwa 20 Minuten abkühlen lassen.

Die Gemüse herausnehmen, mit einem Mixstab pürieren und wieder in den Topf geben. Bei mittlerer Hitze nach und nach den Käse, Dill, Senf und Pfeffer zufügen und bei niedriger Temperatur so lange rühren, bis der Käse geschmolzen ist. Die Milch zugießen. Während die Suppe köchelt, die restlichen Blumenkohlröschen in der Butter knusprig und gar sautieren. In die Suppe rühren und nochmals abschmecken. Eventuell noch etwas Salz zufügen. Suppe und Blumenkohlröschen gleichmäßig auf tiefe Teller oder Suppentassen verteilen.

Upriver Catfish

Überbackene Catfish-Filets

Wer in den USA die Möglichkeit hat, sich frei lebende Katzenfische aus Flüssen wie dem Missouri zu besorgen, schaut vielleicht naserümpfend auf Zuchtexemplare herab. Nichtsdestoweniger werden letztere immer beliebter und das folgende Rezept trägt diesem Umstand Rechnung. Bei uns wird man den *catfish* durch einen anderen festfleischigen Süßwasserfisch ersetzen müssen.

FÜR 4 BIS 6 PERSONEN:

1 kg Filets von einem festfleischigen Süßwasserfisch
Salz · frisch gemahlener Pfeffer
5 – 6 Frühlingszwiebeln, fein gehackt · 0,2 1 Apfelsaft
4 EL (60 ml) Likör auf Whiskey- oder Brandy-Basis
4 EL (60 ml) Zitronensaft
2 EL Butter · 2 EL Mehl
4 EL (60 ml) Sahne
60 g geriebener Schweizer Käse

Den Backofen auf 180° C vorheizen. Die Fischfilets in einer großen, gut eingefetteten feuerfesten Form auslegen. Mit Salz und Pfeffer würzen und mit Frühlingszwiebeln bestreuen. Einige Frühlingszwiebeln zum Garnieren zurückbehalten. Apfelsaft, Likör und Zitronensaft vermischen und über die Fischfilets gießen.

Den Fisch zugedeckt im Ofen in etwa 15 Minuten garen, aus dem Ofen nehmen und warm halten. Die Garflüssigkeit durch ein Sieb gießen und beiseite stellen. Die Butter in einem kleinen Topf zerlassen, das Mehl zugeben und unter Rühren bei mittlerer Temperatur etwa 2 Minuten anbräunen. Das Mehl darf aber nicht anbrennen. Die Garflüssigkeit zugießen, die Sahne unterrühren und die Sauce köcheln lassen, bis sie leicht angedickt ist.

Die Fischfilets zurück in die feuerfeste Form geben, mit der Sauce bedecken und mit dem Käse bestreuen. Die Oberfläche unter dem Grill golden anbräunen, mit den restlichen Frühlingszwiebeln bestreuen und mit neuen Salzkartoffeln oder mit Reis auftragen.

Party Pot Roast

Rinderkamm aus dem Ofen

Dieses Gericht »für besondere Gelegenheiten« ist überall im Herzland der Vereinigten Staaten zu finden. Die Auswahl an Zutaten, die eigentlich alle im Supermarkt erhältlich sind, läßt darauf schließen, daß das Rezept für einen Kochkurs der vielen lokalen Radio- und Fernsehsender ausgedacht wurde.

FÜR 6 BIS 8 PERSONEN:

1 Zwiebel, in dünne Scheiben geschnitten
1 1/2 – 2 kg Rinderkamm oder Fehlrippe
4 EL (60 ml) Sojasauce · 4 EL (60 ml) Bourbon-Whiskey
4 EL (60 g) brauner Zucker · 1/2 TL gemahlener Ingwer
1 Knoblauchzehe, zerdrückt · 2 EL Melasse
2 EL Rotweinessig · 0,2 l Orangensaft
2 EL (30 g) Mehl
1/8 l Wasser

Das Fleischstück in eine große Glas- oder Keramikschüssel legen und mit den Zwiebelscheiben bedecken. Sojasauce, Whiskey, braunen Zucker, Ingwer, Knoblauch, Melasse, Essig und Orangensaft miteinander verrühren und über das Rindfleisch gießen. Die Schüssel mit Klarsichtfolie abdecken und für mindestens 4 Stunden in den Kühlschrank stellen, dabei das Fleisch häufig in der Marinade wenden.

Den Backofen auf 165° C vorheizen. Das Fleisch aus der Marinade nehmen und in einen flachen Bratentopf legen. Die Marinade beiseite stellen. Das Fleisch ohne Deckel 2 Stunden im Ofen braten. Die Zwiebelscheiben mit einem Schaumlöffel aus der Marinade nehmen, das Fleisch damit umlegen und weitere 30 Minuten braten.

Das Fleisch aus dem Ofen nehmen, in Scheiben schneiden und mit den Zwiebeln auf einer Platte anrichten. Den Fleischsaft aus dem Bratentopf in eine Schüssel gießen. 1/8 l Fleischsaft abmessen und wieder zurück in den Bratentopf geben. Das Mehl hineinstäuben und bei niedriger Temperatur zu einer glatten Mehlschwitze verrühren. Nach und nach die Marinade und das Wasser zugießen und die Sauce bei niedriger Temperatur unter ständigem Rühren andicken lassen. Die Sauce über das Fleisch ziehen oder separat dazu auftragen.

Roast Duckling with Wild Rice Stuffing

Junge Bratente, mit wildem Reis gefüllt

Ursprünglich mußten die Hauptzutaten zu diesem traditionellen Rezept selbst erjagt oder gesammelt werden.

FÜR 4 PERSONEN:

60 g wilder Reis · 90 g Langkornreis · 1/2 l Hühnerbrühe
1/5 l Wasser
250 g Pilze, gehackt · 2 Frühlingszwiebeln, fein gehackt
2 EL Butter · 4 EL (60 g) Preiselbeeren, grob zerdrückt
1/2 TL Salz · 1/4 TL Pfeffer
1 junge Ente, etwa 2 1/2 kg schwer
6 EL (90 g) Orangenmarmelade
1 EL Zitronensaft

Wilden Reis, Langkornreis, Hühnerbrühe und Wasser zum Kochen bringen und zugedeckt etwa 30 Minuten köcheln lassen, bis der Reis gar und alle Flüssigkeit aufgenommen ist.

In einer Pfanne Pilze und Zwiebeln in der Butter braten, bis sie weich sind und die Flüssigkeit verdampft ist. Die Pfanne vom Herd nehmen, gekochten Reis, Preiselbeeren, Salz und Pfeffer unterrühren. Hals und Innereien aus dem Bauch der Ente nehmen und anderweitig verwenden. Überflüssiges Entenfett und den Hautlappen des Halses entfernen. Die Ente unter fließendem kaltem Wasser gründlich abspülen und anschließend gut trockentupfen. Den Backofen auf 180° C vorheizen. Die Ente mit dem Reis füllen und die Öffnung mit Spießen verschließen. Die Keulen zusammenbinden. Mit einer Gabel die Haut des Vogels an mehreren Stellen einstechen.

Die Ente, Brustseite nach oben, auf einen Rost in die Bratpfanne legen. Ein Fleischthermometer zwischen Brust und Keule der Ente stecken, darauf achten, daß es keinen Knochen berührt, und den Vogel etwa 2 Stunden im Ofen braten. Das Entenfleisch sollte jetzt eine Temperatur zwischen 80° und 90° C erreicht haben, und Flügel und Keulen sollten sich leicht lösen lassen.

In der Zwischenzeit die Glasur zubereiten. Die Marmelade in einen kleinen Topf geben und bei niedriger Temperatur im Zitronensaft auflösen. Die Ente in den letzten 30 Minuten Bratzeit häufig damit bestreichen. Die Ente aus dem Ofen nehmen und vor dem Tranchieren 15 Minuten ruhen lassen.

Pork Burgers

Schweinehacksteaks

Dies ist eine Abwandlung des Hamburgers. Im Vergleich zu den bratfertig erhältlichen Hamburger-Portionen ist Schweinehack relativ fettarm. Die *pork burgers* können auch in der Pfanne in Olivenöl gebraten werden. Als Würze bieten sich Senf, Ketchup oder fertige Barbecue-Sauce an.

2 Eier, verquirlt
3 Frühlingszwiebeln, einschließlich des Grüns, fein gehackt
750 g Schweinehack
6 EL (90 g) geriebener Parmesan oder Pecorino
6 EL (90 g) Semmelbrösel
1/2 TL Majoran · 1 Knoblauchzehe, zerdrückt
1 TL Salz · 1/2 TL frisch gemahlener Pfeffer

Den Holzkohlengrill anheizen. In einer Schüssel Eier und Zwiebeln verrühren. Schweinehack, Käse, Semmelbrösel, Majoran, Knoblauch, Salz und Pfeffer zugeben und gründlich miteinander vermengen. Den Fleischteig in 6 gleichmäßige Portionen aufteilen und diese zu Fladen formen. Die Hacksteaks im Abstand von 7 1/2 bis 10 cm zu den Holzkohlen grillen, bis sie gut gebräunt sind. Wenden und auf der anderen Seite ebenfalls braun werden lassen. Die durchgebratenen Hacksteaks auf einfachen Brötchen, Zwiebelbrötchen oder Brotscheiben servieren.

Danish Puff

Dänischer Butterkuchen
(siehe Foto Seite 210)

Dieses ausgezeichnete Gebäck wurde von dänischen Siedlern aus ihrer Heimat mitgebracht.

<small>FÜR 10 BIS 12 PERSONEN:</small>

<small>TEIG:</small>
125 g Mehl, gesiebt · 125 g Butter · 2 EL Wasser

<small>BELAG:</small>
125 g Butter · 1/4 l Wasser · 1 TL Mandel-Essenz

125 g Mehl, gesiebt · 3 Eier

<small>GLASUR:</small>
450 g Puderzucker · 2 EL weiche Butter

1 EL leichter Maissirup, ersatzweise anderer heller Sirup

1 – 2 EL Milch · 1 TL Vanille-Essenz

1/2 TL Mandel-Essenz

100 g Mandelblättchen

Für den Teig Mehl und Butter in einer großen Schüssel miteinander verkneten. Das Wasser zugeben und mit einer Gabel oder mit den Händen zu einem glatten Teig verarbeiten. Den Teig zu einer Kugel formen, dann halbieren. Jede Hälfte auf einem großen Stück Backpapier zu Streifen von 30 x 7 1/2 cm auswalzen, dazwischen einen Abstand von etwa 8 cm lassen.
Für den Belag Butter und Zucker in einem Topf zusammen köcheln. Mandel-Essenz zugeben und den Topf vom Herd nehmen. Das Mehl auf einmal hineinschütten und schnell verrühren; es dürfen sich keine Klumpen bilden. Wenn die Mischung glatt und dick ist, nacheinander die Eier unterrühren. Dabei immer so lange warten, bis jedes Ei gründlich eingearbeitet ist. Die Mischung je zur Hälfte gleichmäßig auf die beiden Teigstreifen verteilen und in dem auf 180° C vorgeheizten Ofen etwa 60 Minuten backen, bis der Belag knusprig und leicht gebräunt ist.
Für die Glasur Puderzucker, Butter, Maissirup, Milch, Vanille- und Mandel-Essenz vermischen. Eventuell noch etwas Milch zugießen – die Glasur sollte sich leicht auf dem abgekühlten Kuchen verstreichen lassen. Großzügig mit Mandelblättchen bestreuen und die Kuchen quer in etwa 5 cm breite Streifen schneiden.

Irish Chocolate Cake

Schokoladenkuchen nach irischer Art
(siehe Foto Seite 210)

Dies ist die modernisierte Version eines Rezepts, das früher in den Kleinstädten der Great Plains sehr beliebt war. Irischer Whiskey, vor der Prohibition der meistgetrunkene Alkohol in Amerika, ist heute in den USA nur noch selten zu finden.

FÜR 10 BIS 12 PERSONEN:

400 g zartbittere Schokolade
250 g Mehl · 1 TL Backpulver
1 Prise Salz · 3/8 l starker Kaffee · 1/8 l irischer Whiskey
200 g weiche Butter · 350 g Zucker
1 TL Vanille-Essenz
3 Eier · Puderzucker zum Bestäuben (nach Belieben)

Den Backofen auf 165° C vorheizen. Die Schokolade in Stücke zerteilen und in einem schweren Topf oder im Wasserbad bei mittlerer Temperatur schmelzen lassen. Beiseite stellen. In einer Schüssel Mehl, Backpulver und Salz vermengen. In einem Meßbecher Kaffee und Whiskey verrühren.
In einer großen Schüssel Butter, Zucker und Vanille-Essenz schaumig schlagen. Nacheinander die Eier unterrühren. Die geschmolzene Schokolade zugießen und gründlich verrühren. Dann abwechselnd je die Hälfte der Mehlmischung und des Kaffee-Whiskey-Gemischs unterrühren, den Vorgang wiederholen und das Ganze zu einem glatten Teig verarbeiten, der jetzt eine ziemlich dünnflüssige Konsistenz haben sollte.
Den Teig in eine gut gefettete und bemehlte Kastenform von 25 cm Länge gießen und den Kuchen im vorgeheizten Ofen 50 bis 60 Minuten backen. Zur Garprobe mit einem Metallspießchen in die Mitte des Kuchens stechen; bleibt kein Teig daran kleben, ist der Kuchen gar. Aus dem Ofen nehmen und in der Form 15 Minuten abkühlen lassen. Vorsichtig aus der Form stürzen und vor dem Anschneiden nach Belieben mit Puderzucker bestäuben.

Texas

Janice Schindeler

Texas ist das Land der Superlative – größer als ganz Westeuropa und auch ein Riese im Vergleich zu den anderen Bundesstaaten der USA. Die Einwohner dieses Territoriums platzen vor Stolz über ihr Land schier aus den Nähten: Sie sind in erster Linie Texaner, dann erst Amerikaner, weswegen sie auch Cowboystiefel und Texanerhüte tragen, um ihre Loyalität zu ihrem Heimatstaat deutlich zu demonstrieren. Die Texaner haben eigene Volkstänze, eigene *barbecue*-Techniken und eine besondere Art und Weise, Eistee zu trinken, nämlich mit mehr Eis als Tee, am Morgen, mittags und abends. Texas ist die Heimat der ewig glimmenden Grillgruben, der Chili-Kochwettbewerbe und Klapperschlangen-Jagden, aber auch das Land preisgekrönter Weine, einer hochentwickelten Regionalküche und radikaler landwirtschaftlicher Experimente. Dieser unermeßlich große und urwüchsige Staat wird von der Leidenschaft seiner Bewohner fürs Essen und Trinken geeint; alle hier mögen *Tex-Mex enchiladas, chicken-fried steak platters* und *slow-cooked barbecued brisket.* Texas ist zu groß, um nur einen einzigen Kochstil zu pflegen, und stolz auf seine unterschiedlichen Küchen. Texas nimmt sieben Prozent der Gesamtfläche der USA ein; an seiner breitesten Stelle beträgt die Luftlinien-Entfernung 1290 Kilometer. Innerhalb der weit gesteckten texanischen Grenzen sind 16000 Quadratkilometer mit Gewässern bedeckt – Seen, Strömen und Flüssen. Damit ist Texas nach Alaska der US-Staat mit der zweitgrößten Inlandswasseroberfläche, allerdings ist der größte Teil der Seen künstlich zu Bewässerungszwecken entstanden.

Südlich des Rio Grande

Das östliche Texas ist vergleichsweise feucht, man findet dort Kiefernwälder, üppige Gärten und gemächlich dahinplätschernde Flüsse. Die Landesmitte mit ihren sanft gewellten Hügeln, die im Frühling grün, im Sommer von der Sonne braun versengt und im kurzen, aber harten Winter eisig kalt ist, erfreut sich bei Ferienreisenden einer gewissen, doch zurückhaltenden Beliebtheit. Auf den ausgedörrten Ebenen des weiten, offenen Westens wachsen zähe, windfeste Steppenpflanzen wie der Mesquitstrauch, der Brennmaterial fürs *barbecue* liefert – Pflanzen mit Dornen oder stacheligen Blättern, die mit minimalen Mengen Wasser auskommen. Weiter nach Süden, in der Gegend von Brownsville an der Mündung des Rio Grande, bekommt die Landschaft dann tropischen Charakter; hier wachsen Bougainvilleen und hektarweise frisches Gemüse. Die heiße, feuchte Küste des Golfs von Mexiko bildet die Südgrenze von Texas, sie erstreckt sich von den Reisfeldern an der Grenze zu Louisiana bis hin zur »Salatschüssel« des Rio-Grande-Tals.

Von den wogenden Weizenfeldern, den Melonenpflanzungen im Westen, den Grapefruit-Plantagen im Rio-Grande-Tal, den riesigen Viehherden im »Pfannenstiel« und den ergiebigen Fischgründen an der Küste kommen die frischen Zutaten, die so verschwenderisch in der texanischen Küche ver-

CHILI

Chili, der Inbegriff der Cowboy-Verköstigung, wurde von den texanischen Gesetzgebern 1977 zur offiziellen Staatsspeise erklärt. Chili, anderswo als Chili
con Carne bekannt, hat mit dem, was außerhalb der Grenzen Texas' unter
diesem Namen zusammengekocht wird, wenig zu tun. Chili, hier auch Texas
red genannt, besteht nur aus Fleisch und Gewürzen, allerdings werden Bohnen und Reis als Beilagen akzeptiert. Tomaten sind verpönt, Zwiebeln nur ge-
duldet, wenn sie kleingehackt und roh dazu serviert werden. Chili sollte aus
gewürfeltem, möglichst zähem Fleisch gekocht werden. Rindfleisch wird am
häufigsten verwendet, aber auch Klapperschlange, Haarwild und Lamm finden ab und zu ihren Weg in den Topf. Für je anderthalb Kilogramm Fleisch
benötigt man zwölf getrocknete Chilischoten.
Die *chili cook-offs*, Chili-Kochwettbewerbe, sind regelmäßige Treffpunkte für
die *chili heads*, Chili-Kochexperten, die von einem Chili-Wettbewerb zum
nächsten reisen. Die Regeln für ein Chili sind einfach: Keine Zutaten zum
Strecken, keine Gewürzmischungen; und von Anfang bis zum Ende muß vor
den Augen des Publikums gekocht werden.

wendet werden. Die unterschiedlichen Böden bringen eine Vielfalt von Erzeugnissen hervor: rote Pampelmusen, Honigmelonen, Sellerie, Zwiebeln,
Erdnüsse, Weizen, Mais, Reis, Kartoffeln, Erdbeeren, Blaubeeren, Brombeeren, Trauben, Kohl, Paprikaschoten, Auberginen, Okra, Tomaten, Pfirsiche, Äpfel, Nektarinen und Pflaumen.
Wegen der großen Klimaunterschiede dauert es einige Monate, bis Texas
von einem Ende zum anderen abgeerntet ist. Wenn im Rio-Grande-Tal die
Ernte der Cantaloupe-, Honig- und Wassermelonen, die im Mai beginnt, gerade zu Ende geht, fangen die Melonen in Westtexas gerade an, reif zu werden. Eine Spezialität von Texas sind seine saftigen Feigen, seine riesigen
Pfirsiche und die milden »Jumbo1015«-Zwiebeln, die nach dem Stichtag, an
dem sie gesetzt werden, dem 15. Oktober, benannt sind.

Chili-Champions und andere Feste

Generationen von Texanern haben aus allem, was ihr Land hervorbringt, eine faszinierende Küche geschaffen, voller Aromen und geschichtlicher An-
spielungen. Texanisch kochen bedeutet aber nicht nur Tradition, sondern
auch Wettbewerb. Nirgendwo sonst gibt es so viele Kochwettkämpfe. Texaner fahren meilenweit, um an Barbecue-Wettbewerben teilzunehmen, stehen mit den Hühnern auf, um bei einer *chili challenge*, einem Championat
im Chili-Kochen, dabeizusein. Was auch immer der Anlaß für ein solches
Fest sein mag – es gibt auf jeden Fall immer *tacos, tamales, barbecue, chili* und viel, viel eiskaltes Bier.

Einflüsse aus Mexiko

Obwohl im Laufe der Geschichte die Flaggen von sechs Ländern über Texas wehten – die von Frankreich, Spanien, Mexiko, der Republik Texas, die der Konföderation und bis heute die der USA –, hat nur Mexiko einen unverkennbaren Einfluß auf die texanische Küche ausgeübt. Im Laufe der letzten Jahre hat sich dieser Einfluß durch die Zuwanderung aus Mexiko noch immens verstärkt, aber das Hauptcharakteristikum dieser Regionalküche, die Verwendung von Chilischoten, geht sogar auf Zeiten vor der Ankunft der Spanier zurück. Schon die Indianer pflückten die wie Beeren aussehenden *chiltecpin*-Chilischoten, die immer noch wild in der Gegend wachsen, zerstießen sie zu Pulver und marinierten darin Bisonfleischstreifen, die sie dann in der Sonne trockneten. Die Köche der Eisenbahn-Proviantwagen und die Cowboys hatten diese Technik den Indianern bald abgeschaut und nannten ihr neues Produkt *beef jerky*.

Die großzügige Verwendung von Chilischoten griff auch bald auf typisch englische Speisen über. So entstanden die *Tex-Mex*-Gerichte, wie *soft beef tacos* und *King Ranch chicken* – das seinen Namen der größten Ranch in Texas verdankt – , eine Kasserolle mit Huhn, Tortillas, grünen Chilischoten und Pilzen, die auf jedem dritten Buffet westlich der South-Pacific-Eisenbahn anzutreffen ist. Tex-Mex-Essen ist nicht mexikanisch, auch nicht richtig texanisch, sondern eine Mischung unterschiedlichster Zutaten, aus denen Bohnen, Käse, Chilischoten und Mehl-Tortillas herausragen.

Während man den mexikanischen Einfluß an der langen Grenze zwischen Texas und Mexiko, die von El Paso bis Brownsville reicht, deutlich spürt, ist die Hochburg des Tex-Mex-Essens im historischen San Antonio zu finden. Hier wurde die berühmte Schlacht von Alamo geschlagen, bei der es um die Unabhängigkeit Texas' von Mexiko ging. Noch heute legt die Stadt von ihrer hispanischen Geschichte und Küchentradition beredtes Zeugnis ab. Die Mariachi-Musiker, die immer noch traditionelle mexikanische Musik spielen, sind nicht zu überhören. Überall riecht man das süßliche Aroma von *chalupas* (ausgebackene Tortillas mit Bohnen, Käse und Salatstreifen), *buñuelos* (große runde Kuchen, mit Zucker und Zimt bestreut), *empanadillas* (ausgebackene Honigküchlein), *huevos rancheros*, gerösteten Chilischoten und frisch angerührten *salsas*.

Barbecues, Kolaches und Cajun-Küche

Die nicht weit von San Antonio gelegenen Landstädtchen New Braunfels, Fredericksburg und Schulenburg sind eindeutig deutsch geprägt. Die Deutschen, die sich 1880 hier niederließen, waren robuste Menschen, die eine Vorliebe für kräftige Nahrung mitbrachten. Sie wußten, wie man Wurst macht und wie man sie langsam und sanft räuchert. Ihre Techniken, kombiniert mit der des mexikanischen *barbacoa*, bildeten die Grundlage des texanischen *barbecue*. Überall in den ländlichen Gebieten von Zentraltexas

CHICKEN-FRIED STEAK

Mag der Rest der Welt ruhig glauben, daß Texas nur von Chili und *barbecue* lebt – jeder Cowboy, ob aus der Stadt oder vom Lande, weiß es besser: Da gibt es noch das chickenfried steak, das seinem Herzen genauso nahesteht. *Chicken-fried steak* darf auf keiner Speisekarte eines *truck stop*, eines Fernfahrerlokals, oder eines Kleinstadtcafes fehlen. Es handelt sich dabei um ein dünn geklopftes Rindersteak, das in Mehl gewendet und wie Huhn in der Pfanne knusprig gebraten wird. Auch Texaner, so die Legende, beschlich früher ab und an der Appetit auf Huhn, damals eine Rarität auf dem Speisezettel, so daß man versuchte, das überall erhältliche Rindfleisch so zuzubereiten, daß es wie Huhn schmeckte. Andere wiederum behaupten, daß das Steak Opfer der Südstaaten-Philosophie »Wenn du nicht weißt, wie man es zubereitet, back es einfach aus« wurde; eine dritte Erklärung geht darauf hinaus, daß das Fleisch der im Freien lebenden Rinder so zäh war, daß man es mit Gewalt mürbe klopfen mußte.

stößt man heute auf Räucherschuppen und halbierte Ölfässer, die zu *barbecue*-Grills umfunktioniert worden sind. In Städten wie Navasota, Brenham oder Luling werden einem Riesenscheiben gegrillten Rindfleisches, das schier in Sauce ertrinkt, auf echt texanische Weise serviert – auf Einwickelpapier und mit vielleicht gerade einem scharfen Messer pro Tisch. Das Fleisch wird vor dem Grillen in einer trockenen Gewürzmarinade gebeizt und während des zeitaufwendigen Garens ab und zu mit einer Art Vinaigrette bestrichen. Die leicht süße, mit schwarzem Pfeffer kräftig gewürzte Sauce kommt erst dazu, wenn das Stück Fleisch vom Grill genommen wird.

Weiter nördlich, in der Nähe von Ennis, siedelten sich Tschechen an und begannen, Kolatschen zu backen, ein süßes Gebäck, das mit Obst, Wurst oder Käse gefüllt ist und zum Frühstück gegessen wird. Die tschechische Bevölkerung von Caldwell feiert jährlich im September ein Kolatschen-Festival, auf dem es auch würzige Wurst und scharfes Gulasch zu verkosten gibt, die auch den Gaumen der Cowboys und Mexikaner munden.

Vor dem Bürgerkrieg siedelten einige reiche Südstaatler ins östliche Texas um und brachten ihre Vorliebe für Ausgebackenes, Reis, Biskuits, geschmorte Okraschoten und Tomaten mit. Auf die beiden letzten Gemüse brauchten sie hier nicht zu verzichten, da sie – neben Auberginen, Erbsen, Bohnen und Mais – im östlichen Texas gut gedeihen. Manche der Herrschaften hatten auch ihre talentierten Cajun-Köche mitgenommen. So kamen auch deren Gumbo-Zubereitungen und die Vorliebe für zerstoßene Pfefferschoten nach Texas, und so nahm die Liebesgeschichte der Texaner mit der Cajun- und der kreolischen Küche des Nachbarstaates Louisiana ihren Anfang – mit Gerichten wie *fried oysters, duck gumbo* und *crawfish étouffée*, ausgebackenen Austern, Enten-Gumbo und Krebsragout.

Andere Siedler, die sich früh in der Mitte oder im Westen von Texas niederließen, kamen aus weniger aristokratischen Grenzstaaten. Es waren meist Menschen mit einem Hang zum Abenteuer, die sich in Texas nun der Viehzucht widmeten und oft im harten Kampf mit den Komantschen lagen, durch deren Stammesgebiet sie ihre Rinderherden zu treiben pflegten. Wenn diese Rancher ihre Viehherden draußen auf den Prärien hüteten, bestand ihr Essen meist nur aus Pintobohnen und Maisbrot. Da man damals noch keine Kühlschränke kannte, schlachtete man Vieh nur für Fiestas und andere seltene festliche Gelegenheiten. Kam ein Tier durch ein Unglück oder auf andere Weise zu Tode, wurde das Fleisch mit Gewürzen mariniert – die berühmte *bowl of Texas red*, kurz gesagt das *Chili*, war geboren: riesige Töpfe mit Fleisch, das verschwenderisch mit Kreuzkümmel und Chilischoten gewürzt war. Jeder Proviantwagen-Koch hatte sein eigenes Rezept, und manch einer pflanzte Chilistauden und Kräuter entlang der Strecke, die er beim nächsten Mal zu ernten hoffte.

Zu Beginn dieses Jahrhunderts kamen viele Einwanderer aus Südeuropa über den Hafen von Galveston ins Land, und so entstanden hier kleine Gemeinden von Griechen und Italienern. Auch ihre Küche fand Eingang in die texanische, wie ein Gericht namens *chicken spaghetti* beweist – eine Kasserolle mit Huhn, Nudeln und Sellerie, die auf vielen Buffet-Tischen zwischen Huntsville und Marfa zu finden ist.

Wie ißt man heute in Texas? Man muß sich nur ins Auto setzen und die Landstraße hinunterfahren, durch die wogenden Sorghumfelder und das satte Grün der Reispflanzungen, um schließlich an einem *country café* anzukommen. Ein *country café* ist eine Institution, wo man so essen kann, wie Muttern früher kochte – hier gibt es Riesen-*burgers*, *chicken pot pie*, eine Hühnerfleisch-Pastete, und Hackbraten. An der Küste des Golfs von Mexiko lebt eine der größten vietnamesischen Kolonien der USA. Ihre Krabbensuppe, mit Korianderblättern und *jalapeño*-Chilischoten gewürzt, die mit reichlich Reis serviert wird, entspricht genau den Ansprüchen der texanischen Gaumen. Aus den politischen Unruheherden Mittel- und Südamerikas kommt ein ständiger Strom von Flüchtlingen, die faszinierende Rezepte ihrer Heimatküche mitbringen.

In den großen Städten Dallas, Houston, Austin und San Antonio macht die texanische Küche im Moment eine Weiterentwicklung durch. Eine Reihe von Meisterköchen ist dabei, traditionelle texanische Rezepte aufzupolieren, sie haben das Wild für die Regionalküche wiederentdeckt, verwenden alte Techniken des Trockenmarinierens in der Kombination mit neu kreierten Frucht-*salsas* und verwenden unterschiedliche Varianten von Chilischoten zur Abstufung der Aromen. Unter ihren Händen werden alltägliche texanische Lebensmittel zu kulinarischen Wunderwerken.

Texanische Weine – eine 300jährige Tradition

Manchen beschleicht beim Begriff »texanischer Wein« die Vorstellung von einem Extrakt aus bitteren Steppenpflanzen oder rohölähnlichen Flüssigkeiten. Um so überraschter ist man, wenn man beim Entkorken einer Flasche Wein aus Texas feststellt, daß es sich um einen aromatischen und charaktervollen Wein handelt. Das ist nicht verwunderlich, denn Texas hat eine mehr als dreihundert Jahre alte Weintradition. In der Mitte des 17. Jahrhunderts legten Franziskanermönche Weingärten in der Nähe von El Paso an, mindestens ein Jahrhundert, bevor die ersten Reben im heutigen Kalifornien angepflanzt wurden. Gegen Ende des 19. Jahrhunderts stand die Weinerzeugung in Texas in voller Blüte; einige der texanischen Weine fanden sogar ihren Weg nach Europa.

Die Prohibition machte der Weinindustrie in Texas gründlich den Garaus; noch im Jahre 1975 existierte nur eine einzige Kellerei, die Val Verde Winery in der Nähe von Del Rio. Nachdem jedoch eine 1974 von der Texas A and M University durchgeführte Studie zum Ergebnis gekommen war, daß Texas für den Rebenanbau hervorragend geeignet sei, setzte ein Boom in der Weinerzeugung ein. Innerhalb von achtzehn Jahren wuchs die Zahl der Kellereien auf dreißig, die Anbaufläche beträgt heute 1300 Hektar.

Die wichtigsten Weinanbaugebiete liegen in den High Plains um Lubbock und das Hill Country, das sich nördlich und westlich von San Antonio und Austin erstreckt. Die meisten texanischen Weine werden aus europäischen Traubensorten gekeltert und ähneln in Stil und Geschmack den kalifornischen Weinen. Man neigt in Texas – wie in Kalifornien – dazu, die ganze Bandbreite zu produzieren: von Schaumweinen bis zu Spätlesen und von Chenin Blanc bis hin zum Cabernet Sauvignon. Texanische Weine sind auf vielen Wettbewerben in den USA preisgekrönt worden, doch für viele Winzer sind diese Erfolge erst der Anfang. Sie möchten zukünftig Weine herstellen, die so groß sind wie ihr Herkunftsstaat.

TEXAS:
Weißweine: Chardonnay, Chenin Blanc, Gewürztraminer, Johannisberg Riesling, Sauvignon Blanc; *Rotwein:* Cabernet Sauvignon

Tortilla Soup

Tortilla-Suppe

Das richtige Ausbacken der Tortillas im heißen Öl ist für das Gelingen des Gerichts sehr wichtig und erfordert einiges Geschick. Durch die Tortillas bekommt die Suppe ein nussiges Aroma.

3 - 4 Mais-Tortillas, in 5 mm dicke Streifen geschnitten
Pflanzenöl zum Braten · 1 Zwiebel, gehackt
1 grüne Paprikaschote, entkernt und in Stücke geschnitten
4 Knoblauchzehen, gehackt
1 l hausgemachte Hühnerbrühe
1 Tomate, geschält, entkernt und gehackt
2 TL gemahlener Kreuzkümmel
Salz · frisch gemahlener schwarzer Pfeffer
2 EL (30 g) geriebener Monterey-Jack, ersatzweise junger Cheddar-Käse
6 kleine Zweige frischer Koriander
1 Avocado, das Fleisch in Würfel geschnitten
1 kleine Tomate, in Würfel geschnitten

In einem schweren Topf in ausreichend heißem Öl die Tortilla-Streifen goldbraun und knusprig ausbacken. Auf Küchenpapier abtropfen lassen und beiseite stellen. Bis auf 2 Teelöffel das Öl abgießen.

In dem verbliebenen Öl Zwiebeln, grüne Paprikaschote und Knoblauch bei mittlerer Temperatur etwa 5 bis 7 Minuten sautieren, bis sie weich sind. Wenn die Mischung etwas trockener geworden ist, etwas Hühnerbrühe zugießen.

Kreuzkümmel unterrühren und 1 Minute köcheln. Brühe und Tomate zugeben, aufkochen, die Hitze reduzieren und 15 Minuten köcheln lassen. Mit Salz und Pfeffer abschmecken.

Den Käse gleichmäßig auf 6 Suppenschüsselchen verteilen. Die heiße Suppe darübergießen und jede Portion mit einem Korianderzweig, Avocado- und Tomatenwürfeln sowie Tortilla-Streifen garnieren.

Pimento Cheese

Pikanter Käseaufstrich
(siehe Foto Seite 211)

Frisch zubereitet, schmeckt *pimento cheese* himmlisch, was erklärt, daß er eine Zeitlang beliebter als Erdnußbutter war. Die im Supermarkt erhältlichen Zubereitungen sind aber oft so scheußlich, daß man sie von den meisten Buffet-Tischen verbannt hat. Der Aufstrich schmeckt gut mit Tomaten auf Sandwiches, eignet sich zum Überbacken von *burgers* oder als Füllung für eingelegte *jalapeño*-Chilischoten.

ERGIBT ETWA 1 ^{1}/$_2$ LITER:

500 g frisch geriebener weißer Cheddar-Käse
1/2 l Mayonnaise
6 Frühlingszwiebeln, in dünne Scheiben geschnitten
1 rote Zwiebel, in kleine Würfel geschnitten
125 g eingelegte Chilischoten aus dem Glas, abgetropft, in Stücke geschnitten
3 Knoblauchzehen, gehackt
2 EL grob gemahlener schwarzer Pfeffer

Alle Zutaten miteinander verrühren. Der *pimento cheese* sollte möglichst sofort gegessen werden. Man kann ihn aber bis zu zwei Tage im Kühlschrank aufbewahren beziehungsweise so lange, wie die Zwiebeln Biß behalten.
Sehr gut passen Mais-Chips zum Stippen von Pimento Cheese.

175

Cornbread Salad

Maisbrot-Salat

Dieser Salat, der aus der Gegend der Städte Schulenburg und Comfort stammt, sollte einen Tag im voraus zubereitet werden.

FÜR 6 BIS 8 PERSONEN:

500 g Maisbrot, zerpflückt (siehe Seite 182)
1 Prise getrockneter Salbei
125 g geräucherter Speck in Scheiben, knusprig gebraten und zerkleinert
1 große Tomate, geschält und gehackt
4 Frühlingszwiebeln, gehackt
1 grüne Paprikaschote, entkernt und in kleine Würfel geschnitten
Maiskörner von 2 Kolben · 0,2 l saure Sahne
2 TL grobkörniger Senf
125 –180 ml Mayonnaise
Salz · frisch gemahlener Pfeffer
6 – 8 Blätter grüner Salat, zum Beispiel Kopf- oder Römischer Salat

Alle Zutaten, bis auf die Salatblätter, miteinander vermischen. So viel Mayonnaise hineingeben, daß sich die Zutaten gut miteinander verbinden und der Salat cremig wird. Einen Tag im Kühlschrank durchziehen lassen. Portionsweise auf frischen Salatblättern anrichten und servieren.

Black Bean and Corn Salad

Salat von schwarzen Bohnen und Mais

Eine Küche gewinnt an Originalität, wenn man Zutaten auf unorthodoxe Weise verwendet. Hier werden schwarze Bohnen mit frischen Maiskörnern und einer Zitronen-Ingwer-Vinaigrette kombiniert.

FÜR 6 BIS 8 PERSONEN:

200 g getrocknete schwarze Bohnen
Maiskörner von 4 Kolben
1 rote Paprikaschote, entkernt und in Würfel geschnitten
5 Frühlingszwiebeln, in Scheiben geschnitten
3 Stangen Sellerie, in dünne Scheiben geschnitten
1 rote Zwiebel, in Würfel geschnitten
1 Jalapeño-Chilischote (scharfe, dickfleischige grüne Chilischote), entkernt, weiße Rippen entfernt und gehackt (nach Belieben)
jeweils Saft und geriebene Schale von 2 Limetten und 2 Zitronen · 1/8 l Orangensaft
1/8 l Rotweinessig · 4 Knoblauchzehen, gehackt
1 TL geriebener frischer Ingwer
4 EL (60 ml) Olivenöl
Salz · frisch gemahlener schwarzer Pfeffer

Die Bohnen verlesen und über Nacht in kaltem Wasser einweichen. Abtropfen lassen und die Bohnen in frischem Wasser etwa 1 1/2 Stunden kochen. Sie sollten gar sein, aber nicht zerfallen. Die Bohnen abtropfen und abkühlen lassen. Alle Zutaten miteinander vermischen, abschmecken, eventuell nachwürzen und als Salatgang oder Beilage servieren.

King Ranch Chicken

Huhn auf King-Ranch-Art

(siehe Foto Seite 211)

Die King Ranch, größer als einige Bundesstaaten der USA, erstreckt sich über die Hälfte von Südtexas. Obwohl es hier Rinder in Hülle und Fülle gibt, erfreut sich gerade dieses Hühnergericht bei den Rancharbeitern größter Beliebtheit.

FÜR 6 BIS 8 PERSONEN:

125 g Butter · 125 g Pilze, in Scheiben geschnitten
4 EL (60 g) Mehl · 0,7 l Hühnerbrühe
Salz · frisch gemahlener Pfeffer
2 TL gemahlener Kreuzkümmel · 1/2 l saure Sahne
125 g eingelegte milde grüne Chilischoten aus dem Glas, in Würfel geschnitten
1 frische Jalapeño-Chilischote (scharfe, dickfleischige grüne Chilischote), entkernt, die weißen Rippen entfernt und grob gehackt
6 Mais-Tortillas von 15 cm Durchmesser
2 Hühner, jeweils etwa 1 1/4 kg schwer, gekocht, entbeint und in feine Streifen geschnitten
250 g frisch geriebener Cheddar-Käse

In einer großen Pfanne die Butter bei mittlerer Temperatur zerlassen und die Pilze darin 5 bis 8 Minuten sautieren, bis sie leicht gebräunt sind. Das Mehl darüberstäuben und gut mit den Pilzen verrühren. Die Hühnerbrühe zugießen und unter ständigem Rühren 3 bis 5 Minuten köcheln lassen, bis die Sauce angedickt ist. Mit Salz und Pfeffer abschmecken und beiseite stellen. Den Backofen auf 190° C vorheizen. Den Kreuzkümmel unter die saure Sahne rühren und die Chilischoten zugeben. Eine flache Kasserolle von 3 Liter Inhalt ausbuttern und den Boden mit 2 Tortillas belegen. Darüber ein Drittel des Hühnerfleisches geben, darauf ein Drittel der Pilzsauce verteilen, mit einem Drittel saurer Sahne bedecken und mit einem Drittel des geriebenen Cheddar bestreuen. Diesen Vorgang noch zweimal wiederholen, bis die Zutaten aufgebraucht sind, und mit einer Lage Käse abschließen. Im vorgeheizten Ofen 30 bis 40 Minuten backen, bis das Gericht heiß ist und Blasen wirft.

Porterhouse Steaks with Dry Spice Rub

Porterhouse-Steaks mit kräftiger Würze
(siehe Foto Seite 218)

Dieses Rezept besticht durch seine ausgewogene Balance zwischen modernem Geschmack und traditioneller texanischer Küche. Dicke Porterhouse-Steaks werden mit einer scharfen Trockenmarinade aus Zitronenschale und Chilischoten eingerieben und gegrillt. Dazu paßt ein warmer Pfirsich-Salat (siehe Seite 180), der ebenfalls mit Chilischoten gewürzt wird.

---

2 Zwiebeln, in hauchdünne Scheiben geschnitten

---

geriebene Schale von 6 unbehandelten Zitronen

---

4 EL grobes Salz

---

2 ancho-Chilischoten (große getrocknete Chilischoten), entkernt und fein gehackt

---

4 EL grob gemahlener schwarzer Pfeffer

---

1 EL Pflanzenöl

---

6 Porterhouse-Steaks

Den Backofen auf 110° C vorheizen. Die Zwiebelscheiben auf einem Rost auslegen, den Rost über Backpapier oder Alufolie plazieren und die Zwiebeln im Ofen etwa 30 Minuten trocknen lassen. Die getrockneten Zwiebeln zerkleinern. Auf Backpapier oder Alufolie die Zitronenschale ausbreiten und etwa 5 bis 10 Minuten im Ofen trocknen lassen. Zerkleinerte Zwiebeln, Zitronenschale, Salz, gehackte Chilischoten und schwarzen Pfeffer miteinander vermischen.

Von dieser Gewürzmischung 8 Eßlöffel abmessen. Den Rest in einem luftdicht verschlossenen Glas für eine weitere Verwendung aufbewahren. Die Steaks rundherum mit einem dünnen Ölfilm überziehen, auf beiden Seiten mit der Gewürzmischung bestreuen und 1 Stunde marinieren.

Den Holzkohlengrill anheizen. Den Rost mit etwas Pflanzenöl abreiben. Die Steaks von jeder Seite erst einmal 1 Minute grillen, um die Fleischporen zu schließen, dann insgesamt 5 bis 7 Minuten grillen, wenn man sie noch blutig mag, oder bis zu 9 Minuten, wenn sie *medium* sein sollen.

Warm Peach Salad

Warmer Pfirsichsalat

(siehe Fotoe Seite 218)

Die Pfirsiche sollten vorsichtig gekocht werden, damit sie nicht zerfallen. Man könnte diesen Salat auch als texanisches Chutney bezeichnen.

1 1/2 poblano-Chilischoten (große, mittelscharfe grüne Chilischoten) oder 1 grüne Paprikaschote
1 Jalapeño-Chilischote (scharfe, dickfleischige grüne Chilischote), entkernt und in Würfel geschnitten
1 rote Paprikaschote, entkernt und in Würfel geschnitten
2 EL Olivenöl
6 Pfirsiche, in Scheiben geschnitten
3 EL gehackte Korianderblätter
4 EL (60 ml) frischer Limettensaft
Salz · grob gemahlener schwarzer Pfeffer

Chili- und Paprikaschoten 2 Minuten im heißen Öl sautieren. Die Pfirsiche zugeben und 2 Minuten erhitzen. Den gehackten Koriander unterrühren und den Topf vom Herd nehmen. Mit Limettensaft, Salz und Pfeffer abschmecken und den Salat sofort auftragen.

180

Chili

(siehe Foto Seite 218)

Chili wurde 1977 von den texanischen Gesetzgebern in den Rang einer Staatsspeise erhoben. In ein echtes Chili gehören weder Tomaten noch Bohnen: Das Chili in den riesigen Kochkesseln erhält seine Farbe allein durch gemahlene Chilischoten und Paprika.

FÜR 6 BIS 8 PERSONEN:

2 – 4 ancho-Chilischoten (große getrocknete Chilischoten) oder 4 – 8 japone-Chilischoten (ersatzweise 2 – 4 EL gemahlene Chilischoten)
4 EL (60 g) Nierenfett vom Rind oder Pflanzenöl
1 1/2 kg magerer Rinderkamm oder Fehlrippe, in mundgerechte Stücke geschnitten
1/4 l Rinderbrühe · 10 Knoblauchzehen, fein gehackt
2 EL gemahlener Kreuzkümmel · 1 EL Origano
8 EL Paprikapulver · 1 Zweig Koriander, gehackt

Die Stengel von den Schoten entfernen. Die Chilischoten im Mixer mit etwas Wasser zu einem Püree verarbeiten und beiseite stellen. Das Nierenfett auslassen.

In einer großen Pfanne das Rindfleisch in der Hälfte des ausgelassenen Nierenfetts bei mittlerer Temperatur anbraten. Die Hälfte des Knoblauchs zugeben. Wenn das Fleisch seine rote Farbe verloren hat, die Flüssigkeit aus der Pfanne in einen hohen, schweren, vorzugsweise gußeisernen Topf gießen. Das restliche Nierenfett ebenfalls in die Pfanne geben und das Fleisch so lange braten, bis es von allen Seiten gebräunt und in der Pfanne kaum noch Flüssigkeit ist. Fleischbrühe und pürierte Chilischoten in den Topf geben und 30 Minuten schmoren.

Kreuzkümmel, Origano, restlichen Knoblauch und Paprikapulver unterrühren und nochmals 30 Minuten – oder bis das Fleisch weich ist – schmoren. Nach Möglichkeit das Chili über Nacht im Kühlschrank stehenlassen; so können sich die Aromen noch besser entfalten. Das Fett abschöpfen, das Chili erhitzen und den Koriander unterrühren. Mit Maisbrot auftragen.

Cornbread

Maisbrot

(siehe Foto Seite 218)

Was die Texaner in ihr Maisbrot tun, unterliegt keiner Kontrolle. Gegrillte Chilischoten, gehackte Jalapeño-Chilischoten, Monterey-Jack-Käse und vieles andere mehr findet seinen Weg in den Teig. Das folgende Grundrezept stammt aus der Gegend von Goldthwaite im westlichen Texas, wo die Kinder das Brot in Milch brocken, um es vor dem Schlafengehen mit dem Löffel zu essen. Die Bewohner des östlichen Texas rühren Maisbrotstücke fürs Sonntagabendessen unter ihre Bohnen.

---

250 g Maismehl · 2 EL Mehl · 1 TL Backpulver · 1 TL Salz

1/4 l Buttermilch · 2 Eier

---

2 EL Fett von ausgelassenem Speck

Die trockenen Zutaten in einer Schüssel miteinander vermischen. Buttermilch und Eier unterrühren und zu einem Teig verarbeiten. Das Speckfett in einer gußeisernen Pfanne zerlassen. Eine Pie-Form von etwa 23 cm Durchmesser oder die Pfanne auschwenken, damit auch die Wände vom Fett überzogen werden. Das überschüssige Fett in den Teig gießen und umrühren. Den Teig in die Pie-Form füllen und in dem auf 180° C vorgeheizten Ofen etwa 25 Minuten backen, bis die Oberfläche goldbraun ist.

Collard Greens

Grünkohl oder Wirsing

Leute mit abgehärtetem Gaumen besprenkeln ihren Kohl mit einer Chili-Essig-Mischung, weniger Tapfere begnügen sich damit, ihn auf Maisbrotbrocken zu betten, die vorher mit der Kochflüssigkeit des Kohls, dem sogenannten *pot likker*, getränkt wurden.

---

250 g Speck, in kleine Würfel geschnitten

---

2 kg Grünkohl oder Wirsing, geviertelt und harte weiße Rippen entfernt, klein geschnitten

---

4 EL (60 ml) Apfelessig · Tabasco

Salz · frisch gemahlener Pfeffer

In einem großen schweren Topf den Speck auslassen, den Grünkohl und 6 l Wasser hineingeben. Aufkochen, die Hitze reduzieren und etwa 2 Stunden köcheln (Wirsing braucht nur etwa 45 Minuten). Ab und zu nachschauen, ob genügend Wasser im Topf ist. Eventuell etwas Wasser nachgießen, um den Kohl zu bedecken. Nach Ende der Garzeit sollte noch reichlich Flüssigkeit im Topf sein; diese vor dem Auftragen mit Essig, Tabasco, Salz und Pfeffer würzen. Den Kohl abtropfen lassen, die Garflüssigkeit zum Eintauchen von Maisbrot oder als Suppengrundlage beiseite stellen. Das grüne Kohlgemüse mit panierten dünnen Rindersteaks servieren. (Man kann den Kohl ohne weiteres einen Tag im voraus zubereiten, im Kühlschrank aufbewahren und wieder heiß machen.)

Black-eyed Peas
Schwarzaugenbohnen

Dieses Gericht wird gern am Sonntagabend mit scharf gewürztem Maisbrot und einer Schüssel grünem Kohl aufgetragen. Wenn man am Neujahrstag Schwarzaugenbohnen ißt, so die Legende, bringt das im neuen Jahr Glück.

500 g getrocknete Schwarzaugenbohnen · 2 l Wasser
1 Schinkenknochen
Tabasco · Salz · frisch gemahlener schwarzer Pfeffer

Bohnen und Wasser in einem Suppentopf zum Kochen bringen und 2 Minuten kochen. Den Topf vom Herd nehmen und die Bohnen eine Stunde darin ziehen lassen.

Den Schinkenknochen zu den Bohnen geben und 45 bis 60 Minuten köcheln lassen, bis die Bohnen gar und kurz vor dem Zerfallen sind. Den Schinkenknochen aus dem Topf nehmen und abkühlen lassen. Das Fleisch vom Knochen lösen und zu den Bohnen geben.

Die Bohnen mit Tabasco, Salz und Pfeffer abschmecken. Eventuell noch etwas Wasser zugeben, falls das Bohnengemüse zu trocken ist. Es sollte eine dickflüssige Konsistenz haben. Die Schwarzaugenbohnen mit panierten Rindersteaks auftragen. Das Gericht läßt sich ohne weiteres im voraus zubereiten und muß dann nur noch erhitzt werden.

Corn Pudding

Maispudding

Maispudding ist leichter als eine *quiche lorraine*, und kann dennoch eine vollständige Mahlzeit ersetzen. Das Geheimnis der Zubereitung liegt darin, die Maissauce gekonnt unter die geschlagenen Eier zu mischen.

4 EL (60 g) Butter · 2 EL (30 g) Mehl
2 TL Salz · 2 EL Zucker · 0,4 l Milch
375 g frische Maiskörner oder Maiskörner aus der Dose
3 Eier · 1/4 l Sahne

Den Backofen auf 165° C vorheizen. Die Butter in einem Topf zerlassen. Mehl, Salz und Zucker hineingeben und unter Rühren anschwitzen. Nach und nach die Milch unterrühren und 3 bis 5 Minuten zu einer dicken Sauce köcheln. Die Maiskörner einrühren.
Die Eier schaumig aufschlagen und die Sahne darunterziehen. Die Maissauce schnell unter die Eimasse heben und die Masse in eine gut ausgebutterte, 3 Liter fassende feuerfeste Form gießen. Den Maispudding im Wasserbad etwa 45 Minuten im Ofen backen, bis er fest geworden und seine Oberfläche leicht gebräunt ist.

Eggplant Stuffed with Gulf Coast Crab

Gefüllte Auberginen mit Krebsfleisch

(siehe Foto Seite 219)

Obwohl die Aufzucht von Gemüsen im heißen Sommer von Texas nicht leicht ist, gedeihen Auberginen prächtig. Statt Krebsfleisch können auch Garnelen oder Austern verwendet werden.

---

3 kleine Auberginen · 4 EL (60 ml) Pflanzenöl

3 große Knoblauchzehen, gehackt

5 Frühlingszwiebeln, gehackt

2 Stangen Sellerie, in kleine Würfel geschnitten

1 grüne Paprikaschote, entkernt und in kleine Würfel geschnitten

1 Handvoll Petersilie, gehackt

4 EL (60 g) frische Brotkrumen

1 TL getrockneter Thymian · 2 Eier, verquirlt

Salz · frisch gemahlener schwarzer Pfeffer

1 Spritzer Tabasco · 1/4 TL Cayennepfeffer

500 g Krebsfleisch, zerpflückt

125 g geriebener Emmentaler

4 EL (60 g) zerbröselte Cracker

gehackte Petersilie zum Garnieren

Den Backofen auf 180° C vorheizen. Die Auberginen im ganzen 30 bis 40 Minuten im Ofen garen. Aus dem Backofen nehmen und abkühlen lassen. Während die Auberginen abkühlen, 2 EL Öl in einer Pfanne erhitzen und Knoblauch, Zwiebeln, Sellerie, Paprikaschote und Petersilie etwa 4 Minuten darin weich dünsten.

Die Auberginen längs halbieren und das Fruchtfleisch bis auf einen 1 cm dicken Rand vorsichtig auslösen. Das Auberginenfleisch hacken und mit den sautierten Gemüsen, Brotkrumen, Gewürzen, Eiern und Krebsfleisch vermischen.

Die Auberginenhälften mit der Farce füllen und in ausreichendem Abstand in eine niedrige, großzügig bemessene feuerfeste Form setzen. Gleichmäßig mit geriebenem Käse und zerbröselten Crackern bestreuen und im auf 180° C vorgeheizten Ofen 20 bis 25 Minuten backen, bis die Oberfläche leicht gebräunt ist. Mit gehackter Petersilie bestreuen und servieren.

Dove with Sweet Potato Pancakes and Mango Jícama Salsa

Taubenbrust mit Süßkartoffelpuffern und Mango-Yamsbohnen-Sauce
(siehe Foto Seite 219)

Die Taubenjagd ist von Dallas bis zur mexikanischen Grenze ein beliebtes Freizeitvergnügen. Alte texanische Kochbücher empfehlen, die Taubenbrüste einige Tage lang zu marinieren und dann stundenlang zu garen. Heute schätzt man den milden Wildgeschmack der Tiere und brät das Fleisch nur kurz in Olivenöl an oder grillt es leicht. Die Kartoffelpuffer und die Mango-Yamsbohnen-Sauce sollten schon fertig sein, bevor die Taubenbrüste zubereitet werden.

---

24 Taubenbrüste oder 6 Hühnerbrüste · 3 EL Pflanzenöl

Salz · frisch gemahlener Pfeffer

---

6 Süßkartoffelpuffer (siehe Seite 188)

Mango-Yamsbohnen-Sauce (siehe Seite 187)

Den Holzkohlengrill anheizen. Den Rost und die Taubenbrüste mit Öl bestreichen. Das Fleisch großzügig mit Salz und Pfeffer würzen und, Brustfleisch nach unten, 3 Minuten grillen. Die Taubenbrüste wenden und auf der anderen Seite 2 Minuten grillen. Auf heißen Süßkartoffelpuffern und mit Mango-Yamsbohnen-Sauce servieren.

Mango and Jícama Salsa

Mango-Yamsbohnen-Sauce
(siehe Foto Seite 219)

Früher wurden *salsas* nur aus Tomaten, Zwiebeln und Chilischoten ge-kocht, heute findet man in ihnen auch Obst und Gemüse, wie die *jícama*, eine hellfleischige Knolle aus Mexiko. Diese Sauce paßt gut zu Wild- und Geflügelgerichten.

ERGIBT UNGEFÄHR 0,6 LITER:

1 mittelgroße Yamsbohne (jícama), geschält und in 5 mm große Würfel geschnitten
je 1 EL gewürfelte rote und gelbe Paprikaschote
1 EL rote Zwiebel, in Würfel geschnitten
1 serrano-Chilischote (kleine frische grüne Chilischote), entkernt und in kleine Würfel geschnitten
1/2 reife Mango, in Würfel geschnitten
1 TL gehackte frische Minze · Saft von 1 Limette
Saft von 1 Orange · Salz

Alle Zutaten in einer Schüssel miteinander vermengen, mit Salz ab-schmecken und 1 Stunde ziehen lassen.

187

Sweet Potato Pancakes

Süßkartoffelpuffer

(siehe Foto Seite 219)

Diese Pfannkuchen werden gewöhnlich zu gegrilltem Wild gereicht, sie passen aber auch gut zu Grillhähnchen und geräucherter Wurst. Mit einer Mischung aus gebratenen Maiskörnern und Apfelstückchen belegt, über die Ahornsirup geträufelt wird, und mit einigen dicken Scheiben gut gepfefferten Specks umlegt, schmecken sie wunderbar zum Frühstück.

1 große Süßkartoffel (Batate), geschält und gerieben
1 große rotschalige Kartoffel, gerieben
1/4 Zwiebel, gehackt · 1 Ei, leicht verquirlt
2 EL Semmelbrösel · 1 Prise Salz
1/4 TL frisch gemahlener schwarzer Pfeffer
3 EL Honig · 2 EL Mehl
2 EL Pflanzenöl

Die geriebene Kartoffel kräftig ausdrücken und mit den anderen Zutaten vermengen. Aus dem Kartoffelteig sechs gleich große Fladen formen. In einer Pfanne das Öl erhitzen und die Kartoffelpuffer bei mittlerer Temperatur von beiden Seiten 3 bis 4 Minuten goldbraun braten. Heiß servieren.

Chicken Enchiladas Verdes

Grüne Hühner-Enchiladas

(siehe Foto Seite 219))

Enchiladas, die mit Mais-Tortillas zubereitet werden, sind authentischer, aber Mehl-Tortillas sind leichter zu verarbeiten. Dieses Gericht kann vorgekocht und kurz vor dem Servieren erhitzt werden. Die Enchiladas lassen sich auch gut einfrieren.

2 Hühner, jeweils etwa 1 1/4 kg schwer
1 Zwiebel, grob gehackt
1 grüne Paprikaschote, entkernt und grob gehackt
1 Lorbeerblatt
2 EL gemahlener Kreuzkümmel · 1 TL gemahlener Zimt
12 Mehl- oder Mais-Tortillas
3/4 1 Tomatillo-Sauce (siehe Seite 190)
250 g frisch geriebener Monterey-Jack-Käse, ersatzweise junger Cheddar-Käse
1/4 l saure Sahne

Die Hühner in einem großen Suppentopf in Wasser, das mit Zwiebel, Paprika, Lorbeerblatt, Kreuzkümmel und Zimt gewürzt ist, in etwa 45 Minuten gar kochen. Die Hühner aus dem Topf nehmen und abkühlen lassen. Haut und Knochen entfernen. Das Fleisch in Streifen schneiden und beiseite stellen. Den Backofen auf 180° C vorheizen. Jede Tortilla mit etwa 60 g Hühnerfleisch, 1–2 EL Käse und 1 EL *tomatillo salsa* füllen und die Enchiladas nicht zu eng nebeneinander in eine feuerfeste Form legen. Eventuell noch eine zweite Form benutzen. Die übrige Tomatillo-Sauce über die Enchiladas verteilen und mit dem restlichen Käse bestreuen.
Im vorgeheizten Ofen etwa 25 Minuten garen, bis der Käse schmilzt. Vor dem Auftragen auf jede Enchilada einen Löffel saure Sahne geben und mit erhitzten Bohnen, Reis und *tomatillo salsa* servieren.

Tomatillo Salsa

Tomatillo-Sauce

Der *tomatillo*, auch als mexikanische grüne Tomate bezeichnet, wird kirsch- bis pflaumengroß. Man kann aus ihm eine ausgezeichnete Sauce für Enchiladas herstellen, die aber auch sehr gut zu Fischfilets oder Rühreiern paßt. Verrührt man sie mit einem oder zwei Klacks saurer Sahne, erhält man einen wohlschmeckenden Dip für Tortilla-Chips.

ERGIBT ETWA 3/4 LITER:

10 – 15 frische oder eingelegte Tomatillos (mexikanische grüne Tomaten), geschält und geviertelt
1 Zwiebel, grob gehackt · 1/8 l Wasser · 4 Knoblauchzehen
2 frische Jalapeño-Chilischoten *(scharfe, dickfleischige grüne Chilischoten), entkernt*
1 große Handvoll Korianderblätter

Tomatillos und Zwiebel etwa 10 Minuten im Wasser köcheln, bis sie weich sind. Knoblauch und Chilischoten zugeben und weitere 5 Minuten simmern. Den Topf vom Herd nehmen und abkühlen lassen. Korianderblätter zugeben und im Mixer zu einer glatten Sauce pürieren.

Buttermilk Pie

Buttermilchkuchen

(siehe Foto Seite 258)

Buttermilk pie ist eines der ältesten texanischen Desserts und wurde immer dann zubereitet, wenn die Speisekammer leer war und es auch kein Obst gab.

FÜR 6 BIS 8 PERSONEN:

TEIG:
125 g Mehl · 1/2 TL Salz · 6 EL (90 g) Butter
4 EL (60 ml) Eiswasser
BELAG:
125 g zimmerwarme Butter · 500 g Zucker
1/2 TL Vanille-Essenz
1 EL Zitronensaft · 3 Eier · 2 EL Mehl
1/2 TL geriebene Muskatnuß
1/4 l Buttermilch
geriebene Schale von 1 unbehandelten Zitrone

Für den Teig Mehl und Salz in einer Schüssel vermengen. Die Butter mit einem Messer oder mit den Händen einarbeiten und das Eiswasser zugeben. Schnell vorgehen. Den Teig zu einer Kugel formen. Flachdrücken und in Klarsichtfolie eingewickelt etwa 20 Minuten im Kühlschrank ruhen lassen. Den Teig auf der bemehlten Arbeitsfläche ausrollen und eine Pie-Form von etwa 23 cm Durchmesser damit auslegen.
Den Backofen auf 150° C vorheizen. Die Butter schaumig rühren und nach und nach den Zucker einarbeiten. Vanille-Essenz und Zitronensaft zugeben. Nacheinander die Eier einrühren. Das Mehl mit der geriebenen Muskatnuß würzen und nach und nach in kleinen Mengen unter die Butter-Zucker-Eier-Masse rühren. Buttermilch und geriebene Zitronenschale zufügen und die Masse in die Pie-Form füllen. Im vorgeheizten Ofen etwa 1 1/2 Stunden backen, bis der Belag fest geworden ist. Aufschneiden und zimmerwarm servieren.

Pecan Chocolate Pie

Pekannuß-Schokoladen-Kuchen
(siehe Foto Seite 258)

Kein barbecue joint oder country café in Texas würde es wagen, keine *pecan pie* auf der Speisekarte zu führen. Die Verwendung von Schokolade verleiht der *pie* einen Anflug von Luxus und Eleganz.

FÜR 8 PERSONEN:

TEIG:
wie für Buttermilk Pie (siehe Seite 191)
BELAG:
4 Eier, zuzüglich 2 Eigelb · 1 Prise Salz
1 TL Vanille-Essenz
6 EL (90 g) brauner Zucker · 125 g Zucker
180 ml dunkler Maissirup
180 ml heller Maissirup · 2 EL zerlassene Butter
200 g gehackte Pekannüsse
125 g zartbittere Schokolade, in kleine Stücke geschnitten
ZUM SERVIEREN:
geschlagene Sahne, aromatisiert mit Vanille Essenz
Schokoladenkringel · Puderzucker

Den Teig nach dem Rezept von *Buttermilk Pie* herstellen, auf der bemehlten Arbeitsfläche ausrollen und eine Pie-Form von 23 cm Durchmesser damit auskleiden.

Für den Belag Eier, Eigelbe und Vanille-Essenz verquirlen, die beiden Zuckersorten zugeben und so lange rühren, bis sich der Zucker aufgelöst hat. Dunklen und hellen Maissirup, die zerlassene Butter und die gehackten Pekannüsse unterrühren.

Den Teig mit den Schokoladenstückchen bestreuen und den Belag darübergießen. In den auf 190° C vorgeheizten Ofen schieben und 20 Minuten backen. Die Hitze auf 150° C reduzieren und den Kuchen weitere 35 Minuten oder so lange backen, bis er gar und der Belag fest geworden ist.

Vor dem Aufschneiden abkühlen lassen. Mit geschlagener Vanille-Sahne und Schokoladenkringeln garnieren und mit Puderzucker bestäuben.

Der Südwesten

Mark Miller und John Harrisson

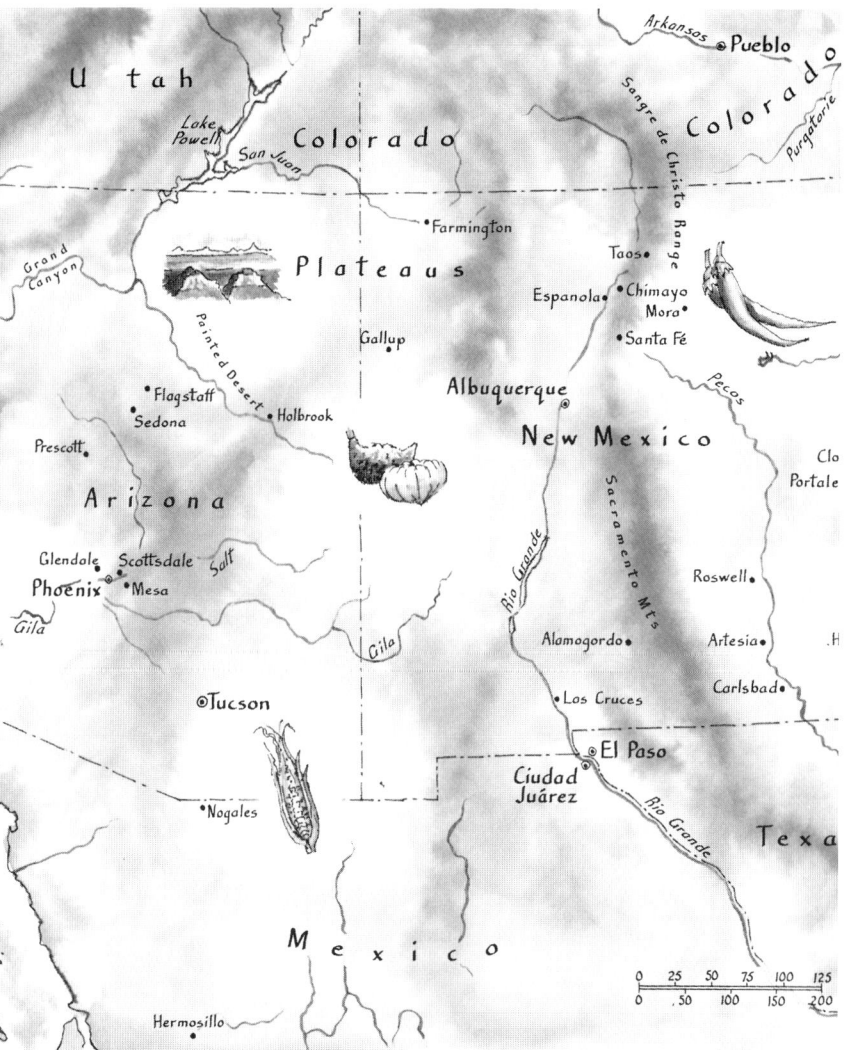

Der Südwesten der Vereinigten Staaten ist eine Region von außerordentlicher, erhebender Schönheit. Hier spürt man die unendliche Freiheit der amerikanischen Grenzlandschaften. Dies ist ein Landstrich mit sauberer, kristallklarer Luft, von der Sonne durchtränkt, mit unberührten offenen Weiten. Schneebedeckte Berge, Plateaus und Tafelland, grünende Täler und ausgedörrte Wüstenstreifen erstrecken sich von den Hochebenen von West-Texas und dem östlichen Neu-Mexiko zur Grenze von Arizona und Kalifornien und von der mexikanischen Grenze in nördlicher Richtung bis nach Utah und Colorado. In den zwanziger Jahren schrieb D. H. Lawrence: »Noch nie habe ich etwas gesehen, was Neu-Mexiko an Größe und Schönheit gleichkäme. Welche Pracht!«

Der Südwesten ist vor allem ein Land der Kontraste: schnell dahinrauschende Bergbäche und Flüsse; Trockenbette, die sich während der plötzlichen Sommerregen zu reißenden Strömen verwandeln, duftende Pinien und Wacholdersträucher, Beifußbüsche, Steppenläufer-Pflanzen und Kakteen, wohin das Auge blickt; endlose Horizonte, unbefestigte Straßen, die scheinbar ins Nichts führen, das gespenstische Geheul der Kojoten und – schnellwachsende reiche Städte. Hier gibt es Landschaften, die von farbigen, Hunderte von Millionen Jahren alten Felsformationen geprägt sind. Das größte Naturwunder der USA, der Grand Canyon, liegt im nördlichen Arizona, in der Nähe von Flagstaff. Dieser überwältigende Riesengraben in der Erdoberfläche reicht anderthalb Kilometer in die Tiefe, ist zwischen sechs und 29 Kilometer breit und über 320 Kilometer lang. Die Bewohner des Südwestens sind Abkömmlinge dreier Kulturen: die der Indianer, die der *hispanics* (aus dem lateinamerikanischen Kulturkreis) und die der *anglos*. (Anglo ist eigentlich eine regionale Bezeichnung für weiße Amerikaner, schließt aber all jene ein, die nicht indianischer Abstammung oder *hispanics* sind.) Etwa zwölf Prozent der Bevölkerung besteht aus Indianern, 35 Prozent sind *hispanics*, der Rest *anglos*. Die Einwohnerzahl der Region nimmt rapide zu, jährlich um rund zehn Prozent. Phoenix, Arizona, ist die amerikanische Stadt, die in den letzten Jahren am schnellsten gewachsen ist. Überall im Südwesten spürt man starke Bezüge zur Geschichte, nirgendwo sonst in den USA kann man auf eine längere kontinuierliche Besiedlung durch den Menschen zurückblicken als hier. Funde belegen, daß schon vor mehr als 20 000 Jahren Eiszeit-Jäger das Land durchstreiften. Vor rund 10 000 Jahren, bevor das Klima trockener wurde, gab es in den Tälern des Rio Grande und des Colorado prähistorische Kulturen.

Die frühen Kulturen

Die Vorfahren der Pueblo-Indianer, die den Südwesten seit den letzten 500 Jahren bevölkern, waren die Anasazis (»die Uralten«), die Hohokam- und die Mogollon-Kulturen, deren Blütezeit vom 1. bis zum 13. Jahrhundert n. Chr. reichte. Man nimmt an, daß diese Kulturen infolge der zunehmenden Trockenheit, von Krankheiten oder von Überfällen und Plünderungen der

Navajos und Apachen untergingen. Diese frühen Kulturen hatten schon ausgefeilte Agrartechniken entwickelt, wie zum Beispiel den Anbau von Mais, Baumwolle, Chilischoten, Bohnen und Kürbis. Ihre Felder bewässerten sie mit Hilfe eines ausgeklügelten Kanalnetzes. War zu Beginn ihrer Kulturepoche noch das Korbmachen die meistgepflegte Kunst, so entwickelten sie sich im Laufe der Zeit zu geschickten Schmuckherstellern und Töpfern. Diese friedfertigen Ackerbauern lebten anfangs in kleinen Dörfern, später in Lehmterrassenbauten und Felsenwohnungen zusammen. Die Überbleibsel dieser Siedlungen – alles Örtlichkeiten von außerordentlicher Schönheit – kann man heute noch in Mesa Verde, Chaco Canyon, Canyon de Chelly und Bandalier besichtigen. Diesen hochentwickelten Gesellschaften folgten die zerstreut lebenden Pueblo-Indianer des Rio-Grande-Tals und ihre kulturellen Verwandten, die Hopi und Zuni, die weiter westlich lebten. Das gemeinsame kulturelle Erbe und die gleichartige Lebensweise dieser Indianerstämme prägten die Geschichte des Südwestens und verliehen ihr eine gewisse Kontinuität. Die anderen in der Region lebenden Indianerstämme, hauptsächlich die Navajos und die Apachen, waren in erster Linie Jäger, Viehhirten und Sammler und betrieben nur wenig Ackerbau. Sie waren vom Norden her langsam in die Nordregionen des Südwestens eingewandert.

Die Ankunft der Spanier

Der erste Eroberungsfeldzug der Spanier in den Südwesten und ins Rio-Grande-Tal fand 1540 unter der Leitung von Francisco Vasquez de Coronado von Mexiko aus statt. Dieser Expedition folgte noch eine Reihe weiterer Raubzüge. Die Spanier waren darauf aus, Gold und andere Schätze zu finden, und zugleich bestrebt, das spanische Herrschaftsgebiet zu erweitern. Dabei gingen sie mit äußerster Brutalität vor. Im späten 16. Jahrhundert gründete der Generalkommandant Juan de Onate Santa Fe. Der dortige Gouverneurspalast, der noch immer auf dem Hauptplatz der Stadt steht, wurde zehn Jahre vor der Landung der Pilgerväter bei Plymouth Rock erbaut.

Die jahrzehntelange Unterdrückung durch die Spanier entlud sich schließlich im Pueblo-Aufstand von 1680, der zu den wenigen erfolgreichen Indianerrevolten gegen fremde Usurpatoren zählt. Die Spanier sahen sich gezwungen, das Land für einige Zeit zu verlassen, kehrten aber 1692 unter der Führung von Don Diego de Vargas zurück. In der Folgezeit besiedelten die Spanier das Land nach und nach und errichteten Missionsstationen und Niederlassungen. Teilweise kam es zu einer Vermischung katholischer Rituale mit indianischen – diese regionale Abart des Katholizismus findet sich noch heute in einigen Teilen des Südwestens. Andererseits übernahmen die spanischen Siedler auch einige Traditionen und Bräuche der hier ansässigen Ureinwohner.

Die Spanier installierten in den von ihnen beherrschten Gebieten ein System von Militärstützpunkten und Garnisonen, die sowohl Schutzfunktion hatten als auch den Kern neuer Ansiedlungen bildeten. Mit der Zeit bröckelte die Herrschaft der Spanier, und als Mexiko 1821 unabhängig wurde, geriet der gesamte Südwesten unter mexikanische Verwaltung. Im selben Jahr wurde der Santa Fe Trail eröffnet, dessen Ausgangspunkt fast 1300 Kilometer weiter östlich, in Independence, Missouri, lag. Immer neue Wellen von Händlern brachten Waren aus den Nordstaaten in den Südwesten und über den Camino Real von Santa Fe aus nach Süden, nach Mexiko, was dazu führte, daß der amerikanische Einfluß in der Region stärker wurde.

Eigenstaatlichkeit – aus dem Krieg geboren

1846 erhoben die USA Anspruch auf Neu-Mexiko, was zum zwei Jahre während Mexikanischen Krieg führte, an dessen Ende Neu-Mexiko und der größte Teil Arizonas zu US-Gebieten wurden. 1853 kam der Rest Arizonas durch den Gadsden Purchase, also durch Kauf, dazu. In der Folge ergoß sich ein Strom von amerikanischen Zivilisten, Soldaten, Händlern und sonstigen Abenteuerlustigen von Osten her in das Land, weswegen ein Netz militärischer Vorposten und Forts errichtet wurde, die die Zuwanderer vor den Überfällen der Apachen schützen sollten und die im Bürgerkrieg dazu dienten, die Truppen der Konföderierten von diesem Territorium fernzuhalten.

Nachdem die wachsende Zahl der Siedler die einst riesigen Bisonherden fast ausgerottet hatte und sich Land aneignete, das den Indianern durch Vertrag zustand, brachen in den siebziger Jahren des 19. Jahrhunderts die sogenannten Indianer-Kriege aus, die für die Ureinwohner mit der Niederlage endeten. Danach setzte der große Goldrausch ein, der eine Zeit der Gesetzlosigkeit mit sich brachte. Auch die Wirtschaft der Region änderte sich durch die Gründung von Minen- und Viehzuchtkonzernen, vor allem aber durch den Bau der Eisenbahn in den achtziger Jahren, die die Region fest mit dem übrigen Amerika verband. 1912 wurden Neu-Mexiko und Arizona als 47. und 48. Staat in die Union aufgenommen.

Das milde Klima – Städte wie Albuquerque und Phoenix haben über dreihundert Sonnentage pro Jahr – und die im Aufwind befindliche Wirtschaft sorgen dafür, daß der Strom der Zuwanderer aus dem Norden nicht abreißt.

Vier Zauberpflanzen

Landwirtschaft und Nahrungsmittelproduktion standen für die Bewohner des Südwestens immer an vorderster Stelle, was mit den einstigen unsicheren Lebensumständen zusammenhängt. Es war ein bedeutender historischer Schritt von der Sammler- und Jäger-Existenz der nomadisierenden Stämme zu den komplexen landwirtschaftlichen Systemen der Anasazi-, Hohokam- und Mogollon-Kulturen. Herzstück dieser Systeme waren die vier Zauberpflanzen: Mais, Chilischoten, Bohnen und Kürbis. Diese Nahrungsmittel sind den Indianern der Region immer noch heilig und spielen in ihrer Ernährung eine äußerst wichtige Rolle. Auch die später eingewanderten Siedler spanischen und amerikanischen Ursprungs fanden an diesen Gemüsen Gefallen.

In Neu-Mexiko ist der Anbau von Chilischoten finanziell am ertragreichsten. Die Hauptanbaugebiete liegen im südlichen Teil des Bundesstaates um Hatch und Las Cruces herum und im Bergland nördlich von Santa Fe, in Chimayo, Espanola, Dixon und Truchas. Die Chilischoten von Neu-Mexiko haben einen einzigartigen Geschmack, mild und erdig, ein Aroma, das den Himmel und die Landschaft widerzuspiegeln scheint. Im Herbst bieten Straßenstände frisch geerntete Chilischoten an oder sogenannte *ristras*, getrocknete Chilischoten, auf einer Schnur aufgereiht. Die Luft ist angefüllt vom Aroma der Chilischoten, die in großen Trockentrommeln über Propangasfeuer geröstet werden und deren ätherische Öle in die Nase steigen, den Kopf klar machen und den Appetit anregen. Jedes Jahr im September wird in Santa Fe eine Chili- und Wein-Fiesta abgehalten, auch Hatch organisiert ein Chili-Festival.

Ein weiteres wichtiges Erzeugnis dieser Gegend ist Obst. Auch hier bevorzugt man Sorten, die dem Klima und der kurzen Wachstumsperiode angepaßt sind. Die Spanier brachten aus Mexiko Obstbäume mit, weshalb das

---

MAIS

Mais, Bohnen, Kürbis und Chilischoten gelten im Südwesten als heilig. Mais wird hier schon seit Jahrtausenden angebaut und spielt eine zentrale Rolle bei den religiösen Zeremonien der Indianer.

Mais ist eine Züchtung aus einem Wildgras und stammt aus Zentralmexiko, von wo aus er sich in der präkolumbianischen Zeit in ganz Nordamerika verbreitete. Zu der Zeit, als Kolumbus bei seiner Rückkehr nach Europa Mais mitnahm, hatten die Indianer schon mehr als zweihundert verschiedene Arten gezüchtet, eine äußerst bemerkenswerte Leistung in der Geschichte der Menschheit.

Die Präkolumbianer kreuzten Maispflanzen so lange, bis sie jeweils verschiedenfarbige Körner trugen, die die Richtungen des Universums repräsentierten. Noch heute findet man im Südwesten Mais mit blauen, roten, weißen, purpurnen und bunten Körnern. Der blaue Mais gilt als Besonderheit des Südwestens. Schon die Indianer pflegten den größten Teil der Maisernte für den Winter zu trocknen. Im Herbst bietet der Südwesten deswegen ein typisches Bild: Überall sieht man Maiskolben neben Ketten von Chilischoten in der Sonne zum Trocknen hängen.

Für die Zubereitung von Mais hat man im Südwesten eine Vielzahl von Methoden entwickelt: Man kocht die Maiskörner samt Kolben oder ohne; man trocknet sie und mahlt sie zu Maisgrütze oder zu Maismehl; man bereitet *hominy* daraus, der dann zu *masa harina*, dem Mehl für Mais-Tortillas, gemahlen wird. Man kann auch Öl aus ihnen pressen, und die getrockneten Maisblätter dienen als Hülle für *tamales*.

Rio-Grande-Tal voller Obstgärten ist. Eine besondere Spezialität des nördlichen Neu-Mexiko sind die Äpfel von Velarde, Chimayo und Umgebung. Im September sind die Straßenstände voll mit den besten und frischesten Äpfeln, die es weit und breit gibt; man schenkt selbstgepreßten Apfelmost aus, und in Velarde, das zwischen Santa Fe und Taos liegt, findet ein Apfel-Festival statt. Auch Weichobst gehört zu den regionalen Spezialitäten, besonders Himbeeren, die um Mora, Neu-Mexiko, herum gezüchtet werden. Die Pekannüsse, die im Mesilla-Tal im Süden Neu-Mexikos wachsen, gehören zu den besten in den USA. Pinienkerne sind ein weiteres wichtiges Erzeugnis der Gegend. Die Landschaft im nördlichen Neu-Mexiko und in Teilen Nord-Arizonas ist stellenweise mit den typischen gedrungenen immergrünen Pinien bestanden, und im Spätherbst ist es kein seltener Anblick, ganze Familien beim Nüssesammeln zu sehen. Man legt Tücher unter den Bäumen aus und schüttelt die Nüsse darauf. Die kleinen, würzig schmeckenden Kerne werden dann aus der Schale gebrochen und geröstet. Überall pflanzt man Bohnen, Kürbis und Mais an. Bestimmte Maisarten, die besonders gut an die Höhenlage und die kurze Wachstumsperiode angepaßt sind, wie Platinum Lady und verschiedene Varianten von blauem Mais, gehören zu den regionalen Spezialitäten. Ein weiteres landwirtschaftliches Hauptprodukt, das seit Jahrhunderten in der Region angebaut wird, ist Baumwolle; auch Kopfsalat, Melonen und Weizen spielen eine wichtige Rolle in der Agrarproduktion von Arizona.

In den letzten Jahren ist eine Zunahme bei der Erzeugung organisch-biologischer Produkte zu verzeichnen, besonders in der Umgebung von Städten mit gehobener Gastronomie wie Santa Fe. Auch die Zahl der Wochenmärkte, die von den Farmern beliefert werden, nimmt laufend zu; hier findet man die besten und frischesten Produkte der Gegend. So bietet man im Herbst an den Marktständen in Santa Fe oder auch direkt von der Ladeklappe der Lieferwagen eine bunte Auswahl an Chillies, Äpfeln und anderem Obst an, daneben Eimer voll Mais, frischen Honig im Glas, Blumen und Nüsse. Der Besuch solcher Märkte ist ein wahres Vergnügen – oft bieten die Verkäufer ein ebenso buntes Bild wie ihre Erzeugnisse.

Die Weideviehhaltung bestimmt immer noch einen wichtigen Teil des Lebens im ganzen Südwesten. Obwohl Rinder dabei den weitaus größten Teil ausmachen, werden auch überall Schafe und Ziegen gezüchtet. Die landwirtschaftliche Abteilung der Utah State University hat ein interessantes Projekt gestartet, nämlich die Wiederaufzucht des *churro* im Südwesten. Dieses ausdauernde Schaf wurde von den Spaniern in die Neue Welt gebracht und von den Navajos wegen seiner Wolle und seines Fleisches gehalten. Aber Anfang des 20. Jahrhunderts war es in ganz Nordamerika praktisch ausgestorben, nur in Teilen Mexikos zog man es noch auf. Die *churro*-Schafe sind hervorragend an das rauhe Terrain und Klima dieses Landstrichs angepaßt und haben ein dunkleres Fleisch als andere Schafarten.

Weite Gebiete des Südwestens sind noch reich an Wild, und in der Jagdzeit

BOHNEN

Archäologische Funde zeigen, daß Bohnen in einigen Gegenden Südamerikas schon vor mindestens 7000 Jahren angebaut wurden und über Mittelamerika in den Norden des Kontinents gelangten. In den Felswohnungen im Südwesten der USA wurden sie mit Sicherheit schon vor 1500 Jahren verzehrt. Die nordamerikanischen Indianerstämme züchteten bereits eine Vielzahl unterschiedlicher Bohnenarten, je nach den örtlichen Wachstumsbedingungen. Man kreuzte verschiedenfarbige Bohnen, so wie man es beim Mais tat, um Bohnen in den Farben zu erhalten, die die Grundrichtungen des Universums symbolisierten: Blau (Westen), Weiß (Osten), Gelb (Norden), Rot (Süden), Bunt (Zenit) und Schwarz (Nadir). Die Ureinwohner des Südwestens verwendeten Bohnen in Suppen, Eintöpfen, Kuchen, Salaten und mahlten sie zu Mehl. Für den Winter bewahrte man die Bohnen in besonderen Tonkrügen und -schüsseln auf, um sie bei zeremoniellen Anlässen, als Geschenk oder Handelsware zu verwenden. Die folgenden Bohnenarten sind die heute am häufigsten in der südwestlichen Küche gebräuchlichen.

Pintobohnen stammen aus dem Südwesten und sind eine Abart der gewöhnlichen Kidneybohne. Der aus dem Spanischen stammende Name bedeutet »bemalt«. In ungekochtem Zustand hat die Pintobohne eine beige Grundfarbung, die von bräunlich-rosa Streifen durchzogen wird. Nach dem Kochen färbt sich die Schale zu einem einheitlichen Rosa. Die Pintobohne ist die beliebteste Bohnenart in Nordamerika und zudem eine der nahrhaftesten. Ungewürzt schmeckt sie ein wenig fade, so daß man sie am besten mit kräftigen Aromen wie Knoblauch, Chilischoten und Kräutern zusammen kocht.

Auch die *Teparybohnen* wurden von den im Südwesten lebenden Indianern gezüchtet und spielten bei den Zeremonien der Zunis eine wichtige Rolle. Sie werden auch als *Mexican haricot beans* bezeichnet. Sie sind bunt gefleckt, von unterschiedlicher Form und Größe und besitzen einen kräftigen Geschmack, der sich gut in einen Eintopf mit grünen Chilischoten einfügt.

Anasazibohnen haben einen etwas süßlichen Geschmack und eine mit dunklem Preiselbeerrot und Weiß gescheckte Schale. Wie ihr Name verrät, wurden sie vom Indianerstamm der Anasazi gezüchtet.

Schwarze Bohnen, auch *turtle beans* genannt, haben tatsächlich eine dunkle Purpurfarbe. Sie stammen ursprünglich aus Mittelamerika und haben ein kräftiges, rauchiges Aroma und einen leichten Anklang an den Geschmack von Pilzen.

Bohnen sind sehr nährstoffreich und für viele Haupteiweißquelle. Bohnen sind eine gute Ergänzung zu Mais. Sie liefern essentielle Aminosäuren, Ballaststoffe, Mineralien und Vitamine, sind cholesterinfrei und enthalten keine gesättigten Fettsäuren. Getrocknete Bohnen sollten in luftdichten Behältern aufbewahrt und im allgemeinen vor dem Kochen eingeweicht werden. Man spült sie unter fließendem Wasser ab, läßt sie gut abtropfen und entfernt alle Verunreinigungen und Steine. Die Bohnen werden dann mit reichlich Wasser bedeckt und sollten mindestens vier bis fünf Stunden, besser noch über Nacht, quellen. Danach wird das Einweichwasser durch ein Sieb abgegossen, und die Bohnen werden gründlich abgespült. Sie sind dann kochfertig.

CHILISCHOTEN

Chillies, von denen es etwa 150 verschiedene Arten gibt, stellen ein verbindendes Element der Küche auf dem gesamten amerikanischen Kontinent dar. Sie gehören zur Spezies Capsicum, einem Mitglied der Nachtschattenfamilie, zu der auch die Aubergine, die Tomate, die Kartoffel und der Tabak gehören, und sind das am weitesten verbreitete Gewürz auf der Welt. Die ersten Chilipflanzen, die von Menschen angebaut wurden, stammen von Gewächsen aus den Dschungeln des Amazonas. Archäologische Funde belegen, daß man sie in Zentral- und Südamerika schon vor mindestens 8000 Jahren aß. In den alten Küchen von Mittelamerika stellten sie ein Grundnahrungsmittel dar und kamen auf dem Handelsweg nach Norden. Für die Pueblo-Indianer des Südwestens waren Chilischoten schon vor rund 2000 Jahren eine wichtige Zutat in ihrer Küche, um Mais, Bohnen und Kürbis zu würzen. Wilde Chillies wachsen noch in der Sonora- und Chihuahua-Wüste im Süden Neu-Mexikos und Arizonas und werden von den dort lebenden Indianern gesammelt.
Kolumbus entdeckte die Chilischote in der Karibik. Da die dort wachsenden Arten ihn an schwarze Pfefferkörner erinnerten, benannte er seinen Fund auch so. Pfeffer und Chilipflanze sind nicht miteinander verwandt, dennoch ist die fälschliche Bezeichnung für letztere geblieben. Kolumbus nahm getrocknete Chilischoten und -samen mit nach Europa, wo die Pflanze großen Anklang fand, als sich herausstellte, daß sie sich leicht ziehen ließ und einen exzellenten Ersatz für den teuren schwarzen Pfeffer lieferte. Spanische und portugiesische Forschungsreisende nahmen Chilisamen auf ihre Fahrten mit, und so verbreitete sich die Chilischote innerhalb eines Jahrhunderts auch über Westafrika, Indien, China und Südostasien.
Chillies werden auf vielerlei Art angeboten: frisch, getrocknet, gefroren, in der Dose und gemahlen. Beim Kauf von frischen Chilischoten sollte man darauf achten, daß sie fest, trocken, glänzend und unversehrt sind und schwer in der Hand liegen. Wer gegen das Capsaicin, den Wirkstoff, der den Chilischoten ihre Schärfe verleiht, empfindlich ist, sollte bei der Zubereitung möglichst Gummihandschuhe tragen, tunlichst nicht Augen oder Gesichtshaut berühren und sich anschließend die Hände gründlich waschen.
In der Küche der Südweststaaten ist es üblich, frische Chillies zu braten oder zu grillen, was ihnen ein besonderes Aroma verleiht und das Abziehen der Haut, die oft bitter schmecken kann, erleichtert.
Getrocknete Chilischoten verwendet man meist für Saucen; der Trocknungsprozeß intensiviert ihren Geschmack. Es ist ratsam, intakte getrocknete Chilischoten auszusuchen, die von einheitlicher Farbe und noch etwas elastisch sind. Auch getrocknete Chillies werden in der Küche der Südweststaaten vor der Verwendung meist geröstet und dann vor dem Gebrauch in warmem Wasser eingeweicht.
Tiefgefrorene Chilischoten sollte man nur verwenden, wenn frische nicht erhältlich sind. Chilipulver sollte keine anderen Zutaten enthalten. In den USA werden die Sorten New Mexico, *ancho* oder *molido* bevorzugt. Das Pulver sollte kräftig gefärbt sein, ein intensives Aroma haben und ein wenig klumpen, was ein Zeichen dafür ist, daß es noch geschmackstragende ätherische Öle enthält.

geht man auf Hirsch- und Elchpirsch. Diese Tiere leben in der Hauptsache von den jungen Trieben des Wacholders und der Pinien sowie von Wildgräsern und Kräutern, was ihrem Fleisch einen unvergleichlich aromatischen Geschmack verleiht. Unter den Kakteenstauden trippeln Wachteln, und im Dickicht der Zwergeichen hausen Wildtruthähne, die laut schreien, wenn man sie stört.

Touristische Attraktionen

Der Tourismus wird im ganzen Südwesten großgeschrieben und nimmt laufend an Umfang zu. Zwar übertrifft nichts die majestätische Pracht des Grand Canyon, aber in der Gegend von Tucson findet man viele Ferien-Ranches und Urlaubsorte, darüber hinaus ist Santa Fe ein bedeutendes Touristenzentrum – die Stadt mit 55000 Einwohnern wird jährlich von 1,5 Millionen Besuchern überschwemmt. Weitere Touristenzentren sind Sedona, Flagstaff, Lake Powell und Taos; zu Abertausenden zieht es die staunenden Besucher zu den Naturwundern wie Monument Valley, Meteor Crater, dem Petrified Forest und den vielen Geisterstädten von Neu-Mexiko und Arizona, die einst von den Edelmetallschürfern erbaut wurden. Das Angebot an Freizeitvergnügungen ist sehr umfangreich, man kann wandern, campen und fischen, jagen, Floß und Ski fahren.

Wo Touristen sind, blüht die Gastronomie. In den großen Städten der Region wie Albuquerque, Phoenix und Tucson findet man hervorragende Restaurants, aber gastronomische Spitzenleistungen bietet Santa Fe, das zur Pilgerstätte von Gourmets aus nah und fern geworden ist. Gerichte aus der Küche der Südweststaaten sind wegen ihrer prägnanten starken Aromen, ihrer Bekömmlichkeit, ihrem ansprechenden Aussehen und ihrer Einfachheit überall in den USA beliebt.

Die Wurzeln der Südwest-Küche sind vielfältig; in ihr vereinigen sich unterschiedliche Kochstile: indianische, nordmexikanische und die der Tex-Mex-, der *hispanic-* und der angloamerikanischen Küche. Dennoch bedient sie sich fast ausschließlich der regionalen Erzeugnisse. Ihre Grundlagen sind seit Jahrhunderten Chilischoten, Kräuter, Gewürze, Mais und Bohnen. Zur alltäglichen Verpflegung gehören *tortillas* und *tamales*, die man am einfachen Straßenimbiß ebenso wie in den feinen Restaurants bekommt. Eine Reihe regionaler Spezialitäten spiegelt die Vermischung der unterschiedlichen Kulturen wider, wie die *sopapillas*, die lateinamerikanische Version des Indianerbrotes, oder *posole*, ein Eintopf aus *hominy*-Mais, Schweinefleisch und Chilischoten, oder *rellenos* mit blauem Mais und schwarzen Bohnen.

Weitere Spezialitäten aus Neu-Mexiko sind *carne adobada*, Schweinefleisch, das mariniert und dann mit roten Chilischoten geschmort wird; *empanaditas*, kleine fleischgefüllte Teigtaschen; *natilla*, eine Eiercreme, die mit Meringue gekrönt wird, und *biscochitos*, ein mit Aniszucker gesüßtes Weihnachtsgebäck. Die für Arizona typischen Gerichte zeigen deutlich den

Einfluß der nordmexikanischen Provinz Sonora. Bekannte Spezialitäten sind *menudo*, ein Eintopf mit Kutteln und Chilischoten; *chimichangas*, ausgebackene *burritos*, und junge Kaktussprossen, die als Salat oder Gemüse serviert werden.

Die Weine von Arizona und Neu-Mexiko

Die Landschaft von Neu-Mexiko und Arizona, so anregend und unendlich weitläufig sie auch sein mag, läßt nicht vermuten, daß hier Wein wächst und gekeltert wird. Nichtsdestoweniger stellt man im Bergland von Südostarizona und im nordsüdlich durch Neu-Mexiko verlaufenden Rio-Grande-Tal eine Reihe von Weinen her, die nicht nur gut sind, sondern jedes Jahr besser werden.

Obwohl Arizona schon immer – wenn auch in überschaubarem Maße – Tafeltrauben auf den Markt brachte, verband man seinen Namen nie mit der Weinherstellung. Im letzten Jahrzehnt haben jedoch nach dem Erlaß der neuen staatlichen Weingesetze viele Umwälzungen stattgefunden. Diese Gesetze, ähnlich den neuen Weingesetzen einer Reihe von anderen US-Staaten, haben das Aufkommen einer Weinindustrie im Südwesten wesentlich gefördert. Etliche neue Weinkellereien haben sich mittlerweile etabliert und werden, falls die Nachfrage groß genug sein wird, Arizona in ein ernst zu nehmendes Weinproduktionsgebiet der USA verwandeln. Neu-Mexiko versucht, wieder an seine Vergangenheit als Weinerzeuger anzuknüpfen. Schon im 17. Jahrhundert legten die Spanier überall im Rio-Grande-Tal Weingärten an. Gegen Ende des 19. Jahrhunderts hatte Neu-Mexiko, so wie Texas, eine florierende Weinindustrie, die zu neuem Leben erwacht ist. Heute gibt es an die zwanzig Kellereien, die hauptsächlich europäische Rebsorten verarbeiten. Die Anderson Valley Vineyards von Albuquerque sind führend in der Erzeugung von Cabernet Sauvignon, und die Domaine Cheurlin, die in einer Stadt mit dem beziehungsreichen Namen Truth or Consequences (Wahrheit oder Konsequenzen) angesiedelt ist, füllt hervorragenden, nach der Champagnermethode erzeugten Schaumwein ab.

ARIZONA:
Rotwein: Cabernet Sauvignon
NEU-MEXIKO:
Weißweine: Brut und Extra Dry (Schaumwein), Chardonnay; *Rotwein:* Cabernet Sauvignon

Pueblo Bean Soup

Bohnensuppe nach Pueblo-Art

Dieses Rezept verwendet Pintobohnen, die in Europa leicht erhältlich sind; im Südwesten der USA wird es auch oft mit Tepary- oder Anasazibohnen gekocht.

1 1/2 EL Olivenöl

200 g geräucherter Speck, in Würfel geschnitten

1 große Zwiebel, in Würfel geschnitten

6 Tomaten, vorzugsweise Eiertomaten, in Würfel geschnitten

4 Knoblauchzehen, fein gehackt

400 g gekochte Pintobohnen

3 EL rotes New-Mexico-Chili-Püree (siehe Seite 204)

1 1/2 l Hühner- oder Gemüsebrühe, ersatzweise Wasser

Salz · 3 EL gehackter frischer Majoran

Das Olivenöl in einem Topf erhitzen. Den Speck darin bei mittlerer Temperatur auslassen. Die Zwiebel zugeben und in 3 bis 5 Minuten glasig dünsten. Tomaten, Knoblauch und Bohnen in den Topf geben, das rote Chili-Püree unterrühren und die Brühe zugießen. Aufkochen, die Hitze reduzieren und die Suppe 5 Minuten köcheln lassen. Mit Salz und gehacktem Majoran würzen und mit Maisbrot servieren.

New Mexico Red Chili* Puree

Rotes New-Mexico-Chili-Püree

Dieses Püree aus getrockneten Chillies ist eines der Fundamente der Küche des Südwestens. Die Zubereitung gilt sinngemäß für alle Arten getrockneter Chilischoten.

ERGIBT ETWA 3/4 LITER:

125 g getrocknete New-Mexico- oder rote ancho-Chilischoten, Stengel und Samen entfernt

1/4 l Einweichwasser, Wasser oder Hühnerbrühe

Die Chilischoten in einer gußeisernen Pfanne bei mittlerer Temperatur oder in dem auf 120° C vorgeheizten Backofen etwa 3 bis 4 Minuten rösten. Dabei gelegentlich die Pfanne rütteln und darauf achten, daß die Chilischoten nicht zu schwarz werden. In eine Schüssel geben und mit Wasser bedecken. Zugedeckt 20 Minuten stehenlassen.

Die Chilischoten in einen Mixer geben, 1/4 l Flüssigkeit zugießen. (Falls das Einweichwasser nicht bitter schmeckt, davon zugeben. Andernfalls normales Wasser oder Hühnerbrühe verwenden.) Die Chilischoten zu einer feinen Paste pürieren, eventuell etwas mehr Flüssigkeit zufügen.

*Anmerkungen zu Chillies

Das spanische Wort *chile* gibt die ursprüngliche aztekische Bezeichnung korrekter wieder als die in den USA und bei uns gebräuchliche Form chili. Die Bezeichnung Chili-Pfeffer ist falsch. Kolumbus gab der Pflanze diesen Namen, im Glauben, daß ihre Früchte mit dem des schwarzen Pfeffers identisch seien. (Siehe auch Kasten »Chilischoten« auf Seite XXX.)

Pumpkin Soup with Corn

Kürbissuppe mit Mais

Die wichtigsten Grundnahrungsmittel der Indianer des Südwestens waren jahrhundertelang Kürbis, Mais, Bohnen und Chillies; drei davon finden sich in dieser Suppe wieder. Kürbisse hatten einen besonderen Vorteil: Sie konnten noch spät im Jahr geerntet und für den Winter eingelagert werden.

3 EL Olivenöl · 1 große Zwiebel, in Würfel geschnitten
1 große Mohrrübe, in Würfel geschnitten
1 Kürbis, etwa 3 – 4 kg schwer, geschält, entkernt und in Würfel geschnitten
3 Maiskolben
6 scharfe grüne Chilischoten, geröstet, geschält, entkernt und in Würfel geschnitten
2 1/4 l Gemüsebrühe oder Wasser
3/4 TL gemahlener Piment · Salz
1 1/2 EL gehackter Majoran

Das Öl in einem Topf erhitzen, Zwiebel, Mohrrübe und Kürbis hineingeben und bei mittlerer Temperatur etwa 5 Minuten dünsten. Die Maiskörner von den Kolben lösen und zusammen mit den grünen Chilischoten in den Topf geben. Weitere 5 Minuten schmoren. Brühe und Piment zugeben, mit Salz abschmecken und die Suppe aufkochen. Mit Majoran bestreuen und heiß servieren.

Sonoran Cactus Salad

Kaktussprossen-Salat Sonora-Art

Die nach der gleichnamigen nordmexikanischen Provinz benannte Wüste von Sonora zieht sich bis ins südliche Arizona und in die Gegend von Tucson hinein. Kaktussprossen (*nopales*) schmecken ähnlich wie grüne Bohnen oder Okraschoten und sind eine typische Zutat der Küchen Mexikos und der angrenzenden US-Staaten.

2 Kaktussprossen
3 rosa Grapefruits, geschält und in Spalten zerteilt
125 g Brunnenkresse
1 Kopf Radicchio, die harten Rippen entfernt und die Blätter in mundgerechte Stücke gezupft (nach Belieben)
Saft von 2 Limetten · 0,2 l leichtes Olivenöl
1 1/2 TL Salz
1/2 – 3/4 EL Cayennepfeffer oder, für eine mildere Würze, reines Chilipulver
3 EL Schnittlauchröllchen

Die Kaktussprossen schälen und in kochendem Salzwasser 1 Minute blanchieren, in Eiswasser abschrecken und in feine Streifen schneiden. In Streifen geschnittene Kaktussprossen und Grapefruit-Spalten auf dem Salatbett anrichten. Mit Limettensaft und Olivenöl beträufeln und mit Salz, Chilipulver und Schnittlauchröllchen bestreuen. Gekühlt servieren.

Barbecued Brisket Tamales

Tamales mit Rinderbrust und Barbecue-Sauce

Tamales sind ein typisches Familiengericht in Neu-Mexiko; man bereitet sie jedoch im gesamten Südwesten zu. Wichtig ist dabei, daß der Teig mit Brühe oder Sauce gewürzt wird, um den Geschmack der Füllung hervorzuheben. Die Zartheit der lange gekochten Rinderbrust geht auch beim Dämpfen nicht verloren.

ERGIBT 6 TAMALES:

500 g Rinderbrust · 3/4 l smoky barbecue sauce (siehe Seite 208)
500 g masa harina (siehe Glossar) · 1/8 l Wasser
1 1/2 EL zerlassene Butter · 1 TL Salz · 1 TL Zucker
1 TL Backpulver
8 große getrocknete Maisblätter, 20 – 30 Minuten in heißem Wasser eingeweicht

Die Rinderbrust in einem Topf bei niedriger Temperatur in der Barbecue-Sauce etwa 2 Stunden weich schmoren. Falls das Ganze zu trocken zu werden beginnt, etwas Wasser zugießen. Abkühlen lassen und die Rinderbrust in feine Streifen schneiden. Die Barbecue-Sauce beiseite stellen. Für den Teig *masa harina*, 1/8 l Barbecue-Sauce, Wasser, Butter, Salz, Zucker und Backpulver in der Küchenmaschine oder mit einem Handrührgerät vermischen und den Teig etwa 10 Minuten rühren, bis er leicht und locker ist.

Die Maisblätter aus dem Wasser nehmen und trockentupfen. Von 2 Maisblättern 12 dünne Streifen zum Zusammenbinden der *tamales* abreißen. Die restlichen 6 Maisblätter ausbreiten. Den Teig in 12 gleich große Portionen teilen. Mit den Handballen jeweils eine Portion Teig auf einem Maisblatt auswalzen. Auf dem Teig 2 EL Rinderbruststreifen verteilen, darauf wiederum eine Teigportion ausbreiten und festdrücken. Die Maisblätter zusammenrollen und an jedem Ende mit einem Maisblattfaden fest verschließen, damit die Füllung nicht herausfallen kann.

Die *tamales* 30 bis 40 Minuten über einem Wasserbad dämpfen, dabei den Topf fest verschlossen halten. Es sollte beim Garen möglichst kein Dampf entweichen, und das Wasser sollte immer leicht kochen. Die *tamales* sind gar, wenn sich der Teig leicht von den Maisblättern löst.

Von der Barbecue-Sauce 3 bis 4 Eßlöffel auf eine Platte geben und die *tamales* darauf anrichten.

Smoky Barbecue Sauce

Barbecue-Sauce mit Raucharoma

Diese Barbecue-Sauce paßt auch gut zu Spareribs, *burgers* und gegrilltem Huhn. Chipotle-Chillies sind eigentlich Jalapeño-Chillies, die geräuchert werden und dadurch ihr besonderes Aroma erhalten. Sie werden getrocknet oder mit Zwiebeln, Tomaten, Essig und Gewürzen eingelegt, *en adobo*, in der Dose verkauft. In diesem Rezept werden letztere verwendet.

ERGIBT ETWA 2 LITER:

1/4 l Reisessig · 1/4 l Apfelessig · 1 EL gemahlener Piment

1/2 EL Nelken · 2 EL Koriandersamen · 1/8 l Olivenöl

---

1 mittlere Zwiebel, gehackt · 4 Knoblauchzehen, geröstet

---

250 g dunkelbrauner Zucker · 4 EL (60 g) Melasse

1/4 l pürierte chipotle-*Chilischoten en adobo (siehe Einleitung zu diesem Rezept)*

---

650 ml Ketchup oder Tomatensauce

---

1 EL Worcestershire -Sauce · 1/4 l Wasser · 1 EL Salz

In einem Topf die beiden Essigsorten und die Gewürze zum Kochen bringen und auf die Hälfte einkochen. Durch ein feines Sieb gießen und beiseite stellen.

In einer großen Pfanne oder in einem Topf das Öl erhitzen und Zwiebel und Knoblauch bei mittlerer Temperatur in etwa 8 bis 10 Minuten leicht anbräunen. Braunen Zucker und Melasse zugeben und mit der Essigreduktion löschen.

Das *chipotle*-Chilipüree, Ketchup, Worcestershire-Sauce, Wasser und Salz unterrühren, aufkochen, die Hitze reduzieren und etwa 30 Minuten köcheln lassen. Im Mixer zu einem glatten Püree verarbeiten. Falls die Sauce ein wenig zu dick ist, mit etwas Wasser verdünnen.

Red Chili Posole

Roter Chili-Posole

Diese klassische Suppe aus Neu-Mexiko findet man an Festtagen in jeder Cantina, jedem Restaurant und jedem Pueblo. Posole sind getrocknete weiße Maiskörner, die *hominy* ähneln, aber intensiver schmecken. In den USA findet man vorbereiteten *posole* dort, wo man auch Tortillas bäckt, und in lateinamerikanischen Spezialitätenläden. Traditionellerweise kocht man *posole* mit Schweinefleisch, aber man kann auch Lamm oder Truthahn nehmen.

Die Kräuter sollten vor der Zubereitung in einer trockenen Pfanne zwei bis drei Minuten geröstet und dabei mit einem Holzlöffel umgerührt werden.

200 g frischer posole *oder frische Maiskörner*
2 große Knoblauchknollen, quer halbiert · 6 l Wasser
2 EL Schmalz
750 g Schweinehaxe oder -schulter, in Würfel geschnitten
1 mittlere Zwiebel, gehackt
1 EL getrockneter Origano, geröstet
1 EL getrockneter Thymian, geröstet
1 EL gemahlener Kreuzkümmel, geröstet · Salz
1/8 l rote Chili-Sauce (siehe Seite 212)
125 g Kohl, in feine Streifen geschnitten
4 Radieschen, in Scheiben geschnitten

Posole beziehungsweise Maiskörner und Knoblauch zusammen mit dem Wasser in einen großen Topf geben und in 2 bis 3 Stunden weich kochen, nach Bedarf eventuell noch etwas Wasser zugießen. In einem anderen Topf das Schmalz erhitzen und das Schweinefleisch darin bei mittlerer Hitze etwa 5 Minuten anbräunen. Die Zwiebel zugeben und in etwa 3 bis 5 Minuten dünsten. Origano, Thymian und Kreuzkümmel sowie den Mais unterrühren. Etwas Kochflüssigkeit zugießen – der Posole sollte aber nicht zu flüssig werden. Mit Salz abschmecken und weitere 2 bis 3 Minuten köcheln lassen. In Portionsschüsselchen füllen, mit roter Chili-Sauce beträufeln und mit Kohlstreifen und Radieschenscheiben garnieren.

*DIE GREAT PLAINS: Schokoladenkuchen nach irischer Art (S. 166),
Dänischer Butterkuchen (S. 165)*

APFEL-CHILI-SAUCE VELARDE:

3 Tomaten, vorzugsweise Eiertomaten

0,2 l pürierte ancho-Chilischoten (Zubereitung wie rotes
New-Mexico-Chili-Püree auf Seite 204)

2 Knoblauchzehen, geröstet und geschält

2 grüne Äpfel, zum Beispiel Granny Smith, geschält, entkernt und in kleine Stücke geschnitten

1 TL gemahlener Zimt

1/2 EL Apfelessig

1 Prise gemahlene Nelken

1 Prise gemahlener Piment · 1 TL Salz · 1/2 EL Zucker

1 1/2 EL Erdnußöl oder Schmalz

In einer Pfanne 4 EL (60 ml) Olivenöl erhitzen und die Truthahnbrustwürfel
darin anbraten. In einer zweiten großen Pfanne oder in einem großen Topf
das restliche Öl heiß werden lassen und *poblano*-Chilischoten, Zwiebel,
Mohrrübe, Knoblauch, Tomaten und rote Paprikaschote bei mittlerer Temperatur etwa 5 Minuten darin anbraten. Zucker und Gewürze unterrühren
und mit Essig ablöschen. Das Truthahnfleisch zugeben und zum Kochen
bringen. Trockenfrüchte, Chili-Pürees und Wasser zugeben, aufkochen, die
Hitze reduzieren, 30 Minuten leise köcheln lassen, bis die Gemüse gar sind
und das Ganze etwas eingedickt ist. Die Mandelblättchen unterrühren und
mit Salz abschmecken.
In der Zwischenzeit die Sauce zubereiten. Die Tomaten in einer Pfanne bei
hoher Temperatur in etwa 5 Minuten oder unter einem Grill bräunen. Zusammen mit den anderen Zutaten in einen Mixer geben und pürieren.
Eventuell noch etwas Flüssigkeit zugeben (vorzugsweise das Wasser, in
dem die Chilischoten eingeweicht wurden). Das Püree durch ein Sieb passieren. Öl oder Schmalz in einem hohen Topf rauchend heiß werden lassen, das Püree hineingeben und bei Mittelhitze unter ständigem Rühren etwa 4 Minuten braten.
Den Backofen auf 165° C vorheizen. Die Haut von den gerösteten *poblano*-Chilischoten abziehen, das Gemüse längs etwas einschneiden und vorsichtig Samen und Rippen entfernen. Mit der Truthahnmischung füllen und
die Chilischoten etwas einrollen, um die Öffnung zu schließen. Die gefüllten *poblano*-Chilischoten in eine leicht eingeölte feuerfeste Form legen und
im vorgeheizten Ofen in 15 bis 20 Minuten backen. Die *rellenos* auf einem
Reisbett anrichten und mit der Sauce umgießen.

TEXAS: Oben: Porterhouse-Steak mit kräftiger Würze (S. 179),
Warmer Pfirsichsalat (S. 180)
Unten: Chili (S. 181) und Maisbrot (S. 182)

TEXAS: Taubenbrust mit Süßkartoffelpuffern und Mango-Yamsbohnen-Sauce (S. 186), Gefüllte Auberginen mit Krebsfleisch (S. 185), Grüne Hühner-Enchiladas (S.189)

Grilled Red Chili Molasses Duck with Piñon Rice

Würzige Grill-Entenbrüste auf dem Reisbett
(siehe Foto Seite 266)

Der Südwesten ist mit Wildenten und Pinienbäumen reich gesegnet, so daß Wildgeflügel und Pinienkerne häufig verwendet werden.

---

4 EL (60 ml) rotes New-Mexico-Chili-Püree (siehe Seite 204)

1 1/2 EL Honig · 3 EL Melasse · 4 EL (60 ml) Wasser

3 Knoblauchzehen, geröstet und fein gehackt · 1/2 TL Salz

6 Entenbrüste, jeweils etwa 250 g schwer

REIS:
125 g Pinienkerne · 4 EL (60 g) Butter

1 kleine Zwiebel, fein gehackt

1 große Knoblauchzehe, fein gehackt

500 g Langkornreis

1 1/8 l Wasser

1 TL gemahlener mexikanischer Origano, geröstet

1 EL feingehackter Majoran · 1 1/2 TL Salz

1 TL gemahlener Kreuzkümmel, geröstet

60 g geröstete gemahlene New-Mexico-Chilischoten (siehe Rotes New-Mexico-Chili-Püree auf Seite 204, dann in der Gewürzmühle gemahlen)

Die ersten sechs Zutaten in einer Schüssel miteinander vermischen. Die Entenbrüste in einer flachen Form auslegen und mit der Marinade begießen. Über Nacht im Kühlschrank ziehen lassen. Den Holzkohlengrill vorheizen. Die Brüstchen aus der Marinade nehmen, die Marinade beiseite stellen. Die Entenbrüste bei niedriger Temperatur grillen, damit Honig und Melasse das Fleisch nicht zu stark bräunen, dabei gelegentlich mit etwas Marinade bestreichen. Auf jeder Seite etwa 7 Minuten garen, damit das Fleisch saftig und rosa bleibt. Längeres Grillen würde es austrocknen.

Für den Reis die Pinienkerne im 180° C heißen Ofen etwa 15 Minuten goldgelb rösten. Beiseite stellen. Die Butter in einer Pfanne erhitzen und Zwiebeln und Knoblauch darin bei mittlerer Temperatur etwa 6 bis 8 Minuten weich dünsten. In einen Topf gießen, die restlichen Zutaten zugeben und 2 Minuten kochen. Temperatur auf niedrigste Stufe reduzieren und zugedeckt

20 bis 25 Minuten köcheln lassen, bis das Wasser aufgenommen ist. Die Pinienkerne zugeben und den Reis mit einem Holzlöffel auflockern. Nach Belieben etwas Butter unterrühren. (Der Reis läßt sich bis zu 2 Stunden warm halten.) Zum Servieren den Reis auf sechs Teller verteilen, die Entenbrüste aufschneiden und fächerförmig auf dem Reisbett anrichten. Etwas Sauce neben den Reis gießen und auftragen.

Pan-roasted Pecos Trout
in Cider Shallot Butter

Gebratene Forelle in Apfelwein-Schalotten-Butter

Im Gebiet der San-Juan-Berge in Südcolorado, in der Pecos Wilderness von Neu-Mexiko und der Gila Wilderness in Arizona sind zahllose Flüsse voller Forellen.

6 Scheiben (125 g) Speck
6 Forellen, jeweils etwa 320 – 380 g schwer, ausgenommen und gesäubert
250 g Mehl · 1/2 TL Salz
1/2 TL frisch gemahlener schwarzer Pfeffer
250 g »blaues« Maismehl (aus blauen Maiskörnern), ersatzweise normales Maismehl
9 Eier, leicht verquirlt ·1/8 l Olivenöl
500 g Senfkohl, Mangold oder Spinat
APFELWEIN-SCHALOTTEN-BUTTER: *250 g Butter · 2 EL feingehackte Schalotten*
1 EL gehackter Salbei
1 EL ungefilterter Apfelwein · 1 EL Sherry

Um jeden Fischbauch eine Scheibe Speck wickeln und mit einem Zahnstocher befestigen. In einer Schüssel Mehl, Salz und Pfeffer vermengen. Die Forellen in Mehl wenden, durch die Eimasse ziehen und dann mit Maismehl bedecken. Die Hälfte des Öls in einer großen Pfanne erhitzen und die Forellen bei mittlerer Temperatur so lange braten, bis sie braun und gar sind. Darauf achten, daß ihr Fleisch nicht trocken wird. In einer zweiten Pfanne oder in einem Topf das restliche Öl erhitzen, das grüne Gemüse hineingeben und in etwa 7 Minuten zusammenfallen, aber nicht zu weich werden lassen. Warm stellen.

Für die Zubereitung der Sauce die Butter in einer Pfanne erhitzen. Schalotten und Salbei zugeben und bei mittlerer Temperatur 1 Minute braten. Apfelwein und Sherry unterrühren. Die Forellen auf Tellern anrichten und die Sauce sofort über die Fische gießen. Etwas Gemüse daneben plazieren und auftragen.

Ancho and Black Bean Bread

Schwarzbohnen-Chili-Brot

Ein Rezept für ein kräftig schmeckendes, nahrhaftes Brot, das eine Fülle ungeahnter Geschmacksrichtungen birgt.

ERGIBT 2 BROTLAIBE:

100 g getrocknete schwarze Bohnen
3 – 4 getrocknete rote ancho- oder pasilla-Chilischoten oder 3 getrocknete rote New Mexico-Chilischoten
1 mittelgroße getrocknete chipotle-Chilischote (siehe Barbecue-Sauce mit Raucharoma, Seite 208)
1/5 l Bohnen-Kochwasser
1 TL gemahlener Kreuzkümmel, geröstet
2 TL Salz · 2 1/2 EL Erdnußöl
1/4 l warmes Einweichwasser der Chilischoten
1 1/2 EL Melasse · 7 g Trockenhefe
625 g Vollweizenmehl
625 g Mehl zum Brotbacken oder ungebleichtes Klebermehl (Mehl mit hohem Glutengehalt)
1 Ei, gründlich verquirlt · 2 EL Maismehl

Die Bohnen in einen Topf geben und mit ausreichend Wasser bedecken. Aufkochen, die Hitze reduzieren und die Bohnen ohne Deckel etwa 2 bis 3 Stunden gerade weich werden lassen. Die Kochzeit hängt von der Frische der Bohnen ab. Die Bohnen sollten immer mit ausreichend Wasser bedeckt sein. Gelegentlich umrühren. Die Kochflüssigkeit der Bohnen abgießen und beiseite stellen, die Bohnen in einem Sieb abtropfen und lauwarm werden lassen.
Die Chilischoten in einer gußeisernen Pfanne bei Mittelhitze oder im 120° C heißen Ofen 3 bis 4 Minuten rösten. Ein- bis zweimal rütteln und darauf

achten, daß die Schoten nicht zu dunkel werden. Die Chilischoten in eine Schüssel geben und mit ausreichend Wasser bedecken. Zugedeckt 20 Minuten weichen lassen, 1/4 l Einweichwasser abmessen und beiseite stellen. Die Chilischoten pürieren und ebenfalls beiseite stellen. Die schwarzen Bohnen mit etwas Kochwasser zu einer Paste pürieren. Chili-Püree und Bohnen-Püree miteinander vermischen, Kreuzkümmel, Salz und Öl unterrühren und beiseite stellen.

In einer anderen Schüssel das restliche Chilischoten-Einweichwasser und Melasse vermischen. Nach und nach die Hefe unterrühren. Darauf achten, daß das Einweichwasser nicht wärmer als 45° C ist. Abwechselnd gleiche Mengen Vollweizenmehl und Klebermehl damit zu einem dickflüssigen Vorteig verarbeiten. Zugedeckt bei Zimmertemperatur etwa 20 Minuten gehen lassen. Chili- und Bohnen-Püree unter den Vorteig rühren und nach und nach abwechselnd die beiden Mehlsorten zu einem festen Teig einarbeiten. Der Teig sollte aber nicht hart sein. Den Teig mit den Händen auf einer bemehlten Arbeitsfläche 15 bis 20 Minuten gründlich durchkneten, bis er weich und geschmeidig ist. Den Teig in einer leicht eingeölten Schüssel mit einem Tuch bedeckt an einem warmen, nicht zugigen Ort 1 bis 1 1/4 Stunden gehen lassen.

Den Backofen auf 200° C vorheizen. Den Teig flachdrücken, gründlich durchkneten und nochmals gehen lassen. Wenn er gut aufgegangen ist, nochmals flachdrücken, in 2 runde Laibe formen und auf ein bemehltes Blech setzen. Mit einem Tuch bedeckt noch einmal etwa 20 Minuten gehen lassen; die Brotlaibe sollten bei Berührung nicht zusammenfallen. In der Zwischenzeit ein Backblech im Ofen heiß werden lassen. Die Brotlaibe mit dem verquirlten Ei bestreichen. Das heiße Backblech mit Maismehl bestreuen und die Laibe in ausreichendem Abstand darauf plazieren. Im Ofen 20 bis 25 Minuten backen. Klopft man gegen ihren Boden, sollten die Brote hohl klingen. Die Brote werden besonders knusprig, wenn man in den ersten 10 Minuten der Backzeit zwei- bis dreimal etwas Wasser in den Ofen sprüht. Die Brotlaibe aus dem Ofen nehmen und auf einem Gitter abkühlen lassen.

Chorizo

Dieses gewürzte Mett ist typisch für die spanisch- und portugiesischsprechenden Länder und auch im Südwesten der USA äußerst beliebt. Es wird häufig zu Würsten verarbeitet und eignet sich zu allen möglichen anderen Zwecken, zum Beispiel als Füllung von Geflügel, *burritos, tacos, enchiladas* oder *empanadas* sowie als Beilage zu Rühreiern und als Garnierung zu ausgebackenen Austern. Wenn man Chorizo brät, sollte man immer etwas Wasser dazugeben, damit das Hack nicht zäh und trocken wird.

ERGIBT ETWA 750 GRAMM:

500 g frisches Schweinehack · 250 g frisches mageres Rinderhack
2 Knoblauchzehen, fein gehackt
4 EL (60 g) ancho-*Chilipulver oder* New-Mexico-*Chilipulver*
1/2 TL Cayennepfeffer – bei Verwendung von New-Mexico-Chilipulver weglassen)
1/4 TL gemahlene Nelken
1/2 TL frisch gemahlener schwarzer Pfeffer
1/2 EL gemahlener Zimt · 1 TL gemahlener Kreuzkümmel
1 TL Salz · 3/4 l Wasser

In einer großen gußeisernen Pfanne Schweine- und Rinderhack bei mittlerer Hitze anbraten. Dabei die Fleischmasse mit einem Holzlöffel zerkleinern und darauf achten, daß das Fleisch nicht anbräunt. Knoblauch, Gewürze, Salz und 1/4 l Wasser zugeben.

Langsam bei niedriger Temperatur etwa 1 Stunde garen, eventuell gelegentlich bei Bedarf etwas Wasser zugeben. Alles Wasser sollte zum Schluß verdampft und die fertig gegarte Mischung trocken sein. Nach Geschmack würzen.

Huevos Revueltos con Chorizo

Rührei mit Chorizo
(siehe Foto Seite 267)

Dieses Rezept für ein Frühstücks- oder Brunch-Gericht ist ein Beispiel für das typische herzhafte Essen, das auf einer Ranch gekocht wird und das ganz in der Tradition der Küche des Südwestens steht.

Pflanzenöl · 12 Mais-Tortillas · 12 Eier
4 EL (60 ml) Milch
Salz und frisch gemahlener schwarzer Pfeffer
2 EL Butter
500 g Chorizo (siehe vorhergehendes Rezept)
500 g frisch geriebener Cheddar-Käse
8 Frühlingszwiebeln, fein gehackt
1/2 l salsa fresca (rohe Sauce, siehe Seite 215)

So viel Öl in einer Pfanne erhitzen, daß es 1 cm hoch den Boden bedeckt. Die Tortillas darin braten, auf Küchenpapier abtropfen lassen und warm stellen.

In einer Schüssel die Eier mit der Milch verquirlen und mit Salz und Pfeffer würzen. In einer großen Pfanne die Butter erhitzen, die Eimasse hineingießen und bei mittlerer Temperatur unter ständigem Rühren braten, bis sie die gewünschte Konsistenz erreicht hat.

Zum Servieren jeweils eine Tortilla auf einen Teller geben und mit dem zerkrümelten Chorizo belegen. Darauf die Rühreier anrichten und mit geriebenem Käse bestreuen. Mit Frühlingszwiebeln garnieren und mit *salsa fresca* servieren.

Serrano Chili Slaw

Krautsalat mit Chilischoten
(siehe Foto Seite 267)

Dieser Salat ist ein ideales Picknick-Gericht und paßt gut zu Huhn und Wild-geflügel, als Beilage zu *burgers*, Hot dogs und Fisch.

6 Eigelb · 3 EL Senf · 3 EL Zitronensaft
10 serrano- *(kleine, frische grüne Chilischoten) oder* jala-peño-*Chilischoten (scharfe, dickfleischige grüne Chilischo-ten), fein gehackt*
3/8 l bestes kaltgepreßtes Olivenöl
Salz · frisch gemahlener schwarzer Pfeffer
750 g Weißkohl, in feine Streifen geschnitten
4 Mohrrüben, gerieben

Eigelbe, Senf, Zitronensaft und Chilischoten in einer Schüssel miteinander vermischen. Nach und nach das Olivenöl langsam zugießen, dabei mit der weiteren Zugabe immer so lange warten, bis das Öl ganz aufgenommen ist, und mit Salz und Pfeffer abschmecken. Das Kraut und die Mohrrüben mit der Mayonnaise anmachen und den Salat im Kühlschrank durchziehen las-sen.

Die Mountain States

Marty Meitus

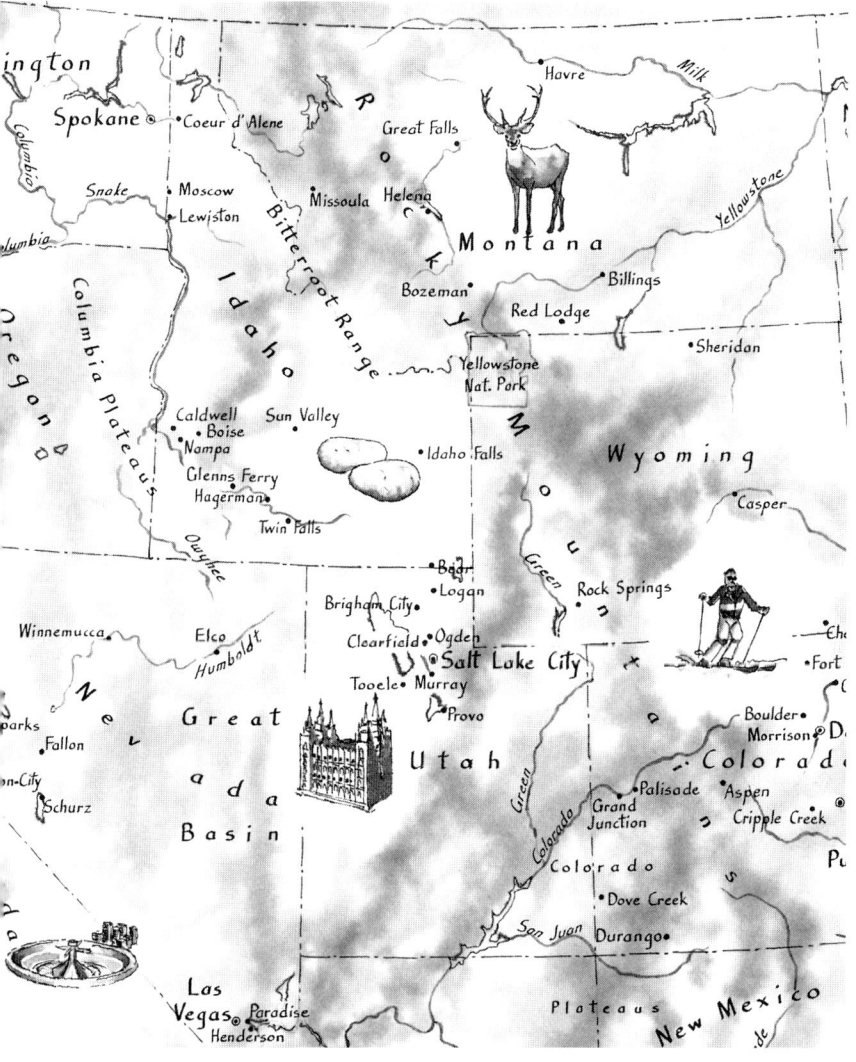

Unter dem Begriff »Mountain States« faßt man die amerikanischen Bundesstaaten Idaho, Utah, Montana, Nevada, Colorado und Wyoming zusammen, eine mit natürlichen Reichtümern gesegnete Region, die zudem atemberaubend schön ist. Hier stürmten einst Büffelherden über die Ebenen; Hirsche und Elche durchstreiften die Wälder, und die eiskalten Flüsse waren voller Forellen. Diese dramatische Landschaft, die von den schneebedeckten Gipfeln der Rocky Mountains bis in unbewohnbare Wüsteneien reicht, in der man fruchtbare Täler und zerklüftete Canyons findet, war für die ersten Siedler – Fallensteller und *homesteaders*, Leute, die vom Staat ein Stück Land zur Bewirtschaftung erhielten – eine Herausforderung. Sie formten aus der Wildnis ihre Heimat, ungeachtet der launischen klimatischen Bedingungen, wo auf einen Frühlingstag ein Blizzard folgen konnte. Der unbeugsame Wille und der stark im Religiösen verankerte Geist dieser Menschen spiegelt sich noch heute in der Küche und der Kultur der Mountain States wider. Die Gerichte, in denen sich das Beste, was die Berge und Ebenen hervorbringen, vereinigt, sind herzhaft und verraten sowohl den Einfluß der ersten hier ansässigen Siedler, der Indianer, wie den der später hinzugekommenen, der Spanier und Mormonen. Die Küche ist dem Leben im Freien angepaßt, denn hier sind Jagd und Fischfang ein beliebter Zeitvertreib. In den sich stürmisch entwickelnden städtisch geprägten Gebieten, die immer mehr hervorragende Köche anziehen, hat sich eine Küche herausgebildet, die durch kühne Kombinationen von Zutaten Aufsehen erregt.

Die Anasazi-Indianer, die »Uralten«, erkannten als erste die Vorzüge des Lebens in den Rocky Mountains. Sie bauten ihre Wohnstätten in die hohen Felshänge im südlichen Utah und Colorado. Sie betrieben Ackerbau, erfanden Bewässerungstechniken und lagerten ihr Getreide in Gruben, die sie neben ihren Lehmhäusern aushoben. In Zion, Utah und Mesa Verde, Colorado, kann der Besucher noch die Überbleibsel der Anasazi-Felsenwohnungen und den Einfallsreichtum dieses Indianerstammes bewundern. Die Anasazibohnen, die man heute im südlichen Colorado züchtet, sind eine beliebte »Neuerung« in der Regionalküche.

Der Stamm der Anasazi starb zwischen 1300 und 1500 n. Chr. aus, möglicherweise infolge einer großen Dürre, welche die Gegend damals heimsuchte. Als die Dürrezeit zu Ende war, kehrten die Bisons in die Ebenen zurück. Ihnen folgten neue Indianerstämme, die auf Büffeljagd gingen: Dabei trieben sie die aufgeschreckten Tiere bis an den Rand steiler Felsenklippen, von wo aus die Büffel zu Tode stürzten. Einige dieser *buffalo jumps* sind in Montana, Wyoming und Colorado noch heute zu sehen. Kein Teil des Bisons blieb ungenutzt – er lieferte Nahrung und Felle für Kleidung und Behausung. Die Indianer und die Bergbewohner pflegten das Bisonfleisch auf kleinem Feuer langsam zu schmoren und dann zu trocknen. Oft wurde das Trockenfleisch zu Pulver zerstampft oder mit ausgelassenem Talg und Würg-Kirschen zu Pemmikan, einer besonders haltbaren Art von Dörrfleisch, verarbeitet.

In den trockeneren Gebieten, wo es weniger Wild zu jagen gab, pflegten die Indianer Pinienkerne, eßbare Wurzeln und Beeren zu sammeln. Noch heute werden in den Mountain States von passionierten Beerensammlern Büffelbeeren, Würg-Kirschen, Holunderbeeren und Stachelbeeren für Marmeladen und Gelees gepflückt. In Idaho und Montana erfreut sich die Heidelbeere besonderer Beliebtheit und wird, wo es nur geht, in Kuchen, Marmeladen und Milch-Shakes verwendet.

Auf der Suche nach Gold und Pelzen

Die ersten Europäer, die in diese Region kamen, waren die Spanier, wie immer auf der Suche nach Gold. Doch erst die amerikanischen Forscher Lewis und Clark, die das Territorium im Auftrag von Präsident Thomas Jefferson kartographierten, machten das Land für andere Europäer zugänglich. Als sich im Osten die Nachricht verbreitete, daß das Bergland reich an Pelztieren war, begann eine regelrechte Invasion von Fallenstellern und Pelzhändlern, die hier alle ihr Glück machen wollten. Der legendäre *mountain man*, der vor allem den Bibern nachstellte, weil zu Beginn des 19. Jahrhunderts Biberhüte in Mode gekommen waren, lebte ganz auf sich gestellt in den Bergen – nur von dem, was er sammeln, erjagen, einhandeln und mit sich tragen konnte. Glücklich konnte sich schon schätzen, wer ein Stück Sauerteig mit sich herumtrug, das ihm erlaubte, Brötchen oder Pfannkuchen zu backen. Sehr beliebt bei den Trappern war auch *bannock*, ein in der Pfanne gebratenes Brot, das mit Trockenobst oder Beeren verfeinert wurde.

Das Vermächtnis der Mormonen

Als die Biberfell-Kopfbedeckungen in den dreißiger Jahren des letzten Jahrhunderts aus der Mode kamen, ging es mit der Fallenstellerei bergab, aber der kalifornische Goldrausch von 1849 schwemmte Tausende von Abenteurern durch die Mountain States. Viele von ihnen scheuten die Beschwerlichkeiten der Weiterreise und ließen sich an der Route nach Kalifornien nieder. Sie erkannten bald, daß die Goldsucher und andere Durchreisende Proviant, Waren und Dienstleistungen benötigten, und begannen damit ihren Lebensunterhalt zu verdienen, anstatt einem launischen Glück nachzujagen. Sie wurden Ladenbesitzer, Farmer und Gemeindevorsteher. Die Mormonen, eine zielbewußte und ideenreiche religiöse Gruppe, kamen auf der Suche nach Religionsfreiheit zwei Jahre vor Beginn des kalifornischen Goldrausches in Utah an. Seit der Gründung ihrer Glaubensgemeinschaft, die zwei Jahrzehnte zurücklag, waren sie oft wegen ihres Glaubens, der ihnen die Vielweiberei gestattete, verfolgt worden und gezwungen gewesen, sich eine neue Heimat zu suchen. 1844 war ihr Führer Joseph Smith von einem wütenden Mob erschossen worden. Sein Nachfolger, der dynamische Brigham Young, kam zu der Überzeugung, daß die Mormonen

PINIENKERNE

In den Gebieten, in denen Nahrung knapp war, es aber nicht an Pinien fehlte, nützten die Indianer die Früchte dieses Baumes, die Pinienkerne, um ihre karge Kost aufzubessern. Sie aßen die Pinienkerne gemahlen, geröstet oder auch roh.

Die Bewohner des Walker-River-Paiute-Reservats in Schurz, Nevada, feiern die jährliche Pinienkern-Ernte im September mit einem Fest. Die Pinie genießt in der Kultur dieser Indianer eine so hohe Achtung, daß niemand es wagen würde, eine Pinie innerhalb des Reservats zu fällen.

Vor dem Fest werden die Pinienzapfen von den Bäumen gepflückt und über Nacht in einer geschlossenen Grube über einem Holzkohlenfeuer geröstet. Am nächsten Tag öffnet man die Grube und holt die Pinienzapfen, die sich durch die Hitze geöffnet haben, heraus. Die Pinienkerne lassen sich nun leicht aus den Zapfen ziehen und schälen.

Während des Festes halten Sänger eine traditionelle Zeremonie ab, mit der für die reiche Ernte gedankt wird. Jeder Teilnehmer dieser Feier erhält eine Tüte mit Pinienkernen und hat die Möglichkeit, traditionelle Gerichte, wie gemahlenes Rindfleisch, Bohnen auf ausgebackenem Brot oder eine Pinienkernsuppe, zu probieren.

Pinienkerne sind ein wesentlicher Bestandteil der Küche des Südwestens, sie werden für Salate, Hauptgerichte und Desserts verwendet. Sie sind auch ein wichtiges Ingrediens in der weltweit bekannten italienischen *pesto*-Sauce, die aus Basilikum, Olivenöl, Parmesan und Pinienkernen zubereitet wird.

---

in ihrer Religionsausübung niemals frei sein würden, wenn sie nicht ein eigenes Gemeinwesen gründeten. 1847 führte er eine Schar von 148 Mormonen in das Tal des Großen Salzsees und sprach die berühmten Worte: »Dies hier ist der Ort.«

Die Mormonen gingen daran, das Tal urbar zu machen, und pflanzten Weizen, Gerste und Kartoffeln. Kaum sprossen aber die ersten Triebe aus der Erde, nahte das Verhängnis in Form von riesigen Heuschreckenschwärmen, die alles auf ihrem Weg aufzufressen drohten.

Wunderbarerweise tauchte gerade noch rechtzeitig ein Schwarm Seemöwen auf, die die Heuschrecken vertilgten und die Ernte retteten. Zum Dank dafür wurde die Seemöwe das Wappentier des Staates Utah.

Die Nachricht von der blühenden Mormonen-Kolonie in Utah verbreitete sich schnell, und Tausende von Einwanderern kamen nach Amerika und machten sich auf den mühevollen Weg nach Westen. Viele von ihnen überlebten die Strapazen nicht, doch 4000 Menschen, die zum Teil von den Britischen Inseln und Skandinavien kamen, erreichten ihr gelobtes Land.

Die Mormonen spielten eine wichtige Rolle bei der Besiedlung benachbarter Staaten, wo sie mehr als 200 Gemeinden gründeten, und bei der Organisation der Goldgräber-Trecks durch die Ebenen. Damals wie heute ist Genügsamkeit ein verbreitetes Charakteristikum unter den Mormonen; traditionell haben sie einen Jahresvorrat an Grundnahrungsmitteln im Haus –

Honig, Weizen, Hülsenfrüchte, Samen, Trockenmilch – und pflegen alte Sitten wie das Brotbacken und die Bestellung des eigenen Gartens.

In Logan, Utah, wird der alte Pioniergeist beim Festival of the American West immer wieder beschworen; es gibt Kunst, Kunsthandwerk und Indianertänze zu sehen, und man kann Geschichtenerzählern zuhören. Ein wichtiges Ereignis im Sommer ist die Weltmeisterschaft im Dutch Oven Cook-off. Der *Dutch oven* ist ein gußeiserner Kessel auf drei Beinen, der einst für jeden, vom *mountain man* bis zum Pionier, ein unverzichtbares Kochutensil darstellte und noch heute von Campern, Floßfahrern und Leuten, die ein Picknick veranstalten, über alles geschätzt wird. Die Teilnehmer dieses Kochwettbewerbs zaubern alles mögliche aus ihrem Gerät: vom Brathuhn bis hin zum Zitronenkuchen.

War die Region bis dahin größenteils nur Durchzugsgebiet für Abenteurer auf der Goldsuche gewesen, änderte sich das mit einem Schlage. Zum einen fand man in den Mountain States selbst Gold und Silber; zum anderen fand auch die Eisenbahn ihren Weg hierher. So wurden aus winzigen Vorposten *booming towns*, Städte, die durch den Zuzug zwielichtiger Gestalten von heute auf morgen aus allen Nähten platzten und in denen das Gesetz kaum Geltung hatte – wo eben der Wilde Westen herrschte.

Cowboys und Schafzüchter

Obwohl das Schürfen nach Edelmetallen in den sechziger Jahren des letzten Jahrhunderts das große Geschäft in den Mountain States war, tat sich auch auf dem Gebiet der Ernährung Neues. Nachdem sich 1849 in einem Blizzard eine Herde Ochsen verlaufen hatte und erst im nächsten Frühjahr wohlgenährt und gesund wieder auftauchte, wurde man sich klar, daß die Gegend hervorragendes Weideland bot. Die Viehbarone zögerten nicht lange und nutzten ihre Chance, weiteres Vermögen anzuhäufen, indem sie ihre Rinderherden von Texas aus durch Wyoming und Montana zu den Fleischmärkten im Norden und Osten trieben. Anfang der siebziger Jahre des letzten Jahrhunderts war die Viehzucht zu einem der wichtigsten Wirtschaftszweige geworden, und die Cowboys beherrschten die Szene mit Lagerfeuern und Proviantwagen und begründeten eine eigene Kochtradition. Im darauffolgenden Jahrzehnt änderte sich die Situation: Die Viehbarone mußten sich gegen unliebsame Neuankömmlinge zur Wehr setzen, die ihnen die Weiderechte streitig machten, die Schafzüchter. Schafe waren erstmals von den Spaniern in den Südwesten der USA eingeführt worden. In der Mitte des 19. Jahrhunderts machten sich wagemutige Schafzüchter aus dem Südwesten mit ihren Herden nach Kalifornien auf, wo sie den Minenarbeitern Fleisch lieferten. Als die Herden immer mehr anwuchsen, wurde das Weideland knapp, und die Schafzüchter wandten sich den Mountain States zu, wo es fruchtbares Weideland gab. Die robusten Schafe fühlten sich – wie ihre Besitzer – in dem zerklüfteten Bergland wohl, und es genügte, einen einzigen Schafhirten anzustellen, um eine ganze Herde Schafe zu

DIE KÜCHE DER COWBOYS

Der *chuckwagon*, der Proviantwagen der Cowboys, der heute immer noch gern als nostalgisches Requisit bei *barbecues* und Rodeos eingesetzt wird, wurde 1866 von Charles Goodnight, einem texanischen Viehhüter, erfunden. Der *chuckwagon* ähnelt einem Planwagen und ist, genauer betrachtet, eine Küche auf Rädern. Der rückwärtige Teil des Wagens besteht aus einer aufklappbaren Kiste, die Schubladen und Vorratsbehälter enthält und sich in einen Tisch verwandeln läßt. Zur Ausrüstung eines *chuckwagon* gehörten *Dutch ovens*, dreibeinige gußeiserne Kessel, und eiserne Pfannen. An Vorräten hatte man immer einen Sauerteigansatz dabei, mit dem man Brötchen und Pfannkuchen backen konnte, Zucker, Melasse, gepökeltes Schweinefleisch und Bohnen. Der *cookie*, also der Koch, war meist ein älterer Cowboy, der nichtsdestoweniger von Sonnenaufgang bis -untergang zu schuften hatte, um seine Kollegen mit Essen und Trinken zu versorgen.

Die Cowboys waren an einfache, herzhafte Kost gewöhnt – frisches oder gepökeltes Rindfleisch, Erbsen und Mais aus der Dose, in der Pfanne gebackene Brötchen und dann und wann ein Fruchttörtchen mit Trockenobst. Zu ihren Lieblingsgerichten gehörten *spotted pup*, ein Brotpudding mit Rosinen, und das *son-of-a-bitch stew*, der »Hurensohn«-Eintopf, ein Schmorgericht, in das Mark, Kutteln, Herz, Zunge, Hirn, Leber und Bries vom Rind Eingang fanden. Zu jeder Mahlzeit gehörte starker Kaffee.

---

hüten. Häufig stammten die Schäfer aus dem französischen oder spanischen Baskenland und brachten ihre abwechslungsreiche Küchentradition mit. Die aus Spanien stammenden Basken kamen in größerer Zahl als die französischstämmigen und holten ihre Familien nach, sobald sie in der aufblühenden Schafzucht Fuß gefaßt hatten. Viele wandten sich später dem Hotel- und Gaststättengewerbe zu und pflegten die reichhaltige baskische Familienküche. Herzhafte Lammgerichte stehen hier im Vordergrund, eine große Auswahl an Fischen, Schaltieren und Flans. Auch Tomaten werden in der baskischen Küche häufig verwendet.

Heute weiden Rinder und Schafe in Eintracht nebeneinander und sorgen mit ihrer Fleischqualität gemeinsam für den guten Ruf der Region. Daneben gibt es reichlich Wild und Forellen. Die regionale Küche zeigt deutlich den Einfluß spanischer, mexikanischer und südwestlicher Kochgewohnheiten – Chilischoten, blauer Mais, Korianderblätter, *salsas* und *tortillas* haben auch hier Einzug gehalten.

Idaho ist für seine Kartoffeln berühmt. Der Kartoffelanbau begann 1836, als der Missionar Henry Spaulding den Nez-Percé-Indianern beibrachte, daß man nicht nur von der Jagd, sondern auch von Kartoffeln leben kann. Die Erzeugnisse der Nez-Percé-Indianer fanden bei den Goldschürfern und Abenteurern, die in die Mountain States kamen, guten Absatz, so daß sich Idahos Kartoffelruhm wie ein Lauffeuer in ganz Amerika verbreitete.

Auch die Obstzucht ist ein wichtiger landwirtschaftlicher Erwerbszweig in den Mountain States: Western Slope in Colorado ist für seine Pfirsiche und

Äpfel bekannt, Rocky Ford für seine Melonen. In Nevada wachsen im Moapa Valley ganz hervorragende Tomaten und in Fallon die berühmten Heart-of-Gold-Melonen. Die Himbeeren von Bear Lake, Utah, sind weithin beliebt, und die Eiscreme-Liebhaber fahren meilenweit für einen Himbeer-Milch-Shake.

In den Mountain States wird Essen und Trinken oft ins Freie verlegt; Wanderungen, Picknicks, *barbecues*, Camping und Skifahren sind willkommene Anlässe für eine Mahlzeit draußen. Anläßlich von Football-Spielen zelebriert man gern ein sogenanntes Tail-gate-Picknick auf dem Kofferraum eines Autos oder der Ladefläche eines Lieferwagens. Immer häufiger kommen auch Gourmet-Picknicks in Mode, zu denen man sich an einem hübschen Ort vor der majestätischen Kulisse der Rocky Mountains niederläßt. In Aspen, Colorado, findet jeden Sommer eine Veranstaltung namens Aspen/Snowmass Food and Wine Classic statt, zu der sich Gastronomen und Weinkenner einfinden, um ihre Kochkünste zu demonstrieren und ihre Produkte auszustellen.

Die Weine von Colorado und Idaho

Im Vergleich zu anderen Regionen der USA stellen die Mountain States nur wenig Wein her, aber in Colorado, besonders an den westlichen Ausläufern der Rocky Mountains, im Pfirsichland von Palisade, wachsen auch Weinreben. Das trockene und kühle Klima ermöglicht den Anbau von Chardonnay, Riesling und Lemberger, einer seltenen österreichischen Rotweinrebe. (Besonders gut ist der Lemberger von Colorado Cellars, der unter dem Namen *Grand Gamé* verkauft wird.) Auch gute Obst- und Beerenweine werden in der Gegend hergestellt.

Der größte Teil von Idaho ist für den Weinanbau zu kalt, aber in der Sunny-Slope-Region im Snake-River-Tal im Südwesten Idahos gibt es fruchtbares Terrain, auf dem europäische Rebsorten wie Chenin Blanc, Chardonnay und Riesling gut gedeihen. Hier liegt, auf einem Hügel unweit der Grenze von Oregon, das größte und beste Weingut von Idaho, Sainte Chapelle. Der ungewöhnliche achteckige Grundriß der Kellerei ist nach dem Vorbild der gleichnamigen mittelalterlichen Kapelle in Paris gestaltet.

Der Erfolg von Sainte Chapelle auf vielen großen nationalen Weinwettbewerbern hat dazu geführt, daß sich noch andere Winzer in der Gegend niedergelassen haben. Auch nach Osten hin hat sich der Weinanbau bis nach Twin Falls im Snake-River-Tal und nach Norden bis Moscow im Clearwater-Tal, oberhalb von Lewiston und bis Sandpoint hin ausgedehnt. Auch Boise hat eine eigene Kellerei, die Petros Winery, die sich auf die Herstellung von Schaumweinen nach der Champagner-Methode verlegt hat.

Colorado:
Weißweine: Chardonnay, Johannisberg Riesling; *Rotwein:* Grand Gamé

Idaho:
Weißweine: Brut (Schaumwein), Chardonnay, Chenin Blanc, Gewürztraminer, Johannisberg Riesling; *Rotwein:* Cabernet Sauvignon

The Brown Palace Gazpacho Soup

Gazpacho nach Art des »Brown Palace«
(siehe Foto Seite 270)

Das »Brown Palace Hotel« in Denver wurde 1891 erbaut, in einer Zeit, in der man mit Immobilien und Schürfrechten ein Vermögen verdiente und in der man keine Kosten scheute, um ein Leben in Luxus zu führen. Der spanische *gazpacho*, eine erfrischende, gut gekühlte Suppe, ist in der Region sehr beliebt. Dieses Rezept stammt von Emil Bigler, dem Küchenchef des Hotels.

---

2 Salatgurken, 500 g Tomaten, 1 mittelgroße Zwiebel, alles geschält und in kleine Würfel geschnitten

1 gewürfelte grüne Paprikaschote

1 Knoblauchzehe, fein gehackt · 3/4 l Tomatensaft

3/4 l Gemüsesaft · 1/8 l Rotweinessig

Salz · frisch gemahlener Pfeffer

frisches Basilikum und frische Thymianzweige zum Garnieren

Alle Zutaten in einen Mixer oder in eine Küchenmaschine geben und in kurzen Intervallen vermischen. Dabei darauf achten, daß die Gemüse nicht völlig püriert werden. Etwa 6 Stunden im Kühlschrank gut durchkühlen lassen. In Suppentassen füllen und mit Basilikum und Thymian garniert auftragen.

Split Pea Soup with Chorizo Sausage

Erbsensuppe mit Chorizo
(siehe Foto Seite 270)

Die Stadt Moscow, Idaho, ist das Zentrum einer blühenden Hülsenfrucht-Industrie. Diese Suppe enthält *chorizo*-Würste, eine beliebte Zutat in vielen Gerichten der spanischen Basken.

FÜR 6 BIS 8 PERSONEN:

---

2 chorizos (spanische Würste), ersatzweise andere würzige Räucherwürste

---

1 Zwiebel, in Würfel geschnitten · 2 EL Butter

---

1 l Rinderbrühe · 1 1/2 l Wasser · 1 TL Thymian

---

1 geräucherte Schweinshaxe von etwa 650 g

---

500 g Schälerbsen · 1/4 l Sahne · frisch gemahlener Pfeffer

In einer Pfanne die Würste braun braten und in 1 cm dicke Scheiben schneiden. Beiseite stellen. Die Butter in einer Pfanne erhitzen und die Zwiebel darin dünsten. Angebratene Zwiebel, Brühe, Wasser, Thymian, Schweinshaxe und Erbsen in einen 6 l fassenden Topf geben und 2 bis 2 1/2 Stunden zu einer dicken Suppe köcheln lassen, dabei gelegentlich umrühren. Die Schweinshaxe aus dem Topf nehmen, abkühlen lassen, das Fleisch vom Knochen lösen, in Würfel schneiden und wieder in die Suppe geben. Bei sehr niedriger Temperatur Sahne und in Scheiben geschnittene Würste zugeben. In etwa 5 bis 10 Minuten unter gelegentlichem Rühren erhitzen. Mit Pfeffer abschmecken und auftragen.

Barbecued Duck Pizza with Smoked Gouda Cheese

Pizza mit Entenfleisch und Räucher-Gouda
(siehe Foto Seite 270)

Die Entenjagd gehört in den Mountain States zu den beliebtesten Sportarten. Wildenten sind kleiner als ihre zahmen Vettern und haben ein mageres, aromatisches Fleisch. Für diese Gourmet-Pizza wird Entenfleisch mit einer anderen regionalen Spezialität, einer pikanten *barbecue*-Sauce, kombiniert. Falls die Ente sehr fleischig ist, kann man das restliche Fleisch für eine andere Zubereitungsart verwenden.

1 Ente, etwa 2 kg schwer

1/2 rote Zwiebel, in sehr dünne Scheiben geschnitten

250 g geräucherter Gouda, gerieben

BARBECUE-SAUCE:
4 EL (60 ml) Apfelessig · 3 EL brauner Zucker · 1 EL Honig

2 EL Worcestershire-Sauce · 1 TL Senfpulver

1/8 l Ketchup oder Tomatensauce

1/8 l Chili-Sauce · 1/8 l Apfelsaft · 6 EL (90 ml) Wasser

PIZZA-TEIG:
2 g Trockenhefe · 1/2 l lauwarmes Wasser

250 g Brotmehl oder Mehl mit hohem Glutenanteil

200 g Mehl · 2 EL Olivenöl · 1 1/2 TL Zucker

1 TL Salz · Maismehl zum Bestreuen der Pizza-Form

Den Backofen auf 190° C vorheizen. Die Ente auf einen Rost über eine Bratpfanne legen und die Haut von allen Seiten mit einer Gabel einstechen. Den Vogel in den Ofen schieben. Je 500 g Gewicht rechnet man mit einer Bratdauer von 20 Minuten. Die Ente aus dem Ofen nehmen und abkühlen lassen. Die Haut abziehen, das Fleisch von den Knochen lösen und in ganz feine Streifen schneiden.

Für die Sauce alle Zutaten in einen Topf geben und bei mittlerer Hitze leicht einkochen.

Für den Pizza-Teig die Hefe mit lauwarmem Wasser verrühren. Alle Zutaten einschließlich der aufgelösten Hefe mit den Knethaken eines Handrührgeräts oder in der Küchenmaschine etwa 5 bis 6 Minuten bearbeiten, bis sich der Teig vom Schüsselrand löst und zu einer Kugel formt. Mindestens 1 Stunde im Kühlschrank ruhen lassen. Den Backofen auf 220° C vorheizen.

Eine Pizza-Form von etwa 30 cm Durchmesser mit Maismehl bestäuben und den Teig gleichmäßig mit den Händen auseinanderdrücken und -ziehen, bis der Boden der Form bedeckt ist. Eine dünne Schicht Barbecue-Sauce darüber verteilen und mit Entenfleisch und Zwiebelscheiben belegen. Mit einer Käseschicht bedecken und die Pizza im vorgeheizten Ofen etwa 20 Minuten backen, bis der Boden gar und der Käse geschmolzen ist.

Crusty Whole Wheat and Oatmeal Bread

Knuspriges Vollkorn-Haferflocken-Brot

(siehe Foto Seite 270)

Herzhaftes Brot, Suppen und Eintöpfe waren typisch für die Ernährungs-weise der ersten mormonischen Siedler. Die Tradition des Brotbackens wird noch heute in vielen Mormonen-Haushalten gepflegt. In diesem klas-sischen Rezept wird neben Weizenvollkornmehl und Haferflocken Melasse verwendet, die man in früheren Zeiten gern zum Süßen nahm.

ERGIBT 2 BROTLAIBE:

100 g Haferflocken · 3/8 l kochendes Wasser
280 g Melasse · 3 EL weiche Butter
2 TL Salz · 150 g Rosinen · 1/8 l kochendes Wasser
7 g Trockenhefe · 1/2 l warmes Wasser
250 g Weizenvollkornmehl · 750 g Mehl

Die Haferflocken in 3/8 l kochendem Wasser so lange einweichen, bis das Wasser ganz aufgenommen ist. Mit Melasse, Butter und Salz vermischen. Die Rosinen etwa 10 Minuten in 1/8 l kochendem Wasser einweichen. Das Wasser abgießen und die Rosinen beiseite stellen.
In einer Schüssel die Hefe in 1/2 l warmem Wasser auflösen und zur Ha-ferflocken-Melasse-Mischung geben.
Zuerst das Weizenvollkornmehl, anschließend nach und nach das normale Mehl unterrühren. Der Teig sollte sich nun vom Schüsselrand lösen und nicht mehr klebrig sein. Die Rosinen einarbeiten. Den Teig auf einer be-mehlten Arbeitsfläche etwa 8 bis 10 Minuten durchkneten, bis er glänzt. Zu einer Kugel formen und zugedeckt in einer eingefetteten Schüssel etwa 1 Stunde gehen lassen, bis der Teig das doppelte Volumen erreicht hat. Nochmals durchkneten. (In hochgelegenen Orten – wegen des niedrigeren Luftdrucks – den Teig wieder in die Schüssel geben und noch einmal etwa 45 bis 60 Minuten gehen lassen, bis sich sein Umfang verdoppelt hat. Durchkneten und mit der Zubereitung fortfahren.) Den Teig in zwei Portio-nen teilen, zu Laiben formen und in eingefettete, etwa 23 x 13 x 8 cm große Brotformen setzen. Mit einem Tuch bedecken und nochmals 45 Minuten ge-hen lassen, bis die Brotlaibe das doppelte Volumen erreicht haben.
Den Backofen auf 200° C vorheizen. Die Formen in den Ofen schieben, die Temperatur auf 180° C herunterschalten und die Laibe etwa 45 Minuten backen. Beim Daraufklopfen sollten die Brote hohl klingen. Die Brote aus den Formen nehmen und auf einem Brett auskühlen lassen.

Buffalo Entrecôte Strindberg

Bisonsteaks Strindberg

(siehe Foto Seite 271)

Sam Arnold vom »Fort Restaurant« in Morrison, Colorado, hat sich durch einen schwedischen Adligen zu diesem Gericht inspirieren lassen. Heute bevölkern die Bisons, die im letzten Jahrhundert fast ausgerottet wurden, wieder die Weiden der Mountain States. Sie werden vor allem für die Gastronomie gezüchtet.

2 EL Pflanzenöl
6 Bison- oder Lendensteaks, jeweils etwa 350 g schwer
3 EL englischer Senf
3 EL Dijon-Senf
8 Frühlingszwiebeln, in diagonale Scheiben geschnitten
1 rote Paprikaschote, entkernt und in Würfel geschnitten
1 kleine scharfe grüne Chilischote, zum Beispiel serrano oder jalapeño, in Würfel geschnitten
2 EL Butter

Das Öl in einer Pfanne erhitzen und die Steaks von beiden Seiten bei großer Hitze anbraten. Die beiden Senfsorten miteinander verrühren und auf den Steaks verstreichen. Den Backofen auf 230° C vorheizen. In einer zweiten Pfanne Frühlingszwiebeln, Paprikaschote und Chillies in der heißen Butter 3 Minuten sautieren und auf den Steaks verteilen. Die Steaks in eine feuerfeste Form legen und im Ofen in etwa 30 Minuten rosa braten. Die Garzeit hängt von der Dicke der Steaks ab.

Stuffed Flank Steak

Gefüllte Rouladen

(siehe Foto Seite 271)

Aus der Rinderhüfte, einem großen mageren Fleischstück, lassen sich gut
Rouladen schneiden.

6 Hüftsteaks von je etwa 200 g

125 g Champignons, fein gehackt

1/2 Zwiebel, fein gehackt · 4 EL (60 g) Butter

1/4 l Wasser

125 g Semmelbrösel

4 EL (60 g) frisch geriebener Parmesan

2 EL trockener Sherry

Salz · frisch gemahlener Pfeffer

12 Champignon-Köpfe zum Garnieren

Die Hüftsteaks mit einem Fleischklopfer gleichmäßig dünn klopfen. In einer
Pfanne in der heißen Butter Champignons und Zwiebel sautieren. Bei niedriger Temperatur Wasser, Semmelbrösel und Parmesan unterrühren. Den
Sherry zugießen und 1 Minute köcheln lassen. Mit Salz und Pfeffer abschmecken.

Diese Mischung gleichmäßig auf den Fleischscheiben verstreichen, die Rouladen aufrollen und mit kleinen Spießen fixieren. Mit der restlichen Mischung die Champignon-Köpfe füllen.

Den Backofen auf 180° C vorheizen. Eine feuerfeste Form leicht einfetten.
Die Rouladen darin auslegen und unter dem Grill von jeder Seite 5 Minuten
garen, dann in den vorgeheizten Ofen schieben und 5 bis 10 Minuten braten.

Die Champignon-Köpfe grillen, bis die Oberfläche braun ist. Jede Roulade
in etwa 2 1/2 cm dicke Scheiben schneiden. Mit den Champignon-Köpfen
garnieren und servieren.

Shepherd's Pie

Lammfleisch-Auflauf

(siehe Foto Seite 271)

Viele der aus dem Baskenland stammenden Einwohner von Idaho sind Nachfahren von Siedlern, die ursprünglich als Schäfer ins Land kamen. In diesem gehaltvollen Gericht wird Lammfleisch mit einer anderen Spezialität Idahos, der Kartoffel, zubereitet.

1/2 Zwiebel, in Würfel geschnitten · 2 TL Butter
4 EL (60 ml) Pflanzenöl
1 kg mageres Lammfleisch, in Würfel geschnitten
1/4 l Rinderbrühe · 2 EL Mehl · 2 EL Rotwein
4 EL (60 ml) Sahne · 1 EL Tomatenpüree
Salz · frisch gemahlener Pfeffer
2 – 3 Mohrrüben, in dicke Scheiben geschnitten und bißfest gekocht
100 g grüne Erbsen, frisch oder tiefgefroren, blanchiert
1 kg kaltes Kartoffelpüree · 3 Knoblauchzehen, zerdrückt
125 g frisch geriebener Parmesan und Parmesan zum Bestreuen

In einer Pfanne die Butter erhitzen und die Zwiebel darin in etwa 5 Minuten dünsten. Die Zwiebel mit einem Schaumlöffel herausnehmen und beiseite stellen. Öl zugießen, erhitzen und die Lammfleischwürfel und darin gut durchbraten; mit einem Schaumlöffel aus der Pfanne nehmen. Beiseite stellen. Das Mehl mit etwas kalter Rinderbrühe verrühren. Die restliche Brühe in die Pfanne gießen. Das Mehl unter ständigem Rühren zugeben und aufkochen. Die Hitze reduzieren und die Sauce leicht einkochen lassen. Rotwein, Sahne und Tomatenpüree zugeben und glattrühren. Dies ergibt etwa 3/8 Liter Sauce. Mit Salz und Pfeffer abschmecken und vom Herd nehmen. Den Backofen auf 180° C vorheizen. Das Lammfleisch gleichmäßig auf 6 feuerfeste Suppenschüsselchen verteilen. Mohrrüben, Zwiebel und Erbsen ebenfalls gleichmäßig auf die Schüsseln verteilen. Das kalte Kartoffelpüree mit Knoblauch und Parmesan vermischen und jede Portion dick damit bestreichen. Mit Parmesan bestreuen und im vorgeheizten Ofen 20 Minuten garen. Die Temperatur auf 200° C erhöhen und den Auflauf weitere 15 Minuten backen. Die Oberfläche nach Belieben 2 Minuten unter dem Grill bräunen.

Venison Scallops, Wild Boar Ham and Gruyère Cheese with Wild Mushroom Duxelles

Rehschnitzel mit Wildschweinschinken und Gruyère auf einer Pilzfarce

Richard Chamberlain, Küchenchef des »Little Nell Hotel« in Aspen, prägte für seinen Kochstil den Begriff »American alpine cooking«. Hier eines der »alpinen« Gerichte, in denen regionale Zutaten verwendet werden.

PILZFARCE:
125 g Butter · 1 Zwiebel, fein gehackt

2 Knoblauchzehen, gehackt

je 250 g Austernpilze, Shiitake-Pilze und Champignons, jeweils grob gehackt

1 TL gehackter frischer Thymian

0,2 l Marsala

1/4 l Sahne · Salz · weißer Pfeffer

REHSCHNITZEL:
1/5 l Olivenöl

6 Rehschnitzel von je etwa 100 g, dünn geklopft

4 EL (60 g) Mehl

Salz · frisch gemahlener schwarzer Pfeffer

6 Scheiben Wildschwein- oder luftgetrockneter Schinken von je etwa 30 g

12 frische Salbeiblätter

6 Scheiben Gruyère von je etwa 30 g

Für die Farce in einer Pfanne die Butter bei mittlerer Temperatur erhitzen und Zwiebel und Knoblauch darin 1 Minute sautieren. Pilze und Thymian zugeben und die Hitze etwas reduzieren. Unter gelegentlichem Rühren die Pilze so lange braten, bis alle Flüssigkeit verdampft ist. Den Marsala zugießen und verkochen lassen. Die Sahne zugeben und um die Hälfte reduzieren. Mit Salz und Pfeffer abschmecken und warm stellen.

Für die Rehschnitzel das Olivenöl in einer Pfanne bei hoher Temperatur rauchend heiß werden lassen. Die Rehschnitzel mit Salz und Pfeffer würzen und leicht mit Mehl bestäuben. In die Pfanne geben und von beiden Seiten braun braten. Aus der Pfanne nehmen und auf ein Backblech legen. Mit den restlichen Rehschnitzeln ebenso verfahren, eventuell noch etwas Olivenöl zugeben.

Den Backofen auf 180° C vorheizen. Jedes Rehschnitzel mit einer Scheibe Schinken belegen, darauf 2 Salbeiblätter geben und mit einer Scheibe Gruyère bedecken. Für etwa 5 Minuten in den vorgeheizten Ofen schieben, bis der Käse geschmolzen ist.
Zum Servieren einen Spiegel Pilzfarce auf vorgewärmte Teller geben und die Rehschnitzel darauf anrichten.

Trout in Butter and Pine Nut Sauce
Gebratene Forelle mit Pinienkernen

Für die Indianer waren Pinienkerne immer ein wichtiges Nahrungsmittel. Da es in den Flüssen der Mountain States von Forellen nur so wimmelt, ergab sich das folgende Rezept ganz natürlich.

3 Eier · 0,2 l Milch · 3 TL Sojasauce
6 Forellen von je etwa 250 g, gesäubert
125 g Maismehl · 4 EL (60 ml) Pflanzenöl
5 EL (75 g) Butter · 100 g Pinienkerne
4 EL (60 ml) Zitronensaft
Zitronenscheiben zum Garnieren

Eier, Milch und Sojasauce miteinander vermischen und die Forellen darin etwa 1 Stunde marinieren.
Die Forellen aus der Marinade nehmen und in Maismehl wenden. In zwei Pfannen jeweils 1 1/2 EL Butter und 2 EL Öl erhitzen. Die Forellen hineingeben und auf einer Seite 3 bis 5 Minuten braun braten, wenden und von der anderen Seite ebenfalls bräunen. Wenn das Fleisch der Forellen flockig wird, sind die Fische gar und können aus der Pfanne genommen werden. Warm stellen.
In einer sauberen Pfanne die restliche Butter erhitzen. Pinienkerne hineingeben und bei niedriger Temperatur bräunen. Zitronensaft unterrühren und kurz vor dem Auftragen über die Forellen gießen. Die Fische mit Zitronenscheiben garnieren und servieren.

Anasazi Bean and Squash Harvest Medley

Potpourri aus Anasazibohnen und Kürbis

Anasazibohnen wurden erstmals von den Anasazi-Indianern angebaut. Heute wachsen sie hauptsächlich in Dove Creek, Colorado, und finden in vielen regionalen Gerichten Verwendung.

50 g getrocknete Anasazi- oder Pintobohnen
1 Stück Kürbis von etwa 650 g
160 g ungeschälter Langkornreis
4 EL (60 ml) Balsamico-Essig · 4 EL (60 ml) Pflanzenöl
1 TL Zucker
6 Frühlingszwiebeln, gehackt
Salz · frisch gemahlener Pfeffer

Die Bohnen in einen Topf geben, mit 1/4 l Wasser bedecken und langsam zum Kochen bringen. Etwa 4 Minuten köcheln, den Herd abschalten und die Bohnen etwa 2 Stunden weichen lassen. Das Einweichwasser abgießen, die Bohnen mit frischem Wasser bedecken, aufkochen, die Hitze reduzieren und etwa 1 Stunde köcheln lassen. Die Bohnen sollten jetzt gar sein, sie dürfen aber nicht zerfallen. Zum Abtropfen auf ein Sieb schütten.

Den Kürbis entweder in 6 bis 7 Minuten im Mikrowellenherd weich werden lassen oder in Stücke schneiden und 15 bis 20 Minuten weich dämpfen. Die Schale entfernen und den Kürbis in Würfel schneiden.

In einem Topf den Reis mit 5/8 l Wasser aufkochen. Die Temperatur herunterschalten und den Reis zugedeckt 45 Minuten köcheln, den Topf vom Herd nehmen und den Reis zugedeckt noch etwa 10 bis 15 Minuten ziehen lassen.

Die noch heißen Bohnen und den Reis mit Essig, Öl und Zucker vermischen. Frühlingszwiebeln unterrühren und abschmecken. Nach Belieben eventuell noch mit etwas Essig nachwürzen. Den Kürbis unterheben und den Salat mindestens 4 Stunden ziehen lassen, damit sich die Aromen entwickeln können. Zimmerwarm als Beilage zu Wildgeflügel auftragen.

Sourdough Biscuits

Sauerteig-Brötchen

Bonnie Welch aus Calham, Colorado, bereitet diese Brötchen – die besonders bei den Cowboys beliebt waren – in einem Dutch oven (siehe Seite 235) zu.

ERGIBT 24 BRÖTCHEN:

SAUERTEIGANSATZ:
1/2 l warmes Wasser · 7 g Trockenhefe · 250 g Mehl

BRÖTCHEN:
250 g Mehl · 1 EL Zucker

1 EL Backpulver · 1 TL Salz

6 EL (90 g) Butter · 1/2 l Sauerteigansatz

Zwei Tage vor Zubereitung der Brötchen den Sauerteig ansetzen. Dafür das warme Wasser in eine große Schüssel, die nicht aus Metall sein sollte, gießen. Die Trockenhefe darüberstäuben. Nach 5 Minuten nach und nach das Mehl zugeben und zu einem glatten Teig verrühren. Mit einem Tuch bedeckt zwei Tage bei Zimmertemperatur ruhen lassen. Der Sauerteigansatz läßt sich unbegrenzt in einem nicht ganz verschlossenen Glas im Kühlschrank aufbewahren, vorausgesetzt, daß der verbrauchte Sauerteig durch neuen ersetzt wird. Für die Zubereitung der Brötchen den Sauerteigansatz gut umrühren und die benötigte Menge von 1/2 l abgießen. Den Sauerteigansatz mit 125 g Mehl, 1/4 l Milch und 90 g Zucker ergänzen. Man sollte ihn mindestens einmal pro Woche wieder auffüllen, weil der Sauerteigansatz sonst austrocknen würde.
Für die Brötchen die trockenen Zutaten miteinander vermischen. Die Butter zugeben und zu groben Krumen verkneten. Den Sauerteigansatz zugießen und den Teig gut durcharbeiten. Mit einem Tuch locker bedeckt etwa 1 Stunde gehen lassen. Den Teig 1 cm dick ausrollen und Brötchen von 5 cm Durchmesser ausstechen. Im 200° C heißen Ofen 10 bis 15 Minuten backen, bis die Brötchen leicht gebräunt sind.

Poppy Seed Cake

Mohnkuchen

(siehe Foto Seite 290)

Dieser angenehm aromatische Kuchen ist ein idealer Nachtisch oder Imbiß auf einer Wanderung durchs Hinterland. Auch zum Picknick an einem Gebirgsfluß schmeckt er gut.

FÜR 6 BIS 8 PERSONEN:

---

500 g Mehl · 500 g Zucker · 1 TL Salz

1 TL Backpulver

2 Eier · 3/8 l Kondensmilch · 1/2 l Pflanzenöl

2 TL Vanille-Essenz

200 g Mohnsamen

Mehl, Zucker, Salz und Backpulver miteinander vermischen und beiseite stellen. Den Backofen auf 180° C vorheizen. Die Eier verquirlen, nach und nach Milch, Öl und Vanille-Essenz unterrühren. Diese Mischung nach und nach zu den trockenen Zutaten geben und zu einem glatten Teig verrühren. Die Mohnsamen untermischen und den Teig in eine gefettete Kastenform gießen. In den Ofen schieben und 50 Minuten backen. Die Hitze auf 165° C reduzieren und den Kuchen weitere 20 bis 25 Minuten backen. Der Kuchen sollte mindestens 65 Minuten im Ofen sein, bevor man die Tür das erste Mal öffnet. Erst dann prüfen, ob der Kuchen gar ist. Wenn er etwas abgekühlt ist, aus der Form nehmen. In Scheiben schneiden und zum Brunch oder zum Nachmittagskaffee servieren.

Peach Flan

Pfirsich-Flan

(siehe Foto Seite 290)

Die Basken essen zum Dessert gern Pudding, besonders Flans. In diesem Rezept wird der traditionelle Flan mit Pfirsichsaft aromatisiert. Pfirsiche gehören zu den Früchten, die in der Rocky-Mountains-Region besonders gut gedeihen.

---

2 EL Wasser · 125 g Zucker · 9 Eigelb · 6 EL (90 g) Zucker

1/4 l Pfirsichsaft · 1/2 l Sahne

2 – 3 Pfirsiche, in Scheiben geschnitten, zum Garnieren

Den Backofen auf 180° C vorheizen. In einem kleinen Topf Wasser und 125 g Zucker in 4 bis 5 Minuten bei mittlerer Temperatur zu goldbraunem Karamel kochen. Aufpassen, daß der Karamel nicht zu dunkel wird. Den Topf gelegentlich schwenken. Mit einem in Wasser getauchten Backpinsel die Topfinnenwand anfeuchten, damit sich der Zucker nicht daran festsetzt. Den Topf vom Herd nehmen und 6 Puddingförmchen von etwa 0,2 l Inhalt gleichmäßig und schnell mit dem Karamel auskleiden.

In einer Schüssel die Eigelbe mit 6 EL Zucker leicht aufschlagen. Pfirsichsaft und Sahne erhitzen und in einem dünnen Strahl unter ständigem Rühren zur Eimasse gießen. Alles gründlich miteinander verrühren, dann die Mischung gleichmäßig auf die Puddingförmchen verteilen.

Die Förmchen ins heiße Wasserbad stellen –, sie sollten etwa halbhoch im Wasser stehen – und die Masse unbedeckt im Ofen etwa 40 bis 50 Minuten stocken lassen. Zur Garprobe mit einem Metallspießchen hineinstechen; kommt es sauber heraus, kann man die Flans aus dem Ofen nehmen. Für mindestens 4 Stunden in den Kühlschrank stellen.

Zum Servieren die Puddingförmchen etwa 2 bis 3 Sekunden in heißes Wasser tauchen, eventuell den Flan mit einem spitzen Messer von den Förmchen lösen und auf Teller stürzen. Mit Pfirsichscheiben garniert auftragen.

Pineapple Carrot Cake

Ananas-Mohrrüben-Kuchen

(siehe Foto Seite 290)

Brad und Tammy Andersen aus Hyrum, Utah, bekamen für diesen Kuchen 1990 im World Championship Dutch Oven Cook-off in Logan, Utah, den ersten Preis bei den Desserts.

FÜR 6 BIS 8 PERSONEN:

KUCHEN:
250 g Mehl · 2 TL Natron · 2 TL gemahlener Zimt

1/2 TL Salz · 3 Eier · 0,2 l Pflanzenöl · 0,2 l Buttermilch

---

500 g Zucker · 2 TL Vanille-Essenz

---

250 g feingewiegte Ananas, frisch oder aus der Dose, abgetropft

---

250 g geraspelte Mohrrüben · 100 g Kokosflocken

---

125 g gehackte Walnußkerne

GLASUR:
125 g Zucker · 1/4 TL Natron

---

4 EL (60 ml) Buttermilch

---

4 EL (60 g) Butter oder Margarine · 1/2 TL Maissirup

1/2 TL Vanille-Essenz

ORANGEN-SAHNEQUARK-ÜBERZUG:
125 g weiche Butter oder Margarine · 250 g Sahnequark

---

1 TL Vanille-Essenz

---

320 g Puderzucker · 1 TL Orangensaft

---

1 TL geriebene Orangenschale

Mohrrübenspäne, dünne Orangenscheiben und Minzblätter zum Garnieren

---

Für den Kuchen Mehl, Natron, Zimt und Salz miteinander vermischen und beiseite stellen. In einer großen Schüssel die Eier aufschlagen. Öl, Buttermilch, Zucker und Vanille-Essenz unterrühren und nach und nach in die trockenen Zutaten einarbeiten. Zu einem glatten Teig verarbeiten. Ananas, Mohrrüben, Kokosflocken und Walnüsse zugeben und alles gut miteinander vermischen.

Den Teig in eine Form von 30 bis 35 cm Durchmesser gießen. In einem herkömmlichen Ofen – Dutch ovens sind bei uns praktisch nicht erhältlich – benötigt der Kuchen bei einer Temperatur von 165° C eine Backzeit von etwa 40 Minuten. Bevor man den Kuchen aus der Form nimmt, wird er glasiert. Für die Glasur gibt man alle Zutaten in einen Topf und läßt sie 1 Minute köcheln. Die Glasur über den noch heißen Kuchen gießen. Den Kuchen etwa 20 Minuten abkühlen lassen und aus der Form nehmen. Ganz auskühlen lassen, bevor der Kuchen seinen Überzug bekommt. Für den Kuchenüberzug Butter und Sahnequark verrühren. Vanille-Essenz, Puderzucker, Orangensaft und -schale zugeben und zu einer glatten, dicken Masse aufschlagen. Den Kuchen damit überziehen und mit Mohrrübenspänen, dünnen Orangenscheiben und Minzblättern garnieren.

Die nordwestliche Pazifikküste und Alaska

Lisa Saltzman

Nördlich von Kalifornien erstreckt sich die überwältigende nordwestliche Pazifikküste, welche die Westgrenze der Staaten Washington und Oregon bildet. Dies ist eine Region felsiger Küstenstriche, reißender Flüsse, üppiger und fruchtbarer Täler, hügeligen Bauernlandes, schneebedeckter Berggipfel und salbeibestandener Wüsten, die ihren Bewohnern alles im Überfluß bietet. Der Pazifische Ozean und die Gewässer im Landesinneren sind reich an Fisch und Schalentieren; der fruchtbare Boden, das milde Klima und lange Wachstumsperioden bringen reiche Ernten an Obst, Gemüsen und Nüssen hervor. Die Wälder liefern Pilze und Wild. Nördlich von Washington, durch Kanada von den restlichen USA getrennt, liegt Alaska. Dieses riesige Gebiet mit seinen mehr als anderthalb Millionen Quadratkilometern ist die äußerste Grenze der Vereinigten Staaten. Der größte Teil des Staates ist unbewohnt; nur hin und wieder findet man in der unendlichen Wildnis von unverfälschter Naturschönheit eine Kleinstadt. Alaska ist ein Land ungezählter Berge, Flüsse und Seen, geprägt von moorigen, baumlosen Tundra-Gebieten, von spektakulären Gletschern und Eisfeldern.

Der Nordwesten blieb lange Zeit von den Weißen unerforscht. Erst 1804 entsandte Thomas Jefferson die von Lewis und Clarke geführte Expedition in den unbekannten Westen, um das Land und seine Einwohner zu erforschen. Diese Expedition, bei der man fast 6500 Kilometer zurücklegte, schuf die Voraussetzungen für den Oregon Trail, eine Route, die ihren Ausgangspunkt in Independence, Missouri, hatte und das ganze Land bis zum Columbia River durchzog. Auf diesem Trail sollten in den nächsten sechzig Jahren Tausende von Pionieren und Abenteurern nach Oregon ziehen, um dort ein neues Leben zu beginnen.

Die ersten Siedler waren praktisch veranlagte, unabhängige und optimistische Leute. Wer sich auf eine solche Reise begab, mußte einen starken Willen haben; und so kam es, daß sich vor allem Menschen mit besserer Ausbildung, die auch meist über die nötigen Mittel verfügten, auf den Weg machten. Sie scheuten nicht vor harter Arbeit und den langen, harten Wintern zurück und wurden letztendlich durch die wunderbare Zeit des Frühlings und Sommers in diesen Breiten entschädigt.

Auch heute noch sind die Bewohner des Nordwestens vom gleichen Schlag. Sie hängen an ihrer Familie, ihrer Gemeinde und ihrem Land und lieben die Natur. Ihr Leben spielt sich größtenteils im Freien ab, sie laufen, wandern und segeln, fahren gern Rad und Ski, lieben das Windsurfen, das Angeln und die Jagd. Sie verweisen mit Stolz auf ihre einfache, gemächliche Lebensweise und setzen sich leidenschaftlich für die Erhaltung ihrer bislang unberührten Umwelt und ihrer geliebten Traditionen ein.

Die pazifische Nordwestküste ist noch dabei, eine eigene charakteristische Küche zu entwickeln. Der Reichtum an hochwertigen Nahrungsmitteln und der Hang der hier lebenden Menschen zur Einfachheit führten zu einem Kochstil, den man als unverfälscht, frisch und unkompliziert bezeichnen könnte. Zu alltäglichen Genüssen gehören Fische und Meeresfrüchte oder

Huhn vom Grill, kurz gegarte gartenfrische Gemüse, knackige Salate, Nachspeisen mit frischem Obst und frische, fruchtige Weine aus den hiesigen Kellereien. Regionale kulinarische Eigenheiten ergänzen und bereichern noch diese Küche, die durch Überfluß und Abwechslungsreichtum geprägt ist.

Das Kaskadengebirge teilt den Nordwesten in zwei Gebiete, die sich geographisch und klimatisch deutlich voneinander unterscheiden. Die Bergkette erstreckt sich von der kanadischen Grenze südwärts durch Washington und Oregon bis hinein nach Kalifornien. Westlich von ihr liegen üppig bewachsene Täler und fruchtbares Bauernland, tannenbedeckte Berge und ungezähmte Flüsse. In diesem Gebiet sind die Temperaturen gemäßigt, und vom Pazifik strömt feuchte Luft herein, so daß es häufig, wenn auch nicht heftig regnet. Es regnet vor allem im Herbst, aber auch im Winter bis in den Frühling hinein. Dies macht die Landwirtschaft der Region zur produktivsten der Welt. Auch die Holzwirtschaft floriert, hier finden Nutzbäume wie die Douglas-Fichte, die Zeder und die Hemlock-Tanne hervorragende Wachstumsbedingungen .

Das Willamette-Tal, zwischen den Küstenbergen und dem Kaskadengebirge in Oregon gelegen, ist eine fruchtbare Niederung mit sanft gewellten Hügeln, ideal für Ackerbau und Obstzucht. Hier wachsen Äpfel, Birnen, Pflaumen, Pfirsiche, Kirschen, grüne Bohnen, Brokkoli und Zwiebeln, Salat und Kräuter. Die ersten Siedler bezeichneten das Tal als »Paradies auf Erden«. Wenige Orte auf der Welt liefern eine solche Vielzahl an Beerenobst: tiefrote Erdbeeren, große, saftige Heidelbeeren, fleischige Himbeeren. Überall wuchern Brombeer- und Himbeersträucher. In der Beerensaison machen die Nordwestler reichlich Gebrauch von diesen Früchten. Die Zubereitung

---

WALDPILZE

In den riesigen Wäldern der pazifischen Nordwestküste gibt es reichlich Pilze, vor allem in den kühleren, feuchten Herbst-, Winter- und Frühlingstagen.

Die idealen Wachstumsbedingungen in Oregon und Washington machen die beiden Staaten zu führenden Pilzlieferanten in den Vereinigten Staaten und der ganzen Welt. Auch die kommerziell betriebene Pilzzucht ist zu einem wichtigen Erwerbszweig in Oregon geworden. Über 60 Prozent der jährlichen Zuchtpilzernte gehen nach Europa und Japan.

Im Nordwesten wachsen über 25 verschiedene eßbare Pilzarten, darunter der Austernpilz, der blumenkohlförmige *cauliflower, honey mushrooms*, Pfifferlinge, Morcheln und Steinpilze. Die Einwohner sind seit jeher leidenschaftliche Pilzsammler, die ihre Fundstellen genau kennen und sie sogar vor ihren engsten Freunden geheimhalten.

Dennoch kann jeder in den Genuß frischer Waldpilze kommen: Die meisten Supermärkte im Nordwesten führen in der Saison etliche wild wachsende Pilzsorten in ihrem Angebot, die in der häuslichen Küche gern und häufig verwendet werden.

ist meist einfach: Man mischt einige Beerensorten miteinander, streut Zucker und träufelt Cassis darüber – fertig ist das Dessert. Die *marionberry pie*, ein lockerer Kuchen mit einer einheimischen dunklen Beerenart, der gewöhnlich mit hausgemachtem Vanilleeis serviert wird, gehört bei *barbecues* einfach als Nachspeise dazu.

Haselnüsse oder *filberts*, wie man sie in Oregon nennt, werden zu Beginn des Herbstes geerntet. Besonders reichlich wachsen sie im Willamette-Tal. Hier wurde 1858 der erste Haselnußstrauch des Landes gepflanzt; heute produziert Oregon 99 Prozent der Haselnußernte der USA. Im Herbst setzt man sich im Nordwesten ins Auto, fährt aufs Land und kauft Haselnüsse sackweise ein. Man ißt die Nüsse direkt aus der Schale oder bereitet Nußtorten oder kleine kompakte Haselnußkuchen und knusprige Kekse aus ihnen zu. Eine Reihe kleiner Betriebe hat sich darauf spezialisiert, Produkte wie Haselnußschokolade und Haselnußöl herzustellen.

Südlich vom Willamette-Tal, in der Nähe der kalifornischen Grenze, am Fuße des Kaskadengebirges, liegt das Rogue-River-Tal. Die hier gelegene Stadt Ashland ist für ihr Oregon Shakespeare Festival berühmt, bei dem über den Zeitraum von acht Monaten klassische und zeitgenössische Theaterstücke aufgeführt werden. Die Landschaft ist öder als im Willamette-Tal und von einer roten Hügellandschaft, die sich über flachem Brachland erhebt, beherrscht. Doch der Schein trügt: Das Rogue-River-Tal ist das fruchtbarste Birnenanbaugebiet an der Westküste, einer der wenigen Orte, wo die Königin der Birnen, die Comice, gedeiht.

An der Küste entlang

Wenn man nach Westen zum Pazifischen Ozean und dann an seiner nebligen, leuchtturmgesäumten Küste nach Norden fährt, kann man leicht nachvollziehen, warum die ersten Kundschafter diese Gegend furchteinflößend fanden. Dennoch ist sie von herber Schönheit. Wellen brechen sich an den zerklüfteten Klippen, und häufig hüllt Regen das Land ein. Als die ersten Siedler schließlich ihren Weg in das Gebiet zwischen dem Meer und den Küstenbergen fanden, stießen sie auf fruchtbaren Boden und fettes Weideland, das die warmen Ozeannebel das ganze Jahr über immergrün hielten. Vieh gedieh in diesem Klima hervorragend und gab mehr als reichlich Milch, so daß Hunderte von winzigen Käsereien aus dem Boden schossen. Unmittelbar südlich der Grenze von Washington liegt der Tillamook-Bezirk, wo seit Ende des 19. Jahrhunderts ein qualitätvoller Cheddar hergestellt wird.

Seit jeher versorgt der Pazifik seine Anrainer mit Nahrung aus dem Meer. Schon die Indianer konnten dank des Überflusses und der Vielfalt, die ihnen die Natur hier zukommen ließ, ein Leben ohne Entbehrungen führen. Ebenso wie später die Neuankömmlinge aus dem Osten lebten auch sie von Fischen wie Lachs, Heilbutt, Barsch, Seehecht und Schaltieren. Die *Dungeness crab*, der Kalifornische Taschenkrebs, ist auch eine Spezialität

TEXAS: Pekannuß-Schokoladen-Kuchen (S. 192),
Buttermilchkuchen (S. 191)

*DER SÜDWESTEN: Cowboy-Steaks und mit Bohnenpüree gefüllte
Chilischoten (S. 214), Salsa Fresca (S. 215)*

dieser Region. Wegen seines saftigen weißen Fleisches halten ihn viele für den delikatesten Taschenkrebs überhaupt. Am besten schmeckt er frisch gekocht, mit zerlassener Butter, direkt aus der Schale.

Gleich im Süden von Washington stößt man auf die Willapa Bay. Die Bucht ist eine der Hauptzuchtgebiete für Austern im Nordwesten. Hier zieht man vor allem große, fleischige Pazifik-Austern, doch die wahren Kenner bevorzugen die winzigen Olympia-Austern. Diese kleine Auster, die schon vom Aussterben bedroht war, gehört zur ursprünglichen Fauna des Nordwestens und gilt unter Feinschmeckern als das Nonplusultra unter diesen Schaltieren.

Am besten schmeckt die Olympia-Auster, wie jede andere erstklassige Auster auch, roh aus der Schale, höchstens mit einem Spritzer Zitronensaft gewürzt, der ihr zartes Jod-Aroma unterstreicht.

Portland, die größte Stadt in Oregon, liegt am Zusammenfluß von Willamette River und Columbia River. Wegen ihres jährlichen Rosenfestivals wird sie auch gelegentlich *city of roses* genannt. Portland ist eine Stadt mit sauberer Luft, anspruchsvoller Architektur und blühenden Gärten. Wegen ihres milden Klimas, ihrer Kleinstadtatmosphäre und der vielen nahegelegenen Erholungsgebiete rangiert sie als Nummer eins auf der Skala der US-Städte mit besonderer Lebensqualität. Ursprünglich war Portland nur eine Raststation für Händler und Indianer, die auf einer Lichtung am Westufer des Willamette-Flusses lag. Mit dem Ausbau des Wegenetzes nach Portland wurde aus der ursprünglichen Ansiedlung ein Handelsplatz, an dem Farmer und Seeleute ihre Güter austauschten. Noch heute ist Portland ein wichtiges Handelszentrum.

Östlich des Kaskadengebirges

Die Landschaft und das Klima im Osten des Kaskadengebirges unterscheiden sich deutlich von den westlichen Landesteilen. Der Boden ist trocken und staubig, die Vegetation spärlich, die Sommer sind lang und heiß und die Winter beißend kalt. Ein Großteil der Region ist Wüste, karg und öde, doch von eigenartiger Schönheit. Einige der Wüstenstriche sind durch Bewässerungssysteme, die aus dem Columbia River gespeist werden, in fruchtbare, landwirtschaftlich nutzbare Gebiete verwandelt worden.

In der Mitte des Staates Washington liegt das Wenatchee-Tal, das für seine Äpfel – Red Delicious, Golden Delicious, Winesap und Rome – berühmt ist. Der einträgliche Obstanbau begann vor hundert Jahren, als einige Siedler Obstbaumsetzlinge auf dem langen Weg über den Oregon Trail mitbrachten. Sobald sie ihr Haus errichtet hatten, legten viele Siedler als erstes einen Obstgarten an.

Äpfel gehörten zu den Grundnahrungsmitteln der ersten Siedler. Sie machten aus ihnen Apfelmus, trockneten sie, um im Winter Kuchen daraus zu backen, oder brieten sie mit Zucker und Gewürzen. *Apple pie*, manchmal mit süßen Birnen angereichert, gehört noch heute zu den Lieblingsgerich-

DER SÜDWESTEN: Krautsalat mit Chilischoten (S. 226),
Rührei mit Chorizo (S. 225)

Cabbage Soup

Kohlsuppe

Wegen der langen und kalten Winter in Alaska war das Angebot an frischen Gemüsen früher oft sehr begrenzt. In dieser herzhaften Suppe werden lediglich Produkte aus dem eigenen Garten verwendet.

400 g Speck, in dünne Streifen geschnitten
1 Mohrrübe, in Scheiben geschnitten
2 Zwiebeln, gehackt
2 Stangen Sellerie, in Scheiben geschnitten
4 Knoblauchzehen, fein gehackt
1 mittelgroßer Kohlkopf von etwa 750 g, in Streifen geschnitten
5 Thymianzweige
10 zerdrückte Pfefferkörner
2 l hausgemachte Hühnerbrühe
Salz und frisch gemahlener Pfeffer

Den Speck in einem großen Topf in 5 bis 7 Minuten auslassen, bis er leicht gebräunt ist. Mit einem Schaumlöffel aus dem Topf nehmen und beiseite stellen. Alles Fett bis auf 1 EL abgießen. Mohrrübe, Zwiebel, Sellerie und Knoblauch in den Topf geben und bei mittlerer Temperatur zugedeckt 10 Minuten sautieren. Den Kohl, Thymian und Pfefferkörner zugeben. Zugedeckt weitere 10 Minuten schmoren. Die Brühe zugießen und bei niedriger Temperatur 30 Minuten köcheln lassen. Den Speck wieder in die Suppe geben und mit Salz und Pfeffer abschmecken. Heiß auftragen.

Cheddar and Walnut Shortbreads

Cheddar-Walnuß-Plätzchen

Cheddar-Käse von der Oregon-Küste wird seit über einem Jahrhundert auf vielerlei Weise verwendet. Diese traditionellen Plätzchen, auch *Cheddar pennies* genannt, sind ein idealer Appetithappen oder kleiner Imbiß.

ERGIBT 5 BIS 6 DUTZEND PLÄTZCHEN:

125 g weiche Butter · 125 g Mehl
1/4 TL Salz
1 Prise Pfeffer
250 g frisch geriebener Cheddar-Käse
125 g Walnußkerne

Den Backofen auf 180° C vorheizen und die Walnüsse darin etwa 6 bis 7 Minuten rösten.

Die Nüsse hacken und beiseite stellen. Die Butter mit einem Handrührgerät oder im Mixer bei hoher Drehzahl 4 bis 5 Minuten schaumig schlagen. Mehl, Salz, Pfeffer, Käse und Walnüsse zugeben und bei niedriger Drehzahl zu einem Teig verarbeiten. Die Teigkugel zu zwei Rollen von 5 cm Durchmesser und 20 cm Länge formen. Jede Teigrolle in Klarsichtfolie wickeln und mindestens 30 Minuten im Kühlschrank ruhen lassen.

Den Teig aus dem Kühlschrank nehmen und die Rollen in 5 mm dicke Scheiben schneiden. Die Teigplätzchen im Abstand von 5 cm auf ein mit Backpapier ausgelegtes oder eingefettetes Backblech legen. Im vorgeheizten Ofen 10 bis 15 Minuten backen, bis die Plätzchen goldgelb sind. Warm oder zimmerwarm mit Rohkost, Oliven oder Cornichons auftragen.

MOUNTAIN STATES: Pizza mit Entenfleisch und Räucher-Gouda (S. 240), Erbsen-suppe mit Chorizo (S. 240), Knuspriges Vollkorn-Haferflocken-Brot (S. 242), Gazpacho nach Art des »Brown Palace« (S. 239)

MOUNTAIN STATES: Lammfleisch-Auflauf (S. 245), Gefüllte Rouladen (S. 244), Bisonsteaks Strindberg (S. 243)

Summer Lentil Salad

Sommerlicher Linsensalat

Linsen verwendet man hauptsächlich in herzhaften winterlichen Suppen.
Im Sommer kann man gut diesen erfrischenden Salat daraus zubereiten.

300 g Linsen, abgespült

1 Mohrrübe · 1/2 Zwiebel, beides in Würfel geschnitten

2 Knoblauchzehen, zerdrückt · 1 1/2 TL Salz · 1 l Wasser

*1 geschälte Gurke · 2 Stangen Sellerie, alles in Würfel
geschnitten*

*1/2 gelbe und 1/2 rote Paprikaschote, entkernt und in
Würfel geschnitten*

1/2 rote Zwiebel, in Würfel geschnitten

*je 1 gute Handvoll gehackte Petersilie, Basilikum
und Minze*

*DRESSING:
6 EL (90 ml) Zitronensaft*

1 EL Dijon-Senf · 1 EL Rotweinessig

2 Knoblauchzehen, fein gehackt ·0,15 l Olivenöl

*Salz und frisch gemahlener Pfeffer · Salatblätter zum
Garnieren*

Linsen, Mohrrübe, Zwiebel, Knoblauch, Salz und Wasser in einem großen
Topf zum Kochen bringen, die Hitze reduzieren und die Linsen in etwa 25
Minuten garen. Das Wasser abgießen, die Linsen abtropfen und abkühlen
lassen. Gurke, Sellerie, Paprikaschoten, rote Zwiebel und Kräuter mit den
Linsen vermischen. Für das Dressing Zitronensaft, Senf, Essig und Knoblauch in einer kleinen Schüssel vermischen und mit einer Gabel nach und
nach das Olivenöl unterrühren. Die Linsen mit dem Dressing anmachen mit
Salz und Pfeffer abschmecken. Den lauwarmen Linsensalat auf einem Bett
von Salatblättern anrichten.

Venison Stew

Wildragout

Es gibt nur wenige Gegenden auf der Welt, deren Jagdgebiete mit denen Alaskas vergleichbar wären. Die Reviere sind leicht zu erreichen, und es gibt reichlich Wild. Man kann für dieses deftige Ragout auch Karibu-, Elch- oder Rindfleisch verwenden.

1 1/2 kg Wildbret zum Schmoren, in 5 cm große Würfel geschnitten
1 Zwiebel, in Scheiben geschnitten
2 Knoblauchzehen, geschält · 1/2 l kräftiger Rotwein
200 g Speck, in feine Streifen geschnitten
4 EL (60 g) Butter · 3 EL Mehl · 3 Thymianzweige
1/2 l Rinderbrühe · 2 Mohrrüben, in Scheiben geschnitten
Salz · frisch gemahlener Pfeffer · 2 EL Butter
250 g Shiitake-Pilze, geputzt und in 1 cm große Stücke geschnitten
gehackte Petersilie zum Garnieren

Rotwein, Zwiebel und Knoblauch in eine Schüssel geben und das Fleisch über Nacht darin marinieren. Die Speckstreifen in kochendem Wasser etwa 10 Minuten blanchieren. Herausnehmen und auf Küchenpapier abtropfen lassen. In einem großen Topf die Butter zerlassen und den Speck darin schnell braun, aber nicht knusprig braten. Aus dem Topf nehmen und auf Küchenpapier abtropfen lassen.

Das Fleisch aus der Marinade nehmen, gut abtropfen lassen und trockentupfen. Die Marinade beiseite stellen. Das Fleisch mit Mehl bestäuben und bei mittlerer Temperatur in dem Speckbratfett von allen Seiten braun anbraten. Thymian, Marinade und Rinderbrühe zugeben und aufkochen.

Die Hitze reduzieren und bei niedriger Temperatur 2 bis 3 Stunden köcheln lassen, bis das Fleisch zart, aber nicht trocken und faserig ist. 30 Minuten vor Ende der Garzeit die Mohrrüben zugeben.

2 EL Butter in einer mittleren Pfanne erhitzen. Die Pilze 3 bis 4 Minuten sautieren, bis alle Flüssigkeit verdampft ist, und zusammen mit dem Speck zum Fleisch geben. Mit Salz und Pfeffer abschmecken. Das Ragout mit gehackter Petersilie bestreuen und sofort auftragen. Als Beilage eignen sich gut kleine gekochte Kartoffeln.

Oregon Blue Cheese and Walla Walla Onion Tart

Zwiebelkuchen mit Blauschimmelkäse

Die ersten Siedler im Nordwesten paßten Rezepte aus ihren Heimatländern häufig an die lokal erhältlichen Erzeugnisse an, wie zum Beispiel in diesem rustikalen Gericht, das ursprünglich aus Frankreich stammt.

FÜR 6 BIS 8 PERSONEN:

TEIG:
125 g Mehl · 1 Prise Salz · 125 g kalte Butter
4 – 6 EL (60 – 90 ml) Eiswasser
BELAG:
2 EL Butter · 1 EL Olivenöl
4 große milde Zwiebeln, in dünne Scheiben geschnitten
Salz · frisch gemahlener Pfeffer
150 g Blauschimmelkäse, zum Beispiel Roquefort, Stilton oder Gorgonzola
1 Ei · 2 Eigelb · 4 EL (60 ml) Milch
0,2 l Crème double

Den Backofen auf 220° C vorheizen. Für den Teig Mehl, Salz und Butter in eine Schüssel geben. Mit den Händen schnell die Butter zu erbsengroßen Krumen verkneten. Das Eiswasser zugeben und den Teig gründlich durcharbeiten. Zu einer Kugel formen. Den Teig auf der leicht bemehlten Arbeitsfläche ausrollen und eine Springform von etwa 26 cm Durchmesser damit auslegen. Den Boden gleichmäßig mit einer Gabel einstechen. In den Kühlschrank stellen und den Teig fest werden lassen.

Die mit Teig ausgekleidete Form mit Alufolie auslegen und mit Hülsenfrüchten wie getrockneten Bohnen beschweren. In den Ofen schieben und etwa 8 bis 10 Minuten backen. Hülsenfrüchte und Folie entfernen und weitere 5 bis 10 Minuten goldgelb backen. Aus dem Ofen nehmen. Die Temperatur auf 190° C herunterschalten.

In einem schweren Topf oder in einer Pfanne Butter und Olivenöl erhitzen. Die Zwiebeln hineingeben, mit Salz und Pfeffer würzen und mit einem Deckel verschließen. Bei geringer Temperatur unter gelegentlichem Rühren 30 bis 45 Minuten schmoren, bis die Zwiebeln weich und goldgelb sind. Sie dürfen aber nicht braun werden. Die Zwiebeln mit einem Schaumlöffel herausnehmen.

Den Käse durch ein mittelfeines Sieb streichen. Ei und Eigelbe zusammen mit der Milch und der Sahne verquirlen. Den Käse zugeben und mit Salz und Pfeffer abschmecken.

Die Zwiebeln gleichmäßig auf dem Boden der Form verteilen, die Eimasse darübergießen und im vorgeheizten Ofen 25 bis 35 Minuten backen, bis die Eimasse fest und goldbraun ist. Dünn aufschneiden und warm oder lauwarm servieren.

Northwest Grilled Salmon

Gegrillter Lachs nach Nordwest-Art

Die Einwohner der nordwestlichen Küstenregion garten den Lachs im ganzen direkt über offenem Feuer. Noch heute ist Lachs, nur über Holzkohlenfeuer gegrillt, ein klassisches Regionalgericht, einfach zuzubereiten und dennoch köstlich.

---

1 Lachs von etwa 2 – 2 1/2 kg, Gräten entfernt und in 2 Filets zerteilt

---

Salz und Pfeffer · 3 EL Olivenöl · Saft von 1 Zitrone

---

1 Zitrone, in dünne Scheiben geschnitten

---

1 milde Zwiebel, in dünne Scheiben geschnitten

---

2 TL Zitronenmelisse oder Thymian

---

2 Zitronen, in Scheiben geschnitten, zum Garnieren (nach Belieben)

Für die Zubereitung des Lachses jedes Filet auf einem Stück Alufolie ausbreiten. Großzügig mit Salz und Pfeffer würzen, mit Olivenöl bestreichen und mit Zitronensaft beträufeln. Die Lachsfilets mit Zitronen- und Zwiebelscheiben belegen und mit der Zitronenmelisse oder Thymian bestreuen.

Den Holzkohlengrill vorbereiten. Wenn die Kohlen durchgeglüht sind, die Lachsfilets mit der Folie auf den Grillrost legen und 10 bis 15 Minuten grillen.

Der Lachs ist gar, wenn er sich leicht mit einer Gabel zerteilen läßt. Nach Belieben mit Zitronenscheiben garnieren und sofort auftragen.

Summer Baked Potatoes

Sommerliche Ofenkartoffeln

Unter den ersten Gemüsen, die die frühen Einwanderer anbauten, waren Kartoffeln. Sie machen heute noch den größten Teil der Ernten im Nordwesten aus.

1 EL Olivenöl · 2 Zwiebeln, in dünne Scheiben geschnitten
750 g sehr kleine neue Kartoffeln · 4 Knoblauchzehen
1 Zweig frischer Thymian · 1 EL gehackter frischer Salbei
1 EL gehackter frischer Origano
Salz · frisch gemahlener Pfeffer · 1 EL Butter
1 Handvoll gehackte frische Kräuter, wie Salbei, Thymian, Petersilie, Schnittlauch

Den Backofen auf 200° C vorheizen. Das Olivenöl in eine feuerfeste flache Form gießen, die die Kartoffeln in einer Lage aufnehmen kann. Zwiebeln, die sauber geschruppten Kartoffeln, Knoblauch, Thymian, Salbei und Origano hineingeben und mit Salz und Pfeffer würzen. Fest mit Alufolie verschließen und die Kartoffeln im Ofen 45 Minuten oder länger backen, bis sie gar sind. Zur Probe mit einem spitzen Messer oder einem Metallspießchen hineinstechen. Die Butter zerlassen und mit den Kräutern vermischen. Über die Kartoffeln gießen und sofort auftragen.

Wild Mushroom Sauté

Sautierte Waldpilze

Der würzige Geschmack von Waldpilzen paßt gut zu Wild, Geflügel und Schweinefleisch.

3 EL Butter · 2 EL Pflanzenöl
3 Schalotten, fein gehackt
2 Knoblauchzehen, fein gehackt
500 g Pfifferlinge, Steinpilze oder beides gemischt, geputzt und in 5 mm dicke Scheiben geschnitten
Salz · frisch gemahlener Pfeffer · 3 EL gehackte Petersilie

In einer großen Pfanne Butter und Pflanzenöl bei mittlerer Temperatur erhitzen. Schalotten und Knoblauch zugeben und unter Rühren einige Minuten weich dünsten, aber nicht braun werden lassen. Die Pilze zugeben und bei hoher Temperatur 2 bis 3 Minuten sautieren. Die Pilze sollten gar, aber noch knackig sein. Mit Salz und Pfeffer würzen, mit der gehackten Petersilie bestreuen und sofort servieren.

Green Beans and Cherry Tomatoes

Grüne Bohnen mit Cocktail-Tomaten

Die Einfachheit und Frische der nordwestlichen Küche zeigen sich besonders im Sommer, wenn es frisches Gemüse in Hülle und Fülle gibt. Dieses Gericht paßt gut als leichte Beilage zu gegrilltem Huhn oder zu Fisch. Man sollte hierfür nur die süßen Cocktail-Tomaten und frisches Basilikum verwenden.

500 g grüne Bohnen · 2 EL Olivenöl
2 Schalotten, fein gehackt
2 Knoblauchzehen, fein gehackt
250 g Cocktail-Tomaten
Salz · frisch gemahlener Pfeffer
1 kleine Handvoll Basilikumblätter, in feine Streifen geschnitten

In einem großen Topf Salzwasser zum Kochen bringen und die grünen Bohnen darin etwa 5 Minuten blanchieren. Das Wasser abgießen und die Bohnen mit kaltem Wasser abschrecken. Mit einem sauberen Tuch trockentupfen und beiseite stellen.
In einer großen Pfanne bei mittlerer Temperatur das Olivenöl erhitzen. Schalotten und Knoblauch zugeben und unter gelegentlichem Rühren 4 bis 5 Minuten weich dünsten. Die Hitze erhöhen und die Bohnen in die Pfanne geben. Etwa 1 bis 2 Minuten braten. Die Cocktail-Tomaten zugeben und 1 Minute sautieren. Mit Salz und Pfeffer abschmecken, das Basilikum unterrühren und sofort auftragen.

Sourdough Pancakes
Sauerteig-Pfannkuchen
(siehe Foto Seite 291)

Die traditionelle Methode, mit der man einen Sauerteig ansetzte, war folgendermaßen: Man vermischte Kartoffeln, Wasser und Mehl, die nach einigen Tagen auf natürliche Weise zu gären begannen. Die hier beschriebene Methode ist viel einfacher und liefert dennoch den typischen säuerlichen Geschmack. Zum Gehen gibt man den Sauerteigansatz in ein großes Glas mit Deckel oder in einen Tontopf und stellt ihn in den Kühlschrank. Einmal wöchentlich, egal ob man den Sauerteigansatz zum Backen verwendet oder nicht, muß man ihn mit 250 Gramm des nachfolgend beschriebenen Mutterteigs auffüllen. Der Sauerteigansatz ist unbegrenzt haltbar, solange er wöchentlich »gefüttert« wird.

SAUERTEIGANSATZ:
0,6 l warmes Wasser · 7 g Trockenhefe · 370 g Mehl

MUTTERTEIG:
1/4 l Sauerteigansatz · 1/2 l warmes Wasser · 320 g Mehl

---

1 EL Zucker

PFANNKUCHEN:
Sauerteig · 2 Eier, verquirlt · 2 EL Pflanzenöl

---

6 EL (90 ml) Milch

---

1 TL Salz · 1 TL Backpulver · 2 EL Zucker

Drei oder vier Tage vor Zubereitung der Pfannkuchen sollte man den Sauerteig ansetzen. Hierfür das warme Wasser in eine große Schüssel gießen und die Hefe darüberstreuen. Nach etwa 5 Minuten nach und nach das Mehl zugeben und zu einem glatten Teig verrühren. In ein 1 l fassendes Einmachglas oder in eine große Schüssel gießen und locker mit Folie abdecken. An einem warmen Platz 2 bis 3 Tage stehenlassen.
Einen Tag vor Zubereitung der Pfannkuchen den Teig anrühren. Die Zutaten in einer großen Schüssel vermischen und locker zugedeckt an einem warmen Platz mindestens 8 Stunden ruhen lassen. Vor dem Zubereiten der Pfannkuchen 1/4 l Teig abnehmen und zum Sauerteigansatz geben. Den restlichen Teig für die Pfannkuchen verwenden. Für die Pfannkuchen den Grundteig mit den Eiern, dem Öl und der Milch verrühren. In einer kleinen Schüssel Salz, Backpulver und Zucker vermischen und über den Pfannkuchenteig streuen. Gut verrühren und etwa 4 Eßlöffel Teig in eine leicht gefettete, heiße gußeiserne Pfanne geben. Wenn der Pfannkuchen Blasen wirft und goldbraun ist, vorsichtig wenden und auf der anderen Seite in et-

wa 20 bis 30 Sekunden ebenfalls goldbraun backen. Sofort mit frischen Früchten oder Ahornsirup auftragen

Fresh Berry Compote
Frische Beerenmischung

Im Sommer wird in dieser Region fast jede Woche eine andere Beerensorte reif. Auf dem Höhepunkt der Saison bieten die lokalen Geschäfte oder Straßenstände ein Dutzend oder mehr Arten feil. Für dieses einfache Dessert kann man alle Beerensorten verwenden. Unterstrichen wird ihr volles Aroma durch Cassis.

---

150 g Blaubeeren · 150 g Himbeeren · 150 g Brombeeren

220 g Süßkirschen, ohne Stengel und entsteint

2 – 3 EL Zucker, je nach Geschmack

1 EL Crème de Cassis (schwarzer Johannisbeerlikör)

Beeren und Kirschen in einer großen Metallschüssel vorsichtig vermischen, dabei die Schüssel in beide Hände nehmen und kreisende Bewegungen machen. Auf keinen Fall die Beeren mit einem Löffel umrühren, da sie sonst platzen. Abschmecken. Eventuell noch etwas Zucker zugeben. Cassis darüberträufeln und kalt stellen. Allein, zu Sorbet, Eiscreme oder Früchtekuchen servieren.

Rhubarb Crisp

Rhabarber-Streusel-Kuchen

Rhabarber gedeiht auch im kühlen Klima von Alaska. Hier wird die Säure des Rhabarbers durch einen süßen Streuselbelag gemildert.

STREUSELBELAG:
4 EL (60 g) Haferflocken · 4 EL (60 g) Mehl

6 EL (90 g) brauner Zucker

1 Prise gemahlener Zimt

6 EL (90 g) weiche Butter

60 g Walnußkerne, im 190° C heißen Ofen 5 Minuten geröstet, grob gehackt

FÜLLUNG:
1 kg Rhabarber, gewaschen, geputzt und in 1 cm dicke Scheiben geschnitten

180 g Zucker · 2 EL (30 g) Mehl

Für den Belag Haferflocken, Mehl, braunen Zucker und Zimt miteinander vermischen. Die Butter zugeben und mit den Fingern grob zerkrümeln. Die Walnüsse zufügen. Den Rhabarber mit dem Zucker und 2 EL Mehl überziehen. In eine Pie-Form von etwa 23 cm Durchmesser oder in eine rechteckige feuerfeste Form von 23 cm Länge füllen und gleichmäßig mit dem Streuselbelag bedecken. In den heißen Ofen schieben und 45 bis 50 Minuten backen, bis die Streusel leicht gebräunt sind und der Rhabarber köchelt. Warm mit Crème double auftragen.

Northwest Apple and Pear Pie
Apfel-Birnen-Kuchen aus dem Nordwesten

Zwei der im Nordwesten am häufigsten gegessenen Früchte werden hier – wie in alten Pioniertagen – zusammen in einem ländlichen Kuchen verwendet. Sollte das Obst besonders aromatisch sein, kann man Zimt und Muskatnuß weglassen.

TEIG:

180 g Mehl · 1 EL Zucker

150 g kalte Butter, in kleine Würfel geschnitten

1 Prise Salz · 4 EL (90 ml) Eiswasser

BELAG:

6 knackige, aromatische Äpfel

3 reife, feste, aromatische gelbe Birnen

4 EL (90 g) Zucker · 2 EL Mehl · 1/4 TL gemahlener Zimt

1 Prise frisch gemahlene Muskatnuß

1 EL Zucker zum Bestreuen

Für den Teig Mehl, Zucker, Butter und Salz in einer Schüssel vermischen. Schnell die Butter mit den Fingern zu erbsengroßen Kügelchen einarbeiten. Das Eiswasser zugießen und den Teig zu einer Kugel kneten. Sofort auf der leicht bemehlten Arbeitsfläche zu einem runden Fladen von 2 1/2 mm Stärke und einem Durchmesser von etwa 36 bis 38 cm ausrollen. Eine Pie-Form von etwa 23 cm Durchmesser mit dem Teig auskleiden. Überlappenden Teig nicht abschneiden, weil man ihn zum Darüberschlagen braucht. Bis zum Gebrauch kalt stellen. Den Backofen auf 200° C vorhelzen.

Für den Belag die Äpfel schälen, entkernen und in dünne Scheiben schneiden. Die Birnen ebenfalls schälen, entkernen und in 1 cm dicke Scheiben schneiden. Das Obst in eine Schüssel geben und leicht mit Zucker, Mehl, Zimt und Muskatnuß überziehen. Je nach Aroma und Säure der Früchte eventuell noch etwas Zucker zugeben. Die Früchte gleichmäßig in der mit Teig ausgekleideten Pie-Form verteilen, die jetzt ziemlich voll sein wird. Die überstehenden Teigenden locker darüberschlagen – der Teig wird die Früchte nicht vollkommen bedecken – und die Oberfläche mit 1 EL Zucker bestreuen. In den vorgeheizten Ofen schieben und etwa 60 bis 70 Minuten backen, bis der Teig goldbraun ist und die Früchte weich sind. Zur Garprobe mit einem kleinen Metallspieß hineinstechen. Warm mit Vanille-Eis servieren.

Hazelnut Cake

Haselnußkuchen

Frische Haselnüsse fallen in Oregon im Herbst buchstäblich von den Sträuchern. Ihr unverwechselbares Aroma durchzieht diesen Kuchen, der wunderbar zum Kaffee schmeckt oder als Nachtisch an einem kalten Winterabend.

FÜR 6 BIS 8 PERSONEN:

---

250 g Haselnüsse · 125 g Mehl · 1 TL Backpulver

125 g Butter · 180 g Zucker · 3 Eier · 1 TL Vanille-Essenz

1 TL Brandy

Puderzucker zum Bestäuben

30 g zartbittere Schokolade

Den Backofen auf 180° C vorheizen. Die Haselnüsse im Ofen 5 Minuten rösten. Wenn sie etwas abgekühlt sind, die Haut abziehen. Die Ofentemperatur auf 165° C herunterschalten. Eine Kuchenform von etwa 23 cm Durchmesser einfetten, mit Mehl bestäuben und mit Backpapier auslegen. Die Haselnüsse fein mahlen und mit dem Mehl und dem Backpulver vermischen. Beiseite stellen. Die Butter mit einem Handrührgerät etwa 3 bis 4 Minuten hellgelb und schaumig aufschlagen. Den Zucker zugeben und weitere 2 bis 3 Minuten rühren. Eier, Vanille-Essenz und Brandy miteinander verquirlen und die Hälfte davon zur Butter-Zucker-Mischung geben. Mit dem Handrührgerät auf höchster Stufe 30 Sekunden verrühren, dann die zweite Hälfte zugeben und so lange rühren, bis alles gut miteinander verbunden ist. Die Haselnüsse mit dem Mehl zugeben und mit dem Handrührgerät bei niedriger Drehzahl einarbeiten. Den Teig in die Form gießen und die Oberfläche glätten. Im vorgeheizten Ofen etwa 40 bis 45 Minuten backen, bis der Kuchen goldbraun ist und sich in der Mitte fest anfühlt. Den Haselnußkuchen in der Form auskühlen lassen, erst dann herausnehmen. Die Schokolade im Wasserbad schmelzen. Etwa 5 bis 10 Minuten beiseite stellen, bis die Schokolade leicht abgekühlt und dicklich geworden ist. Den Kuchen mit Puderzucker bestäuben. Eine Gabel in die Schokolade tauchen und den Kuchen damit dekorieren. Den Haselnußkuchen zimmerwarm mit leicht aufgeschlagener Sahne servieren.

Hawaii und Kalifornien
James Badham

J edes Kochrezept hat einen Bezug zur kulturellen Geschichte seiner Umgebung. In Hawaii und Kalifornien wird dies besonders deutlich. Beide Staaten, eng mit dem Pazifik verbunden, haben eine Einwohnerschaft, die sich aus Einwanderern aus allen Winkeln dieser Erde zusammensetzt – und dies spiegelt sich in den mannigfaltigen Kochstilen wider, die sowohl nebeneinander bestehen als sich auch wechselseitig beeinflußt haben und noch beeinflussen.

Hawaii

Man vermutet, daß die ersten Siedler Hawaiis zwischen 100 und 450 n. Chr. von Polynesien aus auf die Pazifikinsel kamen. Sie brachten Süßkartoffeln, Yams, Bananen, Kokosnüsse, Brotfrüchte, Schweine, Hunde, Hühner und ein besonders wichtiges Gemüse, *Taro*, mit, aus dem sie eine Art Pastete namens *poi* zubereiteten. Bis 1769, als der Seefahrer James Cook die Inselgruppe durch Zufall entdeckte und sie Sandwich-Inseln taufte, ernährten sich die Hawaiianer in der Hauptsache von *poi*, Fisch und Früchten.

Cooks Entdeckung bereitete den Weg für weiße Einwanderer, von denen die ersten Ende des 18. Jahrhunderts auf die Insel kamen – Seeleute, Walfänger, Pelzhändler und Kaufleute -, ab 1820 gefolgt von Missionaren. Als nächste strömten die Chinesen ins Land, um auf den Zuckerplantagen zu arbeiten, die die durch den kalifornischen Goldrausch ausgelöste Nachfrage nach Zucker kaum mehr befriedigen konnten. Doch die Chinesen kehrten den Plantagen bald den Rücken, um ihr Glück als selbständige Reis-, Taro-, Zucker- und Gemüseanbauer oder als Restaurant- oder Ladenbesitzer zu versuchen. In den letztgenannten Sparten zeigten sie so viel Geschick, daß sie praktisch das Monopol dafür auf Hawaii übernahmen. Sie führten neue Obst- und Gemüsearten ein und Hunderte von Gerichten, die heute zu den Standards auf Hawaii gehören, wie pfannengerührte Zubereitungen, Frühlingsrollen, Schweinefleisch oder Fisch süß-sauer, aber auch *mauna pua*, gedämpfte Reismehlrollen, die mit allem möglichen, angefangen von süßen roten Bohnen bis hin zu Kokosnuß-Curry-Huhn, gefüllt sein können.

Den chinesischen Arbeitern in den Zuckerrohrplantagen folgten andere Einwanderer, von denen sich viele, wie zum Beispiel die Japaner, nach Ablauf ihrer Verträge anderen Beschäftigungen zuwandten. Die Küche der Japaner zeichnete sich durch besondere Frische und Betonung des Dekorativen aus, zugleich kamen mit ihr neue Arten von Nudeln, die Verwendung von Seetang und Teriyaki-Grillsauce nach Hawaii, aber auch neue Zubereitungsarten für die hier heimischen Fische und nicht zuletzt die Kunst des Grillens auf dem Hibachi, einem transportablen kleinen Grill. Portugiesische Einwanderer von den Azoren und aus Madeira brachten ihr *pao doce*, ein süßes Brot, *malassadas*, eine Art Krapfen, würzige Würste und eingelegte Zwiebeln mit. Die Puertoricaner machten Hawaii mit karibischer Kost und festlichen Reisgerichten, die mit Annato-Öl gefärbt wurden, bekannt.

Die Koreaner brachten scharf gewürzte Gerichte ins Land und streng schmeckende vergorene Beilagen wie *kim chee*, die koreanische Version des Sauerkrauts, die sich bald allgemeiner Beliebtheit erfreuten. Die Küche der Filipinos war eine Mixtur aus spanischen und asiatischen Einflüssen; durch sie wurden Mungobohnen, Bittermelonen und Fischsauce in Hawaii heimisch. Nach dem Zweiten Weltkrieg wanderten Samoaner ein, die keine Mühe hatten, sich an die alten traditionellen Gerichte von Hawaii zu gewöhnen, die sie aus ihrem eigenen Repertoire ergänzten; und in jüngster Zeit ist es durch die Zuwanderer aus Südostasien zu einer weiteren Bereicherung der Vielfalt in der hawaiianischen Küche gekommen.

Überall auf den Inseln von Hawaii findet man Gerichte der verschiedenen ethnischen Gruppen in Reinkultur, doch ein Besucher von Hawaii wird mit einiger Sicherheit beim Abschied das Gefühl haben, eine einzigartige Verschmelzung kulinarischer Genüsse erlebt zu haben. So sind einige Gerichte typisch für Hawaii geworden, wie zum Beispiel *saimin*, wie die hawaiianische Bezeichnung für japanische Nudeln lautet. In einem typischen *saimin*-Restaurant auf Kauai zahlt man für eine Nudelmahlzeit aus der Schüssel ein paar Dollar, das exotische Inselflair gibt's gratis dazu. Hier gibt es keine Neonreklame wie in Honolulu, nur ein kleines Schild an einer Bude aus Verschalungsbrettern in einer schmucklosen dunklen Gasse. Eine abgegriffene Schwingtür führt in einen überfüllten Raum, in dem Einheimische an langen Tischen sitzen und Hühner- und Rindfleisch-Spieße essen oder aus großen Schüsseln *saimin* schlürfen – Nudeln in Brühe, mit Gemüsen, Eiern und *wontons* angereichert – oder eine Passionsfrucht-Pie genießen und alles mit einem Coke hinunterspülen. Billig, gut und volkstümlich das Ganze, so wie die Hawaiianer es lieben.

Der Mittelpunkt der Agrarerzeugung des fünfzigsten amerikanischen Bundesstaates liegt auf der Insel Hawaii, wo sich die beiden schneebedeckten Zwillingsvulkane Mauna Loa und Mauna Kea bis in 4100 Meter Höhe erheben und die Insel in eine feuchte und eine trockene Seite unterteilen.

Der Regen fällt auf Hilo, und so wachsen hier vierzig Prozent des Zuckerrohrs der Region (Kauai und Maui sind die anderen Hauptproduzenten). In Kona, auf der trockeneren Seite, gedeihen Früchte und Gemüse, die viel Sonnenlicht brauchen. Der Kona-Kaffee, einer der besten der Welt, wächst im sonnigen Windschatten des Mauna Loa, einer Gegend mit taufrischen Morgen, heiterem Tageslauf und kühlender Bewölkung am Nachmittag. Auf dem Big Island wird praktisch die gesamte hawaiianische Ernte an Macadamia-Nüssen eingebracht, rund die Hälfte an Gemüsen und Melonen und ein Großteil der Papayas und Weintrauben. Auf der Insel gibt es 360 Ranches, darunter die historische Parker-Ranch, eine der größten privaten Ranches der USA. Auf diesen riesigen Ländereien findet man ebenso rauhbeinige Cowboys wie in den Great Plains, doch mit einem eindeutig insularen Charakter. Die hawaiianischen Cowboys hüten ihre Herden an den Hängen erloschener Vulkane, kauen getrocknete Fische und Tintenfische als kleinen Imbiß zwischendurch, veranstalten spektakuläre Rodeos und schneiden beim darauffolgenden *barbecue* im Inselstil ordentlich auf. Auf dem Speisezettel solcher »Western Luaus« stehen bunt durcheinander so beliebte Sachen wie gegrilltes Rind- und Lammfleisch, Gerichte wie *lomi lomi*-Lachs, gesalzener Lachs, der zerstampft oder in Streifen geschnitten und mit Zwiebeln, Tomaten und Eis gemischt wird; *kalua*-Schwein, das im Luau-Stil in ei-

---

DAS LUAU

Alle Hawaiianer sind sich darüber einig, daß man ein *luau* veranstalten müsse, um viel Spaß mit vielen Leuten zu haben. *Luaus* wurden schon von den alten Hawaiianern gefeiert, zu besonderen Gelegenheiten wie dem Geburtstag eines Königs oder einer guten Ernte oder um ihren Naturgottheiten zu huldigen.

Nachdem in neuerer Zeit der religiöse Hintergrund solcher Veranstaltungen weggefallen ist, bezeichnen die Hawaiianer mit *luau* heute ein eher ungezwungenes gesellschaftliches Ereignis. Wörtlich bezeichnet *luau* das Blatt der Taropflanze und im übertragenen Sinn jedes Gericht, bei dem dieses Blatt verwendet wird, und darüber hinaus auch die Festivität, bei der solche Gerichte aufgetragen werden. Egal ob alt oder zeitgenössisch, ob heilig oder profan: Im Mittelpunkt des luau steht die unterirdische Kochstelle, *imu* genannt, und das *kalua*, das Schwein, das darin zubereitet wird. Zuerst gräbt man eine Grube, in der man ein Feuer entfacht, auf dem man Steine beträchtlicher Größe erhitzt. Wenn das Feuer heruntergebrannt ist, werden einige der heißen Steine in das Schwein gelegt, das danach in *ti*-Blätter eingeschlagen und mit weiteren heißen Steinen, Taro- und Bananenblättern, Süßkartoffeln und anderen Zutaten und Gerichten umlegt und bedeckt wird. Danach schüttet man die *imu*-Grube mit Erde zu und läßt ihren Inhalt für mehrere Stunden garen. Wenn sie wieder geöffnet wird, beginnt das *luau*.

Das in der Grube gegarte Schwein ist saftig, zart und fällt fast von selbst auseinander. Man nimmt ein Stück des gut gesalzenen Schweinefleisches zusammen mit einigen Fingerspitzen voll *poi*, der zerstampften und vergorenen Wurzel der Taropflanze, und macht so Bekanntschaft mit den Geschmacksnuancen echt hawaiianischer Küche. Dazu gibt es rauchig schmeckende, zarte Süßkartoffeln, die noch dampfen, und eine Reihe anderer Gerichte. *Laulau* sind hübsche, kleine, das Auge ansprechende Päckchen aus *ti*-Blättern, die mit Schweine- oder Hühnerfleisch, das mit Taroblättern gemischt ist, gefüllt sind. Die *ti*-Blätter geben ihr Aroma an das saftige, sanft gegarte Fleisch ab. Es gibt auch ein Gericht namens *luau*, das den spinatähnlichen Geschmack der Taroblätter mit dem von Hühnerfleisch oder Fisch und von Kokosmilch vereint und durch eine Reihe anderer Beilagen angereichert wird. *Pipi kaula*, die hawaiianische Version von luftgetrocknetem Rindfleisch, das von europäischen Seeleuten nach Hawaii mitgebracht wurde, ist bei *luaus* ebenfalls beliebt, desgleichen *lomi lomi*-Lachs, zerstampfter und gesalzener Lachs, der mit Zwiebeln, Tomaten und Eis vermischt wird. Zu einem *luau* können auch Kalamar, Sepia oder Fisch in Kokosmilch gehören oder auch Garnelen. Nicht fehlen darf *haupia*, ein klebriger Pudding aus Kokosmilch und Pfeilwurz.

ner geschlossenen Erdgrube, die mit heißen Steinen und *ti*-Blättern gefüllt ist, langsam gegart wird; *saté*, gegrillte kleine Fleischspießchen mit Erdnußsauce; *poi*, portugiesisches Maisbrot; *laulau*, Fisch, Hühner- oder Schweinefleisch, das mit *ti*-Blättern umhüllt und gedämpft wird; Kartoffelsalat und viel, viel Bier. Zum Dessert gibt es Papaya, Mango, Kokosnußpudding oder Bananen- oder Kokosnußsahne-Pie.

Überall an den Küsten ißt man ohne besondere Förmlichkeiten. Die Speisekarten bieten von portugiesischen Eiern mit Wurst über Thunfisch-*Sushi*, Ingwerhuhn (der beste Ingwer der Welt kommt aus Hawaii), Hamburgern, *Tacos*, pfannengerührten Gerichten bis hin zu gegrilltem oder in der Pfanne gebratenem Fisch alles mögliche an. Schilder, die besagen, daß es hier »Tellergerichte« gibt, findet man auf Schritt und Tritt, und die Tagesspezialitäten, seien es süß-saure Schweinerippchen, Pfeffersteaks oder Fischspießchen, werden mit dem üblichen *two-scoop rice* – zwei Schöpflöffeln Reis – serviert. In Hilo gibt es einige große Freiluftmärkte, wie den Suitsan-Fish-Markt, auf dem jeder, der das *pidgin*-Englisch des Auktionators versteht, mitbieten kann. Am sonnigen Strand von Kona kann sich der Tourist die berühmte Pazifik-Rim-Küche in eleganten Restaurants schmecken lassen. Der Tourismus ist bei weitem der größte Einkommenszweig auf den Hawaii-Inseln und hat dazu geführt, daß die Regionalküche eine Renaissance erlebt und heute von einer beträchtlichen Zahl junger Köche aus Hawaii und von anderswo gepflegt wird.

Fährt man auf der Insel Maui in Richtung des alten Walfängerhafens und heutigen Touristenzentrums Lahaina, erstrecken sich ringsherum, soweit das Auge schauen kann, Zuckerrohr- und Ananasfelder. Lahaina ist zum Bersten voll mit Steak- und Kotelett-Häusern, Pasta- und Pizza-Restaurants und mit Ständen, die *shave ice*, eine lebhaft gefärbte, mit Fruchtsirup aromatisierte Form des *snowcone*, einer in den USA sehr beliebten Speiseeisform, anbieten. Egal ob man auf der Insel in einer winzigen Imbißbude oder im Speisesaal des besten Hotels am Platze zum Essen geht – auf der Speisekarte findet man mit Sicherheit immer eine Auswahl der köstlichen heimischen Fische. *Mahi mahi*, »Delphinfisch« (nicht der Meeressäuger, sondern eine Goldmakrelenart), *ono*, Königsmakrele, *ahi*, Gelbflossenthunfisch, und *marlin*, Speerfisch, gehören zu den beliebtesten Arten, die alle vorzugsweise gegrillt serviert werden.

Dank der fruchtbaren Vulkanerde, des ewigen Sonnenscheins und der berechenbaren Regenfälle und nicht zuletzt wegen des reichlich mit Meeresgetier gesegneten Ozeans können die Hawaiianer nach Herzenslust unter den »Rohmaterialien« für ihre Küche auswählen. All diese Vielfalt, in die Hände von Meisterköchen unterschiedlicher ethnischer Herkunft gegeben, verwandelt sich hier in die Aromen der ganzen Welt, die Platz in diesem winzigen Paradies findet.

Kalifornien

In dicke Wollsachen gekleidete Missionare versuchten schon seit 1769, die Ureinwohner von Kalifornien zum katholischen Christentum zu bekehren. In jenem Jahr wurde die Mission in Alta, in der Nähe des heutigen San Diego, fertiggestellt, die erste von 21 Missionen, die sich von Mexiko bis nach Sonoma an einer Route entlangzogen, die man El Camino Real nannte. Zur Zeit der Ankunft der Missionare in Alta hatte schon seit rund zweihundert Jahren ein kulinarischer Austausch zwischen den Spaniern und den indianischen Ureinwohnern stattgefunden, der die Anfänge der kalifornischen Küche darstellte. Europäische Einflüsse vermischten sich mit denen der Neuen Welt, so daß die Missionare und ihre eingeborenen Hilfskräfte buchstäblich die Saat pflanzten, aus der Kalifornien als eines der produktivsten landwirtschaftlichen Gebiete der Erde hervorgehen sollte.

Nur wenige der Ureinwohner von Kalifornien waren ausschließlich Jäger und Sammler, die meisten betrieben auch Agrarwirtschaft. Ihr Grundnahrungsmittel war die Eichel, die sie zu feinem Mehl verarbeiteten, aus dem sie wiederum die giftigen Säuren extrahierten und so Brei, Kuchen, Brot und Grütze herstellten. Die Missionare brachten den Indianern, oft mit Gewalt, bei, wie man Saat ausbringt, und diese wiederum machten die Spanier mit der bemerkenswerten Vielfalt der heimischen Nahrungsmittel bekannt. Die Urbevölkerung sammelte die Samen wilder Gräser, Stachelbeeren, Brombeeren, wilde Trauben, Walnüsse, Pinienkerne, Wildzwiebeln, Knoblauch, Brunnenkresse, jungen Löwenzahn und andere Wildsalate, Kaktusfeigen, Origano und *yerba buena*, ein süß schmeckendes Kraut; aus Weidensaft kelterte man Wein. Aus *tulares*, einer weitverbreiteten Sumpfpflanze, und aus dem Saft der Zuckerkiefer wurde Zucker gewonnen. Man fischte, jagte Haarwild, Kaninchen, Eichhörnchen, Wildtauben und Moorhühner; Elch- und anderes Wildfleisch wurde getrocknet und zu *jerky* verarbeitet. Die an der Küste lebenden Stämme sammelten Muscheln und fingen Tintenfische; Schildkröten wurden mit Fallen oder der Harpune gejagt, ebenso Seelöwen und Fische. Sie trockneten Seetang, formten ihn zu Kuchen, buken ihn und grillten Lachs mit Wacholderbeeren .

Nach den Anlaufschwierigkeiten der ersten Jahre begannen die Gärten und Ländereien der Missionen reiche Erträge abzuwerfen. Die Missionare züchteten Weinreben, aber auch Rinder, Schafe und Schweine, deren Zahl in die Tausende ging. Als das Missionsland nach der Unabhängigkeit Mexikos säkularisiert wurde, bedachte man die Nachkommen der spanischen Siedler in Kalifornien großzügig mit Grundbesitz, den sogenannten *ranchos*. In den darauffolgenden sechzig Jahren bauten die Dons auf den *ranchos* ihre Viehzucht im großen Stil aus, genossen das Leben und feierten große Feste.

In dieser Zeitspanne entwickelte sich die Vorliebe der Kalifornier für Gerichte, in denen heimische Agrarerzeugnisse mit mexikanischen Chillies und Gewürzen zusammentrafen. *Succotash*, ein Gericht aus gekochten

Zu jeder Jahreszeit wird irgendwo in Kalifornien irgend etwas gefeiert, was mit der kulinarischen Vielfalt des Landes zu tun hat. Erdbeeren, Pflaumen, Pfirsiche, Melonen, Orangen und Zitronen, Walnüsse und Trauben, Kirschen, Kartoffeln und auch Bohnen haben ihre eigenen Festtage.

So kann man in Hayward Zucchini verkosten, Apfelküchlein und -pasteten in Sebastopol verzehren und auf zahlreichen Oktoberfesten Bratwurst mit viel Bier hinunterspülen. Die zwei größten Feste dürften jedoch das der Dattel gewidmete National Date Festival und das Gilroy Garlic Festival zu Ehren des Knoblauchs sein.

Jeden Februar fallen Tausende von Besuchern in die Wüstenstadt Indio ein, um der Dattel zu huldigen. Auf der Bühne finden Arabische Nächte statt, im Wüstensand gibt es Kamelrennen, Musikkapellen spielen auf, und man kann jedes denkbare Gericht, das sich mit Datteln zubereiten läßt, probieren.

Zu einer ähnlichen Invasion kommt es jedes Jahr im Juli in Gilroy, der »Knoblauch-Hauptstadt« der USA. Meister der Knoblauch-Küche kochen dann Eimer voll *pesto*-Sauce, füllen Sandwiches mit knoblauchgewürzten Pfeffersteaks, sautieren Tintenfische mit Knoblauch in Butter, bereiten Artischocken mit Knoblauch zu und erfinden bisweilen ein Gericht wie Truthahnfilets in Knoblauch-Chili-Sauce, das unlängst einen ersten Preis in einem Kochwettbewerb errang.

Bohnen, Mais und Paprikaschoten; *burritos*, bohnengefüllte Weizenmehl-Tortillas; *tamales*, gedämpfte gefüllte Maisblätter; *menudo*, Kuttelsuppe; *albóndigas*, Fleischbällchen; *mole*, eine würzige mexikanische Sauce mit Schokolade; Chili mit Schweinefleisch; *carne seca*, Rindfleischstreifen, die in einer pikanten Chili-Sauce mariniert und dann getrocknet werden; *quesadillas*, käsegefüllte und zusammengeklappte Mais-Tortillas; *salsas*, würzige, pikante Saucen auf Tomaten-Chili-Grundlage; Chips und Schokolade – all dies gehört zur gemeinsamen kulinarischen Hinterlassenschaft der Missionen und *ranchos*.

Nichts jedoch veränderte Kalifornien so sehr wie die Goldfunde. In dem Jahrzehnt nach 1849, als man in Sutter's Mill Gold entdeckte, wuchs die Bevölkerung von 100 000 auf 380 000 an. Von überallher auf der Welt kamen Einwanderer, um entweder selbst Gold zu schürfen oder als Farmer oder Geschäftsleute vom Boom zu profitieren.

Der Goldrausch bescherte San Francisco auch einen gastronomischen Aufschwung. Die Neureichen labten sich in Etablissements wie »Delmonico's« oder dem »Palace Hotel« an Austern und Champagner, Hummer Thermidor, Lachsforelle mit Sardellensauce, Rinderfilet, Rehschnitzel, gebratener Ente, Stachelbeertorte, Käse und eingelegtem Ingwer. Das, was die Goldschürfer zum Überleben hatten, war etwas karger: Ochsenschwanzsuppe, Zwieback und Bohnen, Kartoffeln, Sauerkraut, Rindfleisch, das zäh wie Schuhleder war, Grizzly-Bär, Eselhase (amerikanische Hasenart mit bemerkenswert langen Ohren, Gattung *lepus*) und sogar Eselfleisch bildeten ihre Kost. Unab-

MOUNTAIN STATES: Mohnkuchen (S. 250), Pfirsich-Flan (S. 251),
Ananas-Mohrrüben-Kuchen (S. 252)

NORDWESTLICHE PAZIFIKKÜSTE UND ALASKA: Sauerteig-Pfannkuchen (S. 278)

dingbar war natürlich das Sauerteigbrot, das sich heute noch großer Beliebtheit erfreut und besonders zu Taschenkrebsen, gedämpften Muscheln oder Garnelen und zum *cioppino*, dem regionalen würzigen Meeresfrüchte-Eintopf, verzehrt wird.

Das Central Valley

Bis zu Beginn dieses Jahrhunderts war Kalifornien zu einem der Hauptlieferanten von Agrarprodukten in den USA aufgestiegen. Heute steht es – auch oft in der Weltproduktion in der Erzeugung von mehr als fünfzig Arten von Obst und Gemüsen an der Spitze. Das Hauptanbaugebiet dafür liegt im Central Valley. Dieses breite, über 800 Kilometer lange Tal, das sich in das Sacramento Valley im Norden und das San Joaquin Valley im Süden aufteilt, ist das fruchtbare Herz des Landes.

Im Sacramento Valley wachsen Pfirsiche, Nektarinen, Äpfel, Pflaumen, Aprikosen, Kirschen, Weintrauben und ein Dutzend anderer Obst- und Gemüsearten. Am Wochenende finden regelmäßig Bauernmärkte statt, zu denen unabhängige Erzeuger anreisen, um, wie in den Straßen der Hauptstadt Sacramento, bestes organisch gewachsenes Obst und Gemüse anzubieten. Viele Stadtbewohner fahren auch aufs Land, um sich in Obstgärten, wo auf Schildern *U pick'em* – »Pflück selbst« – steht, die Ernte persönlich vom Baum zu holen.

Zu Frühlingsanfang stehen die Mandel-, Walnuß- und Pistazienhaine im nördlichen Central Valley in voller Blütenpracht. Hier wächst der Großteil der Obsternte des Bundesstaates und jede denkbare Art von Gemüsen. Mitte des 19. Jahrhunderts begannen armenische Siedler mit dem Anbau von kernlosen Trauben der Sorte Thompson; heute kommen etwa 90 Prozent der Tafeltrauben und fast sämtliche Rosinen in den USA aus dieser Gegend, desgleichen ein beträchtlicher Teil der Feigen. Schon in den Missionen legte man Oliven ein oder preßte sie zu Öl, das in der Hauptsache zum Kochen, aber auch zum Schmieren von Maschinen und zur Abwehr von Mücken Verwendung fand. Noch heute sind Oliven ein bedeutendes Produkt des Central Valley.

Im Süden endet das Central Valley am Fuß der Tehachapi- und Inyo-Berge. Südlich davon hat man mit dem Wasser des Colorado River eine ehemalige Wüste in ein überaus fruchtbares Agrarland verwandelt. Hier im Riverside County erkannte man früh den Trend der Zeit und hängte sich an die kalifornische Fitneßwelle an, indem man die gesunde Wüstenluft als zusätzliches Argument in die Werbung für Orangen mit einbrachte und den Slogan *citrus and health* – Zitrusfrüchte und Gesundheit – kreierte. Kalifornien ist heute der Hauptproduzent von Zitrusfrüchten in der Welt, seine Plantagen reichen von San Diego und dem Imperial Valley bis nach Santa Barbara und über das San Joaquin Valley hinaus.

Obwohl in der Region alles wächst, was man für die Traummahlzeit eines Gourmets braucht, sind die Speisekarten eher von einer ermüdenden

Eintönigkeit: Steak und gebackene Kartoffeln mit grünen Bohnen und Mandeln, Brathuhn mit Sauce und *succotash*, Pfannkuchen und Eier und immer wieder Salat. Zum Nachtisch gibt es oft einen Apfel oder Pfirsich, einen Beerenkuchen oder knusprige Walnuß- oder Haferflocken-Rosinen-Kekse.
Noch weiter im Süden im von Natur aus trockenen, aber bewässerten Coachella Valley, das an Arizona und Mexiko grenzt, wachsen Datteln im Überfluß – 90 Prozent der Ernte in den USA. Überall an den Imbißständen und in den Restaurants serviert man gehaltvolle köstliche Dattel-Shakes. Auf den Dattelplantagen umstehen Harems weiblicher Bäume einen einzigen männlichen und warten darauf, daß jede ihrer Blüten in Handarbeit befruchtet wird. Bis zur Fertigstellung der Eisenbahn im Jahre 1861 brachten Kamelkarawanen die Datteln durch die Wüste nach Mexiko, Arizona und New Mexico.

Die Pazifikküste

Ungeachtet des landwirtschaftlichen Reichtums der Region ist es vor allem die Pazifikküste, die den Charakter Kaliforniens prägt. Jeder hier will am Meer leben, und wer es nicht kann, fährt sooft er kann dorthin – für einen Tag, eine Woche oder einen Sommer. Von San Diego im Süden bis nach Crescent City im Norden ermöglichen eine Vielzahl von Piers und Häfen Schiffern, Anglern und Tauchern den ungehinderten Zugang zum Wasser. Zwischen den Piers haben die Küstenangler ihr Revier, wo sie ihre Köder, die Heilbutt, Trommelfisch und Barsche anlocken sollen, in die Brandung auswerfen. An den ausgedehnten Sandstränden von Pismo Beach findet man die besten Venusmuscheln – ein selbst gesammelter Eimer voller *steamers*, die man später mit zerlassener Butter und einigen Scheiben Sauerteigbrot aus San Luis Obispo verzehrt, bleibt ein unvergeßlicher Genuß.
Bei Monterey beginnen die Fanggründe für die *Dungeness crab*. Ein wenig küstenaufwärts, in Bodega Bay, spielt die ganze Stadt im Februar krabbenverrückt, wenn das große *cioppino* Festival in der Mitte der Krabben-Saison beginnt. Hochseeangler fahren mit Kuttern auf den Pazifik hinaus, um Schwertfisch, Gelbflossen-Thunfisch, *corbina* und Goldmakrele zu fangen. Die Jagd nach Miesmuscheln und Krabben auf den Küstenfelsen ist ein allseits beliebtes Familienvergnügen.
Die einst von den Kaliforniern verschmähte Abalone, die im vorigen Jahrhundert von chinesischen und japanischen Tauchern vom Meeresboden rund um Monterey heraufgeholt und fast ausschließlich nach Asien exportiert wurde, ist heute eine Rarität in den Restaurants und eine von Tauchern geschätzte Köstlichkeit, nach der allerdings nur noch während einer sehr kurzen Fangzeit mit Maske und Schnorchel getaucht werden darf.
Das wichtigste Seebad von Kalifornien ist die unweit der mexikanischen Grenze gelegene Stadt San Diego, deren Einwohner auf ihren streßarmen, gesundheitsbewußten Lebensstil und ihr gutes mexikanisches Essen stolz sind. Der Besucher findet hier noch immer hausgemachte *tamales* und

*HAWAII UND KALIFORNIEN: Marinierte Artischockenherzen mit Oliven (S. 306),
Hollywood-Salat (S. 307), Pizza mit Knoblauch und Pilzen (S. 301),
Tacos mit Krabbenfleisch und weißen Bohnen (S. 304)*

HAWAII UND KALIFORNIEN: Linguine mit würziger Tomatensauce (S. 308), Linguine mit Cioppino-Sauce (S. 309)

würzige *carnitas tacos*, die von ambulanten Straßenküchen verkauft werden, und *paletas* genannte kleine Fruchtsaft-Bars, in denen man eisgekühlte Bananen-, Kokosnuß- und Wassermelonen-Drinks bekommt. In San Diego begann der Siegeszug des Caesar Salad. Caesar Cardini, Italiener und Eigentümer von »Ceasar's Place« in Tijuana, Mexiko, erfand den Salat an einem Wochenende, als er seinen prominenten Hollywood-Gästen, die gewöhnlich einen Abstecher über die Grenze zu ihm zu machen pflegten, keine anderen Speisen mehr anzubieten hatte. Die Kalifornier sind Salaten im allgemeinen sehr zugetan, und so nimmt es nicht wunder, daß der *Cobb Salad* in einem anderen Prominenten-Treff, dem legendären »Brown Derby« in Hollywood, erfunden wurde, einem der ersten Restaurants in Kalifornien, das sich besonders um die Frische seiner Zutaten bemühte.

In den trockenen Hügelketten an der Küste nördlich von San Diego gibt es noch heute Avocado- und Orangenhaine sowie riesige Blumenfelder, doch jene Orangengärten, denen das Orange County seinen Namen verdankt, mußten inzwischen größtenteils Industrie- und Wohnbauten weichen. Folgt man der Landstraße weiter, kommt man zu Knott's Berry Farm, einst der Wohnsitz des Richters J. H. Logan, der Brom- und Himbeeren miteinander kreuzte und so die Loganbeere schuf. Heute ist die Farm zu einer Rollschuhlauf-Arena verkommen. Fährt man weiter nach Norden, werden die Spuren der einstigen *ranchos* immer spärlicher, dafür nehmen der Verkehr und die Hektik, naht man dem modernen Los Angeles, immer mehr zu. Nur noch die Missionen am Straßenrand halten die Erinnerung an die Vergangenheit lebendig. Auch in Los Angeles gibt es noch historische Reservate wie die Olvera Street, die erste Marktstraße der Stadt, wo man immer noch hervorragend mexikanisch essen kann. Am Ende der Olvera Street liegt Chinatown, wo sich höhlenartige Dim-Sum-Paläste, Mongolian Barbecues, wo man zu einem Festpreis so viel essen kann, wie man schafft, und Spelunken für die Verlierer der Gesellschaft ein nachbarliches Stelldichein geben.

An sonnigen Tagen sind die Strandpromenaden voller Rollschuhfahrer, Radfahrer und Läufer. Voll sind dann auch die Strandrestaurants zur Mittagszeit, wo sich die Freizeitsportler einfinden, um Bananen-Pfannkuchen mit Mango-Butter, ein Frühstück mit Eiern im Rancher-Stil, Bratkartoffeln, Speck und Toast und Müsli mit Früchten zu essen. An der Venice Beach promeniert die schöne Welt an Straßenhändlern, Gauklern und Imbißverkäufern vorbei.

Nördlich von Los Angeles liegen die üppigen Felder von Oxnard und Ventura County, wo sich ein Erdbeerstand an den anderen reiht, wo man mexikanisch ißt, wo es morgens und abends Nebel gibt und wo die Zeit ohne Eile verrinnt. Weiter im Inland liegt das Künstlerdorf Ojai, umrahmt von immergrünem Chaparral, Bächen und Zitrusfruchthainen. Überall werden frisches und getrocknetes Obst verkauft und verschiedene Arten von Honig. Hier findet man elegante Restaurants, Lokale mit Diätkost, Hamburger-Imbißbuden und Stände, die für Gesundheitsbewußte biologisch-dynamische

Erzeugnisse wie Avocados, Jack-Käse, Bohnensprossen-Sandwiches oder Rosinenbrötchen mit Erdnußbutter, Bananen und Honig anbieten.

Santa Barbara, wo die ersten Avocados in Kalifornien wuchsen, liegt an einem ruhigen Stück Küste und ist eine Art Fluchtburg für die Leute aus L. A., die hier Restaurants für jeden Geschmack vorfinden. Überall hängt der Geruch von Gegrilltem in der Luft, vor allem im Sommer. Die Würze für ihr Rosmarin-Huhn ziehen sich die Einwohner von Santa Barbara meist im eigenen Garten. Nördlich und östlich von dieser Missionsstadt liegen die Santa Ynez Mountains, in denen große Ranches und etliche Kellereien, die hervorragende Rotweine erzeugen, liegen.

Noch weiter nordwärts nimmt die Küste an Dramatik zu, steil abfallende Klippen schließen abgeschiedene kleine Strände ein. Auch hier liefert die Agrarwirtschaft im Hinterland mehr als üppige Erträge, Obst- und Gemüsestände sind in dieser Gegend so häufig wie Tankstellen. Um Gilroy herum liegen die Knoblauchfelder, die der Stadt den Namen »Welthauptstadt des Knoblauchs« eingebracht haben. Bei Castroville wachsen auf riesigen Feldern Artischocken, die im 19. Jahrhundert von italienischen Bauern eingeführt wurden. Das fruchtbare Tal von Salinas inspirierte den Schriftsteller John Steinbeck. Ebenso der Fischerort Monterey, der genau wie sein pittoresker Nachbarort Carmel ein beliebtes Wochenendrefugium stadtmüder Metropolen-Bewohner ist.

Im Nordosten liegt fettes Weideland für Rinder und Schafe. Die Milchwirtschaft ist daher der wichtigste Industriezweig in dieser Gegend. Die Kalifornier lieben Milchprodukte – von Eiscreme über Fruchtjoghurts und altmodische Milch-Shakes bis hin zu den hier erhältlichen diversen Käsesorten. Vor allem fettarme Joghurts, die hier zum erstenmal angeboten wurden, haben es den gesundheitsbewußten Kaliforniern angetan.

Kalifornien besitzt nicht nur die größte Käserei der Welt (die Golden Cheese Company in Riverside County), sondern auch viele kleine Betriebe, die sich auf die Herstellung von Monterey Jack, Tillamook Cheddar, *queso fresco*, einen weichen mexikanischen Weißkäse, und einigen Käsesorten mit europäischem Stammbaum, wie Feta, Camembert und Brie, spezialisiert haben. Die Marin French Cheese Company produziert schon seit 1865 Käse – zu ihren für die USA einzigartigen Spezialitäten gehört *Schloss*, ein salziger Käse aus der Limburger-Familie.

San Francisco

Wenn sich der Reisende schließlich auf den Weg zurück begibt und über den Lake Tahoe und das Goldland nach San Francisco zurückkehrt, kommt er in eine Stadt, die seit den Tagen des Goldrausches eine besonders enge Beziehung zu den Küchen der Welt hat. Die Italiener brachten *polenta* mit, die Basken ihre würzigen Lammeintöpfe, die Deutschen ihre Nudelgerichte, die Franzosen einen ganzen Katechismus der Kochkunst, die Chinesen eine leichte Hand im Umgang mit Gemüsen, die Japaner ihre Vorliebe für

Fisch und optische Effekte, die Russen ihre herzerfreuende ländliche Kost. Alle kamen sie nach San Francisco, alle blieben sie hier, auch ihre Nachkommen und deren Nachkommen und so weiter und so weiter... Sie bauten nicht nur eine Stadt, sondern machten aus einer Stadt am Wasser eine Stadt der Brücken, die zu den eindrucksvollsten baulichen Schöpfungen der Welt gehört.

Um San Francisco mit den von Sequoia-Bäumen bestandenen Hügeln an der Nordseite der San Francisco Bay zu verbinden, bauten sie die Golden Gate Bridge, die heute jeder sofort als das Wahrzeichen einer der schönsten Städte der Welt erkennt. Richtung Osten erstreckt sich das Mammutwerk der Bay Bridge. Beide Brücken rahmen eine der ästhetischsten Metropolen dieser Erde ein, in der man traumhaft gut essen kann, wo man aus den Restaurants auf die Bucht mit ihren Tausenden von Booten blickt und wo Millionen Touristen ein Meeresfrüchte-Nirwana in Fisherman's Wharf finden. Auf dem Weg über die vom Nebel umwobenen Hügel findet der Besucher kuriose Kneipen und wunderbare Ausblicke; er kann den Musikanten lauschen, die die Fahrgäste der *cable cars* an den Haltestellen unterhalten. Hier schätzt jeder das gute Leben und gutes Essen, der schwarzgekleidete Künstler, der seine hausgemachten Thai-Nudeln mit einer brennend scharfen Sauce in den Künstlervierteln North Beach oder Haight-Ashbury verzehrt, ebenso wie die Herren vom Geldadel, die ihren Beluga-Kaviar in einem der schicken Etablissements der Stadt Körnchen für Körnchen genießen.

Jenseits der San-Francisco-Bucht in Berkeley zelebriert Alice Waters immer noch ihre kulinarischen Zauberkunststücke im »Chez Panisse«. Sie eröffnete das Restaurant 1971 in einer kleinen viktorianischen Villa und verwendete nur frischeste Zutaten, wie es die französischen Vertreter der Nouvelle cuisine taten, deren Techniken sie übernahm. Sie führte eine in den USA bisher unbekannte Art leichter Saucen ein, die den Geschmack der Zutaten eher ergänzten und unterstrichen als überdeckten. Ihrem Wahlspruch *fresh is best* – »nichts geht über Frische« – folgt auch Laura Chenel, die einige Studienjahre in Frankreich verbrachte und deren erstklassige Ziegenkäse heute in den besten Restaurants Nordamerikas serviert werden. Viele der Bäckereien von Berkeley backen Brot auf europäische Art: Man macht alles mit der Hand, nimmt sich viel Zeit dazu und verwendet nur beste Zutaten. Die dazu passenden hausgemachten Marmeladen, Senfsorten, Fleisch- und Wurstwaren findet man in den Delikatessenläden der engen Altstadtstraßen von Berkeley. Die Menschen hier lieben legere Kleidung, gutes Essen zu Hause, im Restaurant oder im Freien, wo man unter sanft raschelnden Eukalyptusbäumen sitzen kann.

Weine aus Hawaii und Kalifornien

Beim Namen Hawaii denkt kaum jemand an Weinkellereien, aber im Jahre 1977 legte man hoch oben an den Hängen des erloschenen Vulkans Haleakala auf der Insel Maui den Tedeschi Vineyard an. Die Spezialitäten der Kellerei sind Tafel- und Schaumweine aus Ananas sowie Rosé-, Rot- und Schaumweine aus der Carnelian-Rebe, einer roten Traubensorte, die in Kalifornien entwickelt wurde und eine Kreuzung aus Grenache, Cabernet Sauvignon und Carignane darstellt.

Kalifornische Weine sind eine Geschichte für sich. Kalifornien ist der Staat der USA mit der höchsten Weinproduktion – 90 Prozent aller Weine des Landes stammen von hier. Die ersten Reben wurden von Franziskaner-Missionaren angepflanzt, doch von einer kommerziellen Weinherstellung konnte man erst etwa um 1830 sprechen, als die ersten Siedler in Südkalifornien ankamen. In der Mitte des 19. Jahrhunderts dehnte sich das Weinanbaugebiet nach Norden in die Region der San Francisco Bay und der Vorgebirge der Sierra aus. Kalifornien galt als das Gelobte Land für den Weinanbau. Besondere Bedeutung für die Entwicklung der Wein-Industrie hier hatte der Ungar Agoston Haraszthy. Er legte 1856 im Sonoma-Tal Weingärten und eine Kellerei an und kam später von einer Europa-Reise mit 100 000 Setzlingen von 300 verschiedenen Rebsorten zurück, die er an Winzer in ganz Kalifornien verkaufte.

Die ersten Winzer erkannten den Standortvorteil – die große Zahl von Sonnentagen, die niedrige Luftfeuchtigkeit und die natürliche Luftumwälzung in der Wachstumsperiode durch den Pazifik. Besonders begünstigt waren die vielen Küstentäler, die sich überall an der Pazifikküste finden. Die besten Weine Kaliforniens werden in den über 700 Kellereien an der Küste hergestellt, von Temecula im Süden bis Mendocino im Norden. Napa Valley ist die bekannteste Spitzenwein-Region, doch auch Weine aus Santa Barbara, San Luis Obispo, Monterey, Santa Cruz, Alameda, Sonoma, Mendocino und den Lake Counties brauchen den Vergleich mit denen des Napa-Tals nicht zu scheuen, ja sind ihnen zum Teil sogar überlegen. Die hier wachsenden Rebsorten stammen fast alle aus Europa.

Das günstige Klima, der gute Boden und die Kreativität seiner Winzer haben Kalifornien mit an die Spitze der Qualitätsweinerzeuger katapultiert, seine Weine gehören zu den besten der Welt. Die kalifornischen Kellereien setzen alles daran, diese Position durch innovatives Management, kulturelle Veranstaltungen und dergleichen mehr zu erhalten und auszubauen. Viele Kellereien laden deshalb nicht nur zum Besuch ein, sondern veranstalten Musikabende, Kunstausstellungen, Weinseminare, Kochfestivals und -kurse sowie Galadiners, die von berühmten Meisterköchen ausgerichtet werden.

HAWAII:

Ananasweine: Maui-Brut (Schaumwein), Maui blanc; *Rosé-, Rot- und Schaumweine:* Carnelian;

KALIFORNIEN: Nordkalifornien
Weißweine: Brut (Schaumwein), Chardonnay, Chenin Blanc, Gewürztraminer, Johannisberg Riesling, Sauvignon Blanc, Riesling Spätlese; *Roséwein:* White Zinfandel; *Rotweine:* Cabernet Sauvignon und Verschnitte, Merlot, Pinot Noir, Sangiovese, Zinfandel, Petite Sirah

MITTEL- UND SÜDKALIFORNIEN:
Weißweine: Chardonnay, Johannisberg Riesling, Sauvignon Blanc; *Roséwein:* White Zinfandel; *Rotweine:* Cabernet Sauvignon, Merlot, Pinot Noir, Syrah, Zinfandel

Garlic and Wild Mushroom Pizza

Pizza mit Knoblauch und Pilzen
(siehe Foto Seite 294)

Dieses Rezept ist das Ergebnis einer kulinarischen Revolution, die 1980 stattfand. Damals beschäftigten sich die kalifornischen Küchenchefs erstmals ernsthaft mit dem Thema Pizza, versuchten zu ergründen, wie man die perfekte Pizza-Kruste herstellt, und erfanden Beläge aus ungewöhnlichen Kombinationen von Käse, Fleisch, Salaten und Nüssen.

PIZZA-TEIG:
lauwarmes Wasser · 7 g Trockenhefe
1 TL Zucker

---

etwa 250 g Mehl zum Brotbacken · 1 1/2 EL Olivenöl

1/2 TL Salz · Maismehl zum Bestreuen der Pizza-Form

BELAG:
3 EL Olivenöl

---

8 Knoblauchzehen · 1/2 rote Zwiebel, beides in dünne
Scheiben geschnitten

---

125 g frische Pilze, z.B. Shiitake-Pilze, Steinpilze oder
Austernpilze, in Scheiben geschnitten

---

1 Prise zerstoßene getrocknete rote Chilischote

Salz · frisch gemahlener Pfeffer

---

200 g frisch geriebener Fontina

---

6 EL (90 g) frisch geriebener Parmesan

---

2 Eiertomaten, entkernt und gehackt

---

1 EL gehackter frischer oder 1 1/2 TL zerriebener
getrockneter Majoran

Für den Pizza-Teig Wasser in einer kleinen Schüssel mit Hefe und Zucker verrühren und auflösen. Etwa 10 Minuten gehen lassen, bis die Hefe Blasen wirft.

220 g Mehl, Öl und Salz in der Schüssel der Küchenmaschine vermischen. Bei laufendem Motor die angesetzte Hefe zugießen und in etwa 40 Sekunden zu einem feuchten, geschmeidigen Teig verarbeiten. Falls der Teig klebrig ist, noch etwas Mehl einarbeiten.

Eine mittelgroße Schüssel einfetten. Den Teig zu einer Kugel formen, in die Schüssel geben und darin wenden, um die Teigoberfläche mit einer leichten Fettschicht zu überziehen. Mit einem Tuch bedeckt an einem warmen,

*HAWAII UND KALIFORNIEN: Gegrillte Lammkeule auf baskische Art (S. 314),
Geschmorte Spareribs mit Hoisin-Sauce und Orangensaft (S. 315)*

HAWAII UND KALIFORNIEN: Schokoladenkuchen mit Macadamia-Nüssen und Ingwer (S. 320), Dattel-Walnuß-Kuchen (S. 316), Kaffee-Käsesahne-Kuchen (S. 318),

zugfreien Platz etwa 1 Stunde gehen lassen, bis der Teig das doppelte Volumen erreicht hat.

Den Backofen auf 230° C vorheizen. In einer großen, schweren Pfanne das Öl bei niedriger Temperatur erhitzen. Knoblauch etwa 15 Minuten darin schmoren. Zwiebel, Pilze und Chilischote zugeben und etwa 2 Minuten braten, bis sie beginnen, weich zu werden. Mit Salz und Pfeffer würzen. Die Pizza-Form oder ein Backblech mit Olivenöl bestreichen und mit Maismehl bestäuben. Den Pizza-Teig auf der bemehlten Arbeitsfläche bearbeiten und durchkneten, bis er glatt ist. Zu einem Fladen von etwa 30 cm Durchmesser ausrollen und die vorbereitete Form damit auslegen. 10 Minuten ruhen lassen.

Den Pizza-Teig mit beiden Käsesorten bestreuen, die Knoblauch-Pilz-Mischung darüber verteilen und darauf Tomaten und Majoran geben. Etwa 12 Minuten backen, bis der Käse zu schmelzen beginnt und die Teigränder der Pizza braun werden. 5 Minuten ruhen lassen, in Spalten schneiden und auftragen.

Crab and White Bean Tacos

Tacos mit Krabbenfleisch und weißen Bohnen
(siehe Foto Seite 294)

Tacos ißt man in Kalifornien, seitdem sich die ersten Spanier aus Mexiko dort niederließen.

ERGIBT ETWA 18 TORTILLAS:

TORTILLAS:
500 g Mehl · 125 g kaltes pflanzliches Fett · 2 TL Salz

1/4 l warmes Wasser

TOMATEN-AVOCADO-SALSA:
1 kg Tomaten, entkernt und gehackt

1 Avocado, geschält, entsteint und gehackt

1/2 rote Zwiebel, fein gehackt

1 große Handvoll frischer Koriander, gehackt

3 Jalapeño-Chilischoten, entkernt und fein gehackt

3 EL Olivenöl · 2 EL frischer Limettensaft

Salz · frischgemahlener Pfeffer

---

470 g Cannellini-Bohnen aus der Dose, abgespült und abgetropft

125 g schwarze Oliven, entsteint und geviertelt

1 Handvoll frischer Koriander, gehackt

1/2 rote Zwiebel, fein gehackt

3 Jalapeño-Chilischoten entkernt und fein gehackt

3 EL Limettensaft · 2 EL Olivenöl

1 TL gemahlener Kreuzkümmel · Salz · Pfeffer

Außerdem zum Füllen und Garnieren:
1 Kopf Römischer Salat, in feine Streifen geschnitten

750 g gekochtes Krabbenfleisch oder Garnelen · Limetten, in Spalten geschnitten

Für die Tortillas das Mehl in eine mittlere Schüssel sieben. Das Pflanzenfett in kleine Stücke schneiden und mit dem Mehl zu groben Krumen verkneten. Das Salz im warmen Wasser in einer großen Schüssel auflösen und langsam in dünnem Strahl zur Mehl-Fett-Mischung gießen. Dabei die Zutaten mit den Fingern verkneten und mit der Wasserzugabe immer so lange warten, bis alles gut miteinander verbunden ist. Zu einer Kugel formen und auf der leicht bemehlten Arbeitsfläche etwa 3 Minuten kneten, bis der Teig glatt ist.Wieder in die Schüssel geben und mit einem Tuch zugedeckt etwa 1 Stunde ruhen lassen. Den Teig nochmals etwa 1 Minute durchkneten und weitere 10 Minuten ruhen lassen.

Den Teig zu Bällen von etwa 4 cm Durchmesser formen und auf der leicht bemehlten Arbeitsfläche zu runden Fladen von etwa 18 cm Durchmesser ausrollen. Die ausgerollten Tortillas stapeln.

Eine große, schwere Pfanne erhitzen. Eine Tortilla hineingeben und etwa 20 Sekunden backen, wenden und auf der anderen Seite etwa 10 Sekunden garen, bis die Oberfläche hellbraun gesprenkelt ist. Mit den übrigen Tortillas ebenso verfahren. Die gebackenen Tortillas aufeinanderstapeln.

Für die salsa die Zutaten in einer großen Schüssel vermischen und mit Salz und Pfeffer abschmecken. Für die Zubereitung der weißen Bohnen ebenfalls die Zutaten in einer zweiten großen Schüssel vermischen und mit Salz und Pfeffer würzen. Den Backofen auf 180° C vorheizen Die Tortillas in Alufolie wickeln und im Backofen etwa 10 Minuten erhitzen. Tortillas, salsa, Bohnen, Salat, Krabbenfleisch und Limettenspalten auf Tellern anrichten, so daß sich jeder Gast nach Belieben selbst bedienen kann.

Marinated Baby Artichoke Hearts and Olives

Marinierte Artischockenherzen mit Oliven
(siehe Foto Seite 294)

In dieser schmackhaften Vorspeise sind gleich zwei kalifornische Delikatessen enthalten. Falls sehr kleine Artischocken nicht erhältlich sind, kann man ersatzweise mittelgroße verwenden und jeweils in sechs Teile schneiden.

---

12 sehr kleine Artischocken · 1 Zitrone, halbiert

---

150 g schwarze Oliven, vorzugsweise Kalamata-Oliven

1/8 l Olivenöl · 3 EL Zitronensaft

---

3 Knoblauchzehen, fein gehackt · 2 EL gehackte Petersilie

---

*2 TL gehackter frischer oder 1/2 TL zerriebener
getrockneter Thymian*

Salz · frisch gemahlener Pfeffer

Eine Schüssel mit Wasser füllen und den Saft einer halben Zitrone zugeben. Von den Artischocken die Stiele entfernen und die Schnittfläche mit Zitrone einreiben. Vom Boden beginnend die dunkelgrünen Blätter abbrechen. Weiter so verfahren, bis nur noch ein Kranz von Blättern mit hellgrünen Spitzen bleibt. Die Spitzen und die dunkelgrünen Teile von den Artischockenherzen entfernen und die Artischocken vierteln. Das Heu im Innern entfernen. Die Artischocken mit der Zitrone einreiben und ins Zitronenwasser geben; sobald alle vorbereitet sind, aus dem Wasser nehmen und abtropfen lassen.

In einem großen Topf Salzwasser aufkochen, die Artischocken hineingeben und in etwa 6 bis 10 Minuten fast gar kochen. In ein Sieb schütten und mit fließendem kaltem Wasser abschrecken. Gut abtropfen lassen.

Die Artischocken in eine mittelgroße Schüssel geben, die restlichen Zutaten zufügen und alles gut miteinander vermengen. Mit Salz und Pfeffer würzen und mindestens 2 Stunden bei Zimmertemperatur oder über Nacht im Kühlschrank ziehen lassen. Gut gekühlt oder zimmerwarm servieren.

Modern Cobb Salad

Hollywood-Salat

(siehe Foto Seite 294)

Das Original-Rezept stammt aus dem »Brown Derby«, einem beliebten Restaurant in Hollywood, das für sein Prominenten-Publikum berühmt ist. Auf einem Salatbett werden in Würfel geschnittene Tomaten, Avocados, Truthahnfleisch, Speck, hartgekochte Eier und Roquefort angerichtet. Diese Variante verwendet verschiedene grüne Blattsalate, gegrillte Hühnerbrüste und Ziegenkäse, wie Montrachet.

4 TL Dijon-Senf
4 EL (60 ml) Balsamico- oder Rotweinessig
4 Schalotten, fein gehackt · 1/4 l Olivenöl
6 Hühnerbrüste ohne Knochen und Haut, halbiert
Salz · frisch gemahlener Pfeffer
1 großer Kopf Radicchio, geviertelt
4 Kolben Chicorée, in 2 1/2 cm dicke Scheiben geschnitten
2 Tomaten, in kleine Spalten geschnitten
1 Handvoll Rucola (Rauke, Roquette), in 2 1/2 cm breite Streifen geschnitten
20 frische Basilikumblätter
125 g frischer Ziegenweichkäse, z.B. Montrachet, zerbröckelt

Senf, Essig und Schalotten in einer kleinen Schüssel verrühren. Nach und nach das Olivenöl unterrühren Die Hühnerbrüste in einer Glasform auslegen und von allen Seiten mit einem Viertel der Marinade überziehen. 2 Stunden marinieren.

Den Grill auf mittlere Temperatur vorheizen. Die Hühnerbrüste mit Salz und Pfeffer würzen und auf dem Grill etwa 15 Minuten garen, dabei gelegentlich wenden.

Vom Radicchio die Blätter lösen und in eine große Schüssel geben. Chicorée, Tomaten, Rucola und Basilikum zugeben und mit zwei Dritteln der restlichen Vinaigrette vermischen. Den Salat auf sechs Teller verteilen. Die Hühnerbrüste diagonal in dünne Scheiben schneiden und auf dem Salat anrichten. Mit der restlichen Vinaigrette beträufeln, mit Käse bestreuen und servieren.

Linguine with Herbed Tomato Sauce

Linguine mit würziger Tomatensauce
(siehe Foto Seite 295)

Es gibt keinen Mangel an wunderbaren Nudelsaucen unter der Sonne Kaliforniens, aber dieses einfach zuzubereitende Rezept gehört zu den besten.

1 1/4 kg Eiertomaten, geschält, entkernt und gehackt
1 Handvoll gemischte gehackte Kräuter, wie Basilikum, Estragon und/oder Majoran
0,2 l Olivenöl · 4 EL (60 ml) Balsamico- oder Rotweinessig
3 Schalotten, gehackt · Salz · frisch gemahlener Pfeffer
200 g Linguine
200 g frisch geriebener Pecorino oder zerbröckelter Ziegenfrischkäse
Kräuterzweige zum Garnieren

Tomaten, gehackte Kräuter, Olivenöl, Essig und Schalotten in einer großen Schüssel miteinander vermischen und mit Salz und Pfeffer würzen. In einem großen Topf Salzwasser zum Kochen bringen, die Nudeln hineingeben und al dente kochen, dabei gelegentlich umrühren. Die Linguine in ein Sieb gießen und abtropfen lassen. In eine große Schüssel geben, die Sauce darüber verteilen und mit etwas Käse bestreuen. Mit Kräuterzweigen garniert sofort auftragen. Geriebenen Käse separat dazu reichen.

Linguine with Cioppino Sauce

Linguine mit Cioppino-Sauce
(siehe Foto Seite 295)

Ursprünglich war *cioppino* ein Eintopf aus Meeresfrüchten, dessen Rezept von italienischen Fischern aus der San Francisco Bay stammt. Hier kommt *cioppino* als Pasta-Sauce auf den Tisch.

1/8 l Olivenöl
2 Stangen Lauch, nur die weißen und hellgrünen Teile, in Scheiben geschnitten
2 Zwiebeln gehackt · 8 große Knoblauchzehen, gehackt
1 TL getrocknete scharfe rote Chilischote, zerrieben
etwa 850 g italienische Tomaten aus der Dose, abgetropft und gehackt
1/4 l trockener Weißwein
3 Stücke unbehandelte Orangenschale, etwa 5 cm lang und 2 1/2 cm breit
1 TL Fenchelsamen · Salz · frisch gemahlener Pfeffer
1 Handvoll frisches Basilikum, gehackt
2 kg frische Venus- oder Miesmuscheln, geputzt und gebürstet
750 g mittelgroße Garnelen, geschält und gesäubert
750 g Linguine

In einer schweren Kasserrolle 6 EL Olivenöl bei mittlerer Temperatur erhitzen. Lauch und Zwiebeln hineingeben und etwa 8 Minuten glasig dünsten. Den Knoblauch zufügen und weitere 4 Minuten braten, bis der Knoblauch weich ist. Zerstoßene Chilischote unterrühren. Nach etwa 20 Sekunden Tomaten, Wein, Orangenschale und Fenchelsamen zugeben und 15 Minuten unter häufigem Rühren köcheln lassen, bis die Sauce leicht eingedickt ist. Mit Salz und Pfeffer abschmecken und die Hälfte des Basilikums unterrühren. Muscheln in die Sauce geben und zugedeckt 5 Minuten köcheln lassen, bis sich die Schalen zu öffnen beginnen. Garnelen zugeben und die zugedeckt weiter 4 Minuten kochen bis die Garnelen gar sind und die Muschelschalen sich geöffnet haben.
In der Zwischenzeit in einem großen Topf Salzwasser zum Kochen bringen und die Linguine al dente kochen. Die Linguine in einem Sieb gut abtropfen lassen. Wieder in den Topf geben und mit dem restlichen Olivenöl vermischen. Die Nudeln in eine große Schüssel füllen, die Sauce darüber verteilen – Orangenschalen und nicht geöffnete Muscheln vorher aussortieren – und mit dem restlichen Basilikum bestreut auftragen.

Grilled Vegetables with Jack Cheese Polenta

Grillgemüse mit Käse-Polenta

Heute führen die meisten anspruchsvolleren kalifornischen Restaurants mindestens ein Gemüsegericht auf der Speisekarte, um den Wünschen von Vegetariern und gesundheitsbewußten Gästen zu entsprechen. In diesem Rezept begleitet eine sahnige Polenta, die mit dem berühmten Monterey-Käse angereichert ist, die gegrillten Gemüse.

GEMÜSE:

3 Artischocken · 1 Zitrone, halbiert

200 g frische Shiitake-Pilze, Stiele entfernt

6 Auberginen, längs halbiert

2 große rote Zwiebeln, in 1 cm dicke Scheiben geschnitten

2 große rote Paprikaschoten, in 2 1/2 cm breite Streifen geschnitten

2 Fenchelknollen, geputzt und längs in 6 Stücke zerteilt

1/8 l Olivenöl · 1/8 l Balsamico- oder Rotweinessig

2 EL Sojasauce

12 Knoblauchzehen, in Scheiben geschnitten

6 frische Rosmarinzweige oder 2 EL zerriebener getrockneter Rosmarin

3 EL gehackter frischer oder 2 EL zerriebener getrockneter Majoran

POLENTA:

150 g Polenta (Maisgrieß) · etwa 1/2 l Wasser

etwa 1/2 l Hühnerbrühe

2 große Schalotten, fein gehackt

1 1/2 TL getrockneter Salbei · 1/8 l saure Sahne

250 g frisch geriebener Monterey-Jack-, ersatzweise milder Cheddar-Käse

Salz · frisch gemahlener Pfeffer

Kräuterzweige zum Garnieren

Die Stiele von den Artischocken entfernen. In einem großen Topf Salzwasser mit der Zitrone zum Kochen bringen und die Artischocken etwa 30 Minuten darin gar kochen. Aus dem Wasser nehmen, abtropfen lassen und vierteln. Innere Blätter und das Heu entfernen.

Alle Gemüse in zwei große Schüsseln geben. Öl, Essig, Sojasauce, Knoblauch, Rosmarin und Majoran in einer mittleren Schüssel verrühren und über die Gemüse gießen. Alles gründlich vermengen und die Gemüse zugedeckt 2 Stunden bei Zimmertemperatur marinieren.

Für die Polenta Maisgrieß mit 0,3 l kaltem Wasser in einer kleinen Schüssel verrühren. Restliches Wasser, Hühnerbrühe, Schalotten und Salbei in einem schweren Topf aufkochen und nach und nach Maisgrieß unterrühren. Zum Kochen bringen, die Hitze reduzieren und die Polenta 10 Minuten köcheln lassen, bis sie dick und cremig ist. Dabei ständig rühren. Den Topf vom Herd nehmen. Saure Sahne und Käse unterrühren und mit Salz und Pfeffer abschmecken. Zugedeckt warm stellen, während man die Gemüse grillt.

Den Grill auf Mittelhitze schalten. Die Gemüse mit Salz und Pfeffer würzen und 10 Minuten grillen, bis sie gar und gebräunt sind, dabei gelegentlich wenden. (Man kann die Gemüse statt dessen auch im Ofen garen. Dafür den Backofen auf 220° C vorheizen. Die Gemüse auf einem Backblech auslegen und in etwa 35 Minuten gar und braun werden lassen.)

Die Polenta bei mittlerer Temperatur erhitzen, eventuell noch mit etwas Hühnerbrühe verdünnen. Auf Teller häufen und mit den Gemüsen umlegen. Mit Kräuterzweigen garniert auftragen.

Roasted Garlic with Sun-dried Tomatoes and Goat Cheese

Röstknoblauch mit Sonnentomaten und Ziegenkäse

In diesem leckeren Imbiß wird Knoblauch aus Gilroy mit aromatischem Ziegenkäse kombiniert.

4 ganze frische Knoblauchknollen, ungeschält
4 EL (60 ml) Olivenöl
60 g getrocknete Tomaten, in Streifen geschnitten
1/2 – 5/8 l Hühnerbrühe
1 EL gehackter frischer oder 1 TL zerriebener getrockneter Thymian
frisch gemahlener Pfeffer
125 g weicher Ziegenfrischkäse, wie Montrachet, in Würfel geschnitten
Baguette

Den Backofen auf 190° C vorheizen. Die Spitzen der Knoblauchknollen 5 mm abschneiden. Die äußeren trockenen Häute entfernen, die Knoblauchzehen aber nicht schälen. Die Knoblauchknollen, Schnittfläche nach oben, in eine mittlere feuerfeste Form setzen. Mit dem Olivenöl beträufeln und mit den Tomaten umlegen. 1/2 l Hühnerbrühe zugießen, mit Thymian bestreuen und großzügig mit Pfeffer würzen. Etwa 1 1/4 Stunden im Ofen backen, bis der Knoblauch weich ist. Dabei die Knoblauchknollen alle 15 Minuten mit der Garflüssigkeit bestreichen. Eventuell etwas Hühnerbrühe nachgießen. Den Ziegenkäse um den Knoblauch herum anordnen und nochmals für etwa 10 Minuten in den Ofen schieben, bis der Käse zu schmelzen beginnt. Mit Baguette auftragen. Jeder kann sich nach Belieben das Brot mit Knoblauch, Käse und Tomaten belegen.

Ahi Tuna with Pineapple and Avocado Salsa

Thunfischsteaks mit Ananas-Avocado-Salsa

Lange Zeit konnte man sie sich nur zu Mais-Chips oder mexikanischer Kost vorstellen, doch heute nimmt man die leichten *salsas* gern als Alternative zu den schweren Saucen, die früher Fisch, Fleisch und Geflügel begleiteten. In der folgenden Zubereitung verbinden sich kalifornische und hawaiianische Aromen.

6 Thunfischsteaks von jeweils etwa 200 g, 1 cm dick geschnitten
2 EL (30 ml) Olivenöl · 2 EL (30 ml) Sojasauce
2 EL (30 ml) Limettensaft
1/2 große Ananas, den harten Strunk entfernt, das Fruchtfleisch ausgelöst und in Würfel geschnitten
1/2 rote Zwiebel, fein gehackt
1 Avocado, entsteint, geschält und in Würfel geschnitten
1 Handvoll gehackte Korianderblätter
1 Jalapeño-Chilischote (scharfe, dickfleischige grüne Chilischote), entkernt und fein gehackt
Salz · frisch gemahlener Pfeffer

Den Thunfisch auf einer Platte auslegen und mit Olivenöl , Sojasauce und Limettensaft bestreichen. Marinieren lassen, während man die *salsa* zubereitet. Ananas, Zwiebel, Avocado, Koriander und Chilischote in einer Schüssel miteinander vermischen. Den Grill auf Mittelhitze vorheizen. Die Thunfischsteaks mit Salz und Pfeffer würzen und von jeder Seite in etwa 2 1/2 Minuten gar grillen. Auf Tellern anrichten, etwas *salsa* darübergeben und servieren.

Grilled Butterflied Leg of Lamb Basque Style

Gegrillte Lammkeule auf baskische Art
(siehe Foto Seite 302)

Barbecues im Freien sind in Kalifornien wegen des milden Klimas sehr beliebt. Das Urrezept zu dieser gegrillten Lammkeule stammt von baskischen Schafhirten, die im Hochland der Sierra Nevada, wo sie ihre Schafe weiden ließen, Kochwettbewerbe veranstalteten.

1 Lammkeule von etwa 2 1/2 kg, entbeint und auseinandergefaltet
1/5 l Olivenöl · 1/5 l frisch ausgepreßter Zitronensaft
1 kleine Handvoll gehackter frischer oder 4 TL zerriebener getrockneter Origano
4 große Knoblauchzehen, fein gehackt
3 Lorbeerblätter, zerkleinert
1 Prise zerriebene getrocknete scharfe rote Chilischote
Salz · frisch gemahlener Pfeffer
Origanozweige zum Garnieren

Die Lammkeule in eine große Glasform legen. Olivenöl, Zitronensaft, gehackten Origano, Knoblauch, Lorbeerblätter und Chilischote in einer kleinen Schüssel verrühren und über das Lammfleisch gießen. Die Lammkeule zugedeckt über Nacht marinieren, dabei gelegentlich wenden.
Den Grill vorheizen. Die Lammkeule trockentupfen und mit Salz und reichlich Pfeffer einreiben. Von jeder Seite 10 Minuten grillen, so daß sie innen rosa ist. Auf einer vorgewärmten Platte 10 Minuten ruhen lassen. Das Fleisch quer zur Faser dünn aufschneiden und mit Origanozweigen garniert auftragen.

Hoisin and Orange Spareribs

Geschmorte Spareribs mit Hoisin-Sauce und Orangensaft
(siehe Foto Seite 302)

In einer Erdgrube gegartes Schwein ist der Höhepunkt eines jeden hawaiianischen *luau*. Diese im Ofen geschmorten Spareribs schmecken genauso gut, und man kann sie zudem leicht zu Hause zubereiten.

1/8 l Hoisin-Sauce (aus dem China-Laden)
3 EL Tomatenpüree · 3 EL Sojasauce
3 Frühlingszwiebeln, gehackt
1 EL geriebene Orangenschale
1 EL Sesamöl (Asienladen oder Reformhaus)
1 EL gehackter frischer Ingwer
1 Prise zerriebene getrocknete scharfe rote Chilischote
0,2 l Orangensaft
3 Schweinerippenstücke von jeweils etwa 750 g

Alle Zutaten für die Marinade miteinander verrühren. Die Rippenstücke in eine große Form legen. Mit der Marinade begießen und das Fleisch darin wenden. Die Spareribs 2 Stunden bei Zimmertemperatur oder zugedeckt über Nacht im Kühlschrank marinieren.
Den Backofen auf 190° C vorheizen. Zwei Bratpfannen oder Backbleche mit Alufolie auslegen, die Spareribs mit der fleischigen Seite nach oben darauf verteilen und im Ofen 1 1/2 Stunden braten, bis das Fleisch zart ist. In Rippen zerteilen und servieren.

Sauteed Vegetables

Gemüsepfanne

Auf diese Weise zubereitet, schmeckt frisches Gemüse besonders gut. Die Zusammenstellung läßt sich dabei beliebig variieren.

3 EL (45 g) Butter
1 rote Paprikaschote, in dünne Streifen geschnitten
12 - 18 sehr kleine Mohrrüben, geputzt
1 mittlerer Kopf Pak Choy (chinesischer Kohl), ersatzweise Mangold oder Chinakohl, in 1 cm breite Streifen geschnitten
250 g Zuckererbsen, geputzt und die Fäden entfernt
3 gelbe Gartenkürbisse oder große Zucchini, in dünne Scheiben geschnitten
1/5 l Hühnerbrühe
1 EL gehackter frischer oder 1 TL zerriebener getrockneter Estragon
Salz
frisch gemahlener Pfeffer

Die Butter in einer großen, schweren Pfanne bei hoher Temperatur erhitzen. Rote Paprikaschote und Mohrrühren hineingeben und 8 Minuten sautieren, bis sie weich zu werden beginnen. Pak Choy, Zuckererbsen und Kürbis unterrühren. Hühnerbrühe und Estragon zugeben. Zugedeckt etwa 5 Minuten garen – das Gemüse sollte noch Biß haben. Dabei gelegentlich umrühren. Mit Salz und Pfeffer abschmecken und auftragen.

Date and Walnut Cake

Dattel-Walnuß-Kuchen
(siehe Foto Seite 303)

In Kalifornien wächst ein Großteil der in den USA produzierten Orangen und praktisch die ganze Ernte an Datteln und Walnüssen. Diese drei Zutaten vereinen sich in diesem Rezept zu einem delikaten Kuchen für besondere Gelegenheiten.

KUCHEN:
300 g Mehl, gesiebt · 2 TL Backpulver

2 TL gemahlener Zimt · 1 TL Natron · 1 Prise Salz

250 g weiche Butter · 180 g Zucker · 2 Eier

150 g helle Melasse, ungeschwefelt

2 EL geriebene Orangenschale · 2 TL Vanille-Essenz.

0,2 l Buttermilch · 250 g entsteinte Datteln, gehackt

125 g gehackte Walnüsse

FÜLLUNG:
250 g Sahnequark, zimmerwarm · 125 g weiche Butter

2 EL geriebene Orangenschale

1 TL Vanille-Essenz · 1 Prise gemahlener Zimt

500 g Puderzucker · 12 Walnußhälften zum Garnieren

Den Backofen auf 180° C vorheizen. Zwei Formen mit einem Durchmesser von etwa 23 cm einfetten, die Böden mit Backpapier belegen und die Formen mit Mehl bestäuben. Mehl, Backpulver, Zimt, Natron und Salz in eine mittelgroße Schüssel sieben. Mit einem Handrührgerät Butter und Zucker schaumig schlagen. Nacheinander die Eier unterrühren. Melasse, Orangenschale und Vanille-Essenz zugeben und bei hoher Drehzahl 1 Minute verrühren. Die trockenen Zutaten abwechselnd mit der Buttermilch einarbeiten, dabei mit den trockenen Zutaten beginnen und enden. Datteln und Walnüsse unterrühren.

Den Teig gleichmäßig auf die vorbereiteten Formen verteilen und im vorgeheizten Ofen etwa 30 Minuten backen, bis er sich von den Rändern der Form löst. Etwa 5 Minuten in der Form abkühlen lassen, dann herausnehmen, das Backpapier entfernen und die Kuchen auf einem Gitter ganz auskühlen lassen.

Für die Füllung mit einem elektrischen Handrührgerät Sahnequark und Butter schaumig schlagen. Orangenschale, Vanille-Essenz und Zimt zugeben und den Puderzucker unterrühren.

Für die Fertigstellung des Kuchens einen Kuchenboden auf eine Platte legen, die flache Seite nach unten, und mit etwas Füllung bestreichen. Mit dem zweiten Boden, die flache Seite nach oben, belegen und den Kuchen rundum mit der Creme bestreichen. Die Oberfläche mit Walnußhälften dekorieren, den Kuchen aufschneiden und servieren.

Kona Coffee Cheesecake

Kaffee-Käsesahne-Kuchen

(siehe Foto Seite

Dieses üppige Dessert verdankt seine Entstehung dem erstklassigen Kaffee aus Kona auf der Hauptinsel Hawaii.

FÜR 12 PERSONEN:

KUCHENBODEN:
280 g Schokoladenwaffeln

6 EL (90 g) zerlassene Butter, abgekühlt

BELAG:
3 EL Kahlúa (Kaffeelikör) · 3 EL gemahlener Espresso–Kaffee

750 g Sahnequark, zimmerwarm · 250 g Zucker

2 TL Vanille-Essenz · 3 Eier

GLASUR:
0,3 l saure Sahne · 3 EL Zucker

1 EL Kahlúa (Kaffeelikör)

2 TL gemahlener Espresso-Kaffee

80 g zartbittere Schokolade, in kleine Stücke zerteilt

Kaffeepralinen zum Garnieren (nach Belieben)

Den Rost im mittleren Einschub des Ofens plazieren und den Backofen auf 180° C vorheizen. Die Waffeln in der Küchenmaschine oder im Mixer zerkleinern, die Butter zugeben und durch mehrmaliges Ein- und Ausschalten gründlich vermischen. Den Teig auf dem Boden einer Springform von etwa 23 cm Duchmesser verteilen und die Form in Alufolie einwickeln.
Für den Belag Kahlúa und Kaffeepulver in einem kleinen Topf vermischen und unter ständigem Rühren bei niedriger Temperatur erhitzen, bis das Pulver sich auflöst. Den Topf vom Herd nehmen. Mit einem Handrührgerät Sahnequark, Zucker und Vanille-Essenz schaumig schlagen. Die Kahlúa-Mischung und nacheinander die Eier unterrühren. Den Belag auf dem Kuchenboden verteilen und die Oberfläche glattstreichen. Im vorgeheizten Ofen etwa 50 Minuten backen, bis der Kuchen gar ist und an den Rändern Blasen wirft. Aus dem Ofen nehmen und auf einem Gitter etwa 20 Minuten abkühlen lassen, den Herd jedoch nicht abschalten. Für die Glasur saure Sahne, Zucker, Kahlúa und Kaffeepulver in einer Schüssel verrühren. Die

Schokolade im Wasserbad schmelzen lassen und sofort unter die saure Sahne rühren. Den Käsekuchen damit bestreichen und nochmals für 10 Minuten in den Ofen schieben. Herausnehmen und auf ein Gitter stellen. Mit einem Messer den Kuchen von der Form lösen und abkühlen lassen. Zugedeckt über Nacht in den Kühlschrank stellen. Den Rand der Springform entfernen und den Kuchen nach Belieben mit Kaffeepralinen dekorieren. In Stücke schneiden und auftragen.

Fresh Fruit with Chardonnay Sabayon

Frische Früchte mit Weinschaum
(siehe Foto Seite 303)

So könnte das perfekte kalifornische Dessert aussehen: frische Früchte, überzogen mit einer Weinschaumsauce aus kalifornischen Reben.

---

3 Eigelb · 4 EL (60 g) Zucker · 1 Prise Salz

1/8 l Chardonnay, ersatzweise ein anderer aromatischer trockener Weißwein

---

0,1 l gekühlte Sahne

---

gemischte Früchte, wie Pfirsiche, Erdbeeren und Kiwis, in mundgerechte Stücke geschnitten

---

Eigelbe, Zucker und Salz in eine Schüssel geben und im heißen Wasserbad aufschlagen. Langsam den Wein zugießen und etwa 10 Minuten weiter schlagen, bis die Sauce schaumig und dick geworden ist und ihr Volumen etwa verdreifacht hat. Den Weinschaum aus dem Wasserbad nehmen und in einer großen Schüssel über Eiswasser so lange schlagen, bis er abgekühlt ist.
Die Sahne in einer Schüssel steif schlagen und den Weinschaum unterheben. Die Früchte in Gläser oder Dessertschüsseln füllen und den Weinschaum gleichmäßig darüber verteilen.

Macadamia and Ginger Chocolate Cake
Schokoladenkuchen mit Macadamia-Nüssen und Ingwer
(siehe Foto Seite 303)

Ein an und für sich schon reichhaltiger Kuchen, der hier durch die Zugabe zweier wohlschmeckender hawaiianischer Zutaten noch eine besondere Note bekommt.

KUCHEN:
250 g zartbittere Schokolade, zerkleinert

125 g weiche Butter, in 8 Stücke geschnitten

150 g Zucker

1 EL geriebene Orangenschale · 3 Eier

4 EL (60 g) Mehl · etwas gemahlener Ingwer

100 g geröstete Macadamia-Nüsse, gehackt

100 g kandierter Ingwer, fein gehackt

GLASUR:
0,1 l Sahne · 170 g zartbittere Schokolade, zerkleinert

Macadamia-Nußhälften zum Garnieren des Kuchens

1 Orange, in dünne Scheiben geschnitten, zum Garnieren der Platte

Den Backofen auf 180° C vorheizen. Eine Kuchenform von 20 cm Durchmesser einbuttern, den Boden mit Backpapier belegen und die Form mit Mehl bestäuben. Die Schokolade im Wasserbad schmelzen lassen. Aus dem Wasserbad nehmen und nacheinander die Butterstücke einrühren. Zucker und Orangenschale zugeben und nach und nach die Eier zufügen. Mehl und gemahlenen Ingwer, dann Macadamia-Nüsse und kandierten Ingwer unterrühren. Den Teig in die vorbereitete Form gießen und etwa 1 Stunde backen. Den Kuchen in der Form etwa 10 Minuten auf einem Gitter abkühlen lassen. Aus der Form stürzen, das Backpapier entfernen und den Kuchen zum Abkühlen auf ein Gitter setzen.
Für die Glasur die Sahne in einem kleinen, schweren Topf erhitzen. Vom Herd nehmen, die Schokolade darin auflösen und etwas abkühlen lassen. Den Kuchen mit der Flachseite nach oben rundherum gleichmäßig mit der Glasur überziehen und 30 Minuten in den Kühlschrank stellen, bis die Glasur fest geworden ist. Den Kuchen auf einer Platte anrichten, mit Macadamia-Nüssen garnieren und mit halben Orangenscheiben umlegen.

Glossar

AHORNSIRUP: Sirup, der durch das Einkochen des Saftes von Zuckerahornbäumen gewonnen wird. Er kommt in drei verschiedenen Qualitätsklassen auf den Markt und wird zum Süßen von Pfannkuchen, Waffeln, Kuchen, Pies, Keksen und Eiscreme verwendet, zuweilen auch in Gerichten wie Schinken aus dem Ofen, kandierte Süßkartoffeln und gebackene Äpfel.

ANDOUILLE: Geräucherte Wurst, die die Cajuns von Louisiana herstellen. Bei uns praktisch nicht erhältlich; kann durch geräucherte Fleischwurst, *chorizo* oder *Gyulai kolbász* ersetzt werden.

BATATEN: Süßkartoffeln, in guten Gemüsegeschäften erhältlich.

BLATTSALATE: Die am häufigsten in den USA angebotenen Blattsalate sind *Boston*, *bibb*, *butterhead* (Kopfsalat), *iceberg* (Eisbergsalat) und *Romaine* oder *Cos lettuce* (Römischer Salat). Eisbergsalat wird wegen seiner knackigen Konsistenz gern als Garnierung für Gerichte aus dem Südwesten verwendet.

BOHNEN: Sie werden in vielerlei Formen gegessen: unreif als Brech- oder grüne Bohnen oder frisch und geschält wie die Limabohnen. Die meisten Bohnen werden geschält und getrocknet und lassen sich so gut aufbewahren. In den USA werden vor allem folgende Sorten angeboten: *kidney, pinto, navy, pea, tepary, anasazi, haricot* und *black beans*. Die Schwarzaugenbohne, auch *cowpea* genannt, stammt aus Afrika.

BOUQUET GARNI: Kräutersträußchen aus Lorbeerblatt, Thymian und Petersilie, das Brühen, Saucen, Eintöpfen und Suppen Geschmack gibt. Frische Kräuter bindet man mit einem Faden zusammen, trockene werden in einen Mullbeutel gegeben, so daß sie vor dem Anrichten leicht entfernt werden können.

BRÜHE: Hausgemachte Brühe ist fertiggekaufter vorzuziehen.
Fischbrühe: 2 kg Fischgräten und -köpfe in einen schweren Suppentopf geben und 1 Mohrrübe, 1 gehackte Zwiebel, 6 Petersilienstengel, 6 schwarze Pfefferkörner, 1 Lorbeerblatt und 1/4 l trockenen Weißwein zufügen. Mit genügend kaltem Wasser bedecken und bei mittlerer Temperatur aufkochen. Langsam ohne Deckel 45 Minuten köcheln lassen, dabei gelegentlich mit einem Holzlöffel umrühren. Die Brühe durch ein Sieb gießen. Ergibt etwa 1 1/2 Liter Fischbrühe.
Hühnerbrühe: 2 kg Hühnerklein, wie Flügel, Hälse, Rücken und Karkassen, in einen schweren Suppentopf geben und mit ausreichend kaltem Wasser bedecken. Bei mittlerer Temperatur zum Kochen bringen, 5 Minuten köcheln lassen und dabei den aufsteigenden Schaum abschöpfen. 1 Mohrrübe, 1 große Zwiebel, 1 Stange Lauch, längs halbiert (nach Belieben), 8 Petersilienstengel, 6 schwarze Pfefferkörner, 1 Lorbeerblatt und 1/2 TL getrockneten Thymian zugeben. Eventuell noch etwas Wasser zugießen, damit die Zutaten gut bedeckt sind, und das Ganze 3 bis 4 Stunden köcheln lassen. Dabei den Schaum immer wieder entfernen. Die Brühe durch ein Sieb gießen und über Nacht in den Kühlschrank stellen. Am nächsten Tag das Fett abschöpfen. Ergibt etwa 1 1/2 Liter Hühnerbrühe.
Rinderbrühe: 2 1/4 kg Rinder- oder Kalbsknochen in eine Bratpfanne geben und in dem auf 200° C vorgeheizten Ofen etwa 1 1/2 Stunden kräftig anbräunen. In einen

schweren Suppentopf umfüllen, mit reichlich Wasser bedecken und bei mittlerer Temperatur aufkochen. 5 Minuten köcheln lassen, dabei den Schaum immer wieder abschöpfen. 1 Mohrrübe,1 große Zwiebel, 1 Stange Lauch, längs halbiert (nach Belieben), 8 Petersilienstengel, 6 schwarze Pfefferkörner, 1 Lorbeerblatt und 1/2 TL getrockneten Thymian zugeben. Eventuell noch etwas Wasser zugießen, damit alle Zutaten gut bedeckt sind, und 3 bis 4 Stunden köcheln lassen. Den dabei aufsteigenden Schaum immer wieder entfernen. Die Brühe durch ein Sieb gießen und über Nacht in den Kühlschrank stellen. Am nächsten Tag das Fett abschöpfen. Ergibt etwa 1 1/2 Liter Rinderbrühe.

BURRITOS: Mit Bohnen gefüllte Tortillas.

BUTTERMILCH: Die bei der Herstellung von Sauerrahmbutter verbleibende säuerlich schmeckende Flüssigkeit, die außer dem Butterfett noch alle Milchbestandteile enthält und daher ein wertvolles Nahrungsmittel darstellt.

CATFISH: Zwergwelse sind im Süden und Mittelwesten geschätzte Süßwasserfische mit angenehmem Aroma. In den amerikanischen Fischfarmen wird am häufigsten der Kanalwels (*channel catfish*) gezüchtet.

CAYENNEPFEFFER: Sehr scharfes Gewürz aus getrockneten, gemahlenen Chilischoten. Sollte nur sparsam verwendet werden.

CHILIPULVER: Beliebtes Gewürz in der Küche des amerikanischen Südens aus getrockneten und gemahlenen Chilischoten. Viele der in den USA und bei uns handelsüblichen Chilipulver-Zubereitungen enthalten zusätzlich Knoblauch, Koriander, Kumin, Nelken, Origano, Zwiebeln und anderes mehr, sollten also mit Zurückhaltung verwendet werden.

CHILISCHOTEN: Hiervon gibt es mehr als 150 Arten. Sie gehören alle zur Capsicum-Familie und können sich in Geschmack und Schärfe beträchtlich unterscheiden. Bei der Zubereitung von Chilischoten sollten Empfindliche Gummihandschuhe tragen, denn die schärfevermittelnde Substanz, das ätherische Öl Capsaicin, kann Hautirritationen verursachen. Nach Bearbeitung von Chilischoten sollte man die Berührung von Gesicht und Augen strikt vermeiden und die Hände sofort gründlich waschen. Einzelne Arten finden Sie unter dem jeweiligen Stichwort.

CHIPOTLE-CHILLIES: siehe Jalapeño-Chili.

CHORIZO: Eine pikante geräucherte und luftgetrocknete Paprikawurst, die in viele spanische und lateinamerikanische Gerichte paßt. Man kann sie bei uns durch Kabanossi, *Gyulai kolbász* oder ähnliche Wurstsorten ersetzen.

CLAMS: Bezeichnung für verschiedene Arten von Venusmuscheln. Die schmackhafte *quahog*-Muschel (*hard-shell clam*) ist an der Atlantikküste und im Golf von Mexiko heimisch. Wenn sie noch klein sind, werden sie *littlenecks* oder *cherrystones* genannt und vor allem roh gegessen. Größere *quahogs* bilden die Grundlage von *chowders*. Die *soft-shell clams, longnecks* oder *steamers* genannt, werden meist bei *clambakes* verzehrt. Man findet sie an der Atlantikküste bis hinunter nach North Carolina. *Manila clams* und *native necks*, auch *little necks* genannt, findet man an der gesamten Pazifikküste.

CRÈME DOUBLE: Dickflüssige fette Sahne mit über 30 Prozent Fettgehalt. Mittlerweile auch im deutschen Sprachraum ohne Schwierigkeiten erhältlich. Die angebrochene Packung kann im Kühlschrank einige Tage aufbewahrt werden.

DIJON-SENF: Scharfer Senf aus Dijon im Burgund, der aus nicht entölten schwarzen oder braunen gemahlenen Senfkörnern hergestellt wird, die man mit *verjus*, dem sauren unvergorenen Saft unreifer Trauben, verrührt.

EGGNOG: Kaltes oder heißes Mischgetränk aus Ei, Milch und Alkohol, z.B. Bourbon.

ENCHILADAS: Gerollte Tortillas mit Fleisch-Gemüse-Füllung.

FILÉ-PULVER: Die gemahlenen, getrockneten Sassafras-Blätter, die in Louisiana *Filé powder* genannt werden, dienen in der kreolischen Küche des Südens zum Würzen und Andicken der Speisen, vor allem von *gumbos*. Filé-Pulver darf nicht mitkochen, da es sonst Fäden zieht. Man fügt es daher erst dem fertig gekochten Gericht zu.

HOMINY GRITS: Maisgrieß, der aus vorgequollenen, enthülsten und getrockneten Maiskörnern verschieden fein gemahlen wird. Zum Quellen der Körner verwendeten die Indianer und die ersten Siedler Holzasche, heute nimmt man dafür eine milde Kalklauge. Grob gemahlener *hominy* ist auch unter dem Namen *pearl hominy* bekannt.

HOT RED PEPPER SAUCE: Industriell hergestellte Sauce aus frischen oder getrockneten roten Chilischoten, die in kleinen Flaschen verkauft wird. Zu den bekanntesten Marken gehört die nach einer mexikanischen Landschaft benannte Tabasco-Sauce.

JALAPEÑO-CHILI: Eine scharfe, kegelförmige, dickfleischige, etwa 4 cm lange grüne Chilischote, die nach der Stadt Jalapa in Veracruz, Mexiko, benannt ist. Sie wird gern für rohe *salsas* und *guacamoles* verwendet. Geräucherte *jalapeños* werden *chipotle-Chillies* genannt und getrocknet oder in der Dose *en adobo*, in einer Marinade, angeboten.

JÍCAMA: Hellbraune Knollenfrucht aus Mexiko, deren knackiges elfenbeinfarbenes Fleisch an chinesische Wasserkastanien erinnert. Sie wird meist roh mit einigen Tropfen Limettensaft, Salz und Chilipulver gegessen. Auch unter dem Namen Yamsbohne bekannt.

KARAMELISIEREN: Vorgang, bei dem Zucker, auch der in Nahrungsmitteln enthaltene (zum Beispiel in Zwiebeln), erhitzt wird, bis er eine gewünschte Bräune erreicht. Durch das Karamelisieren verändert er sein Aroma.

KORIANDER: Grüne, blättrige Kräuterpflanze, die im Aussehen glatter Petersilie ähnelt, auch chinesische Petersilie und im spanischen Sprachraum *cilantro* genannt. Koriandergrün hat einen typischen, aromatischen Geschmack und ist in der asiatischen und lateinamerikanischen Küche unentbehrlich. Bei uns meist in Asienläden erhältlich. Die pfefferähnlichen getrockneten Samen werden als vielseitiges Gewürz verwendet.

KÜRBIS: In den USA werden an Wintersorten angeboten: *pumpkin, butternut, hubbard, turban* und *acorn.* Zu den Sommersorten gehören: *golden nugget, crookneck, turban, spaghetti squash, pattypan* und *zucchini.* Einige dieser Sorten werden bei uns unter verschiedenen Namen angeboten, am häufigsten findet man gelb- und orangefleischige Sorten, daneben sind Zucchini das ganze Jahr über erhältlich.

LINGUINE: Lange, flache, schmale Nudelsorte, die anstelle von Spaghetti verwendet werden kann.

LOUISIANA-YAM: Eine Süßkartoffelart.

MAISMEHL: Aus reifem Maiskorn gemahlen; wird vor allem für Tortillas verwendet.

MAISGRIESS: Getrocknete, gemahlene gelbe oder weiße Maiskörner, auch unter dem italienischen Namen *polenta*-Grieß bekannt. Die *polenta* ist ein aus Maisgrieß gekochter Brei, der als Beilage gereicht wird. Nach dem Erkalten wird sie fest, läßt sich in Scheiben schneiden und grillen.

MASA HARINA: Mehl aus enthäuteten weißen Maiskörnern, nicht zu verwechseln mit Maismehl. *Masa harina* ist bei uns nur in wenigen spezialisierten Läden und Versandgeschäften erhältlich.

MELASSE: Dickflüssiger brauner, leicht bitter schmeckender Sirup aus Rohzucker. Helle Melasse wird als Tafelsirup, dunkle zum Kochen verwendet.

MIRLITON: Birnenförmiges Gemüse aus der Kürbisfamilie, auch unter den Namen *Chayote, Choko* und *Christophine* bekannt. Sein Geschmack erinnert an Gurke. *Mirlitons* sollten jung gegessen werden, da sie mit zunehmendem Alter wäßrig werden.

NEW MEXICO CHILI: Eine etwa 15 bis 20 cm lange, schlanke Chilischote mit einem strengen, dennoch milden bis mittelscharfen Aroma, auch als *Anaheim-Chili* oder *chile verde* bekannt.

OKRASCHOTEN: Die unreife Samenkapsel einer Pflanze der Hibiscusfamilie, die aus Afrika stammt und auch als *gumbo* oder lady's fingers bekannt ist. Beim Kochen sondert sie einen schleimigen, dickflüssigen Saft ab. Sie wird in der Südstaaten-Küche häufig verwendet, vor allem in den *seafood gumbos* von Louisiana.

PAPRIKASCHOTEN: Dickfleischige, milde Fruchtschoten eines Strauches aus der Capsicum-Familie, daher auch capsicum genannt; mit der Chilischote verwandt. Die unreifen grünen Schoten färben sich je nach Reifegrad später gelb oder rot und bekommen dadurch einen süßlicheren Geschmack.

PEKANNÜSSE: Eine in Nordamerika beheimatete, mit der Walnuß verwandte Nußart. Wird am häufigsten in *pecan pies* verwendet.

PINIENKERNE: Kleine elfenbeinfarbene Samen aus den Zapfen der Pinie mit einem gehaltvollen, leicht harzigen Aroma. Pinienkerne werden vor allem zum Würzen von Füllungen und Reisgerichten verwendet und sind eine Hauptzutat des italienischen *pesto.*

POBLANO-CHILLIES: Große, mild schmeckende Chilischoten, die oft mit Fleisch oder Käse gefüllt werden.

QUESADILLA: Käsegefüllte, zusammengeklappte Maistortillas.

RADICCHIO: Eine rotblättrige, angenehm bitter schmeckende Salatart, die roh oder gegrillt gegessen wird.

RÄUCHERN: Haltbarmachung und Aromatisierung von Lebensmitteln durch Rauch, der durch das Verbrennen von aromatischen Holzspänen entsteht. Beim Heißräuchern wird das Räuchergut gleichzeitig gegart, während das schonendere und länger dauernde Kalträuchern, das zum Beispiel bei Schinken und Lachs angewendet wird, die Nahrungsmittel im Rohzustand beläßt.

RUCOLA: Deutsch: Rauke, französisch: roquette, eine würzig schmeckende Salatpflanze aus der Kohlfamilie.

SALSA: Lateinamerikanische Bezeichnung für eine rohe oder gekochte Sauce, die gewöhnlich aus Tomaten, *tomatillos* oder Chilischoten zubereitet wird. Moderne *salsas* verwenden auch Obst und Gemüse.

SHIITAKE-PILZE: Auch *Tung-ku* oder chinesischer Champignon genannter, meist getrockneter Pilz mit ausgeprägtem Geschmack. Man verwendet nur die etwa 5 bis 7 1/2 cm großen Hüte der Pilze. Getrocknete Pilze müssen vor dem Verbrauch etwa 20 Minuten eingeweicht werden.

TAMALES: Gefüllte, gedämpfte Maismehl-Teigtaschen.

TI-BLÄTTER: Stammen vom Ti-Baum (*cordyline terminalis*), sind länglich geformt und haben büschelartige Enden. Man benutzt sie in Hawaii unter anderem zum Einwickeln von Nahrungsmitteln.

TOMATILLO: Süßsäuerlich schmeckende, von einem papierartigen Kelch umgebene Frucht eines Nachtschattengewächses der Gattung Physalis, die vor allem für Saucen verwendet wird. Wie kleine grüne Tomaten; bei uns meist nur in Dosen erhältlich.

TOPINAMBUR: Hellbraune Knolle einer Sonnenblumenart von nußartigem Geschmack. Enthält statt Stärke das Kohlenhydrat Inulin; daher auch für Diabetiker geeignet. Auch unter den Namen Erd- bzw. *Jerusalemer Artischocke* im Handel.

TORTILLAS: Dünne, runde, ungesäuerte mexikanische Fladen aus Mais- oder Weizenmehl, die nur kurz auf einer heißen Platte gebacken werden. Sie dienen als Hülle für Füllungen aller Art, als Löffel und Teller zugleich. Mittlerweile auch in Kaufhäusern erhältlich.

WORCESTERSHIRE-SAUCE: Aromatische braune Würzsauce aus Sojabohen, Limonen- und Tamarindensaft, Zwiebeln, Essig und Gewürzen. Paßt gut in Eintöpfe und Saucen.

YAM, AUCH YAMSWURZEL: Knollenfrüchte, die oft mit Süßkartoffeln verwechselt werden. Das Fleisch der Yamswurzel ist weißlich oder gelblich und riecht nach Nüssen. Sie werden wie Kartoffeln verwendet. Die Louisiana-Yam hingegen ist eine Süßkartoffel.

YAMSBOHNE: Siehe Jicama.

Rezeptverzeichnis nach Sachgruppen

Rezeptverzeichnis, amerikanisch

Alphabetisches Rezeptverzeichnis

Die Autoren

James Badham und Kristine Kidd
James Badham ist Mitherausgeber der Zeitschrift *Bon Appétit*. Kristine Kidd ist Redateurin für Essen und Trinken bei derselben Zeitschrift.

Carolyn Dille
schrieb *The Garlic Book* und *The Chesapeake Cookbook* und verfaßt zur Zeit ein Werk über Gewürz.

John Folse
Eigentümer des »Lafitte's Landing Restaurant« in Donaldsonville und der White Oak Plantation in Baton Rouge, Louisiana; außerdem moderiert er eine eigene landesweite Fernsehsendung zum Thema Kochen und ist ein international anerkannter Fachmann für kreolische und Cajun-Küche.

Cynthia Hizer Jubera
befaßt sich als Autorin mit den Themen Essen, Trinken und Garten. Sie lebt in Atlanta, Georgia.

Marty Meitus
Food-Redakteur bei den *Rocky Mountain News* in Denver, Colorado, und Experte für die Western-Küche.

Mark Miller, John Harrisson und Mark Kiffin
Mark Millers Restaurants »Coyote Café« in Santa Fe, New Mexico, und »Red Sage« in Washington, D.C., sind für ihre moderne Südwest-Küche berühmt. John Harrisson schreibt über Essen und Trinken, verfaßt Kochbücher und hat zusammen mit Mark Mller die Kochbücher *Coyote Café, The Great Chile Book* und *The Southwest Pantry* geschrieben. Mark Kiffin ist Chefkoch im »Coyote Café« und Co-Autor von *The Southwest Pantry*.

Lisa Saltzman
ist Kochlehrerin und arbeitet als Beraterin überall in den Vereinigten Staaten.

Janice Schindler
Food-Redakteurin bei der *Houston Post;* vorher in derselben Funktion und als Restaurant-Kritikerin für verschiedene andere Zeitungen tätig. Daneben ist sie Köchin, Kochlehrerin und Inhaberin eines Feinkost-Services.

Art Siemering
arbeitet als Berater in der Lebensmittelindustrie, ist Herausgeber von *The Food Channel Newsletter* und leitender Direktor der International Food Futurists, einer weltweiten Vereinigung von Nahrungsmittelexperten.

Joanne Weir
Leiterin der Weir Cooking School in San Francisco. Hält auch Kochkurse in Kanada, Australien und Neuseeland ab.